La ley de los godos: estudios selectos

Ángeles Romero Cambrón (ed.)

La ley de los godos: estudios selectos

PETER LANG

Berlin - Bruxelles - Chennai - Lausanne - New York - Oxford

Información bibliográfica publicada por la Deutsche Nationalbibliothek
La Deutsche Nationalbibliothek recoge esta publicación en la Deutsche Nationalbibliografie; los datos bibliográficos detallados están disponibles en Internet en http://dnb.d-nb.de.

Catalogación en publicación de la Biblioteca del Congreso
Para este libro ha sido solicitado un registro en el catálogo CIP de la Biblioteca del Congreso

Esta edicion del libro ha recibido una ayuda para su publicacion en el marco del Proyecto de Investigacion SBPLY/19/18501/000129, "Los manuscritos toledanos del *Liber Iudicum* y del *Fuero Juzgo*: edicion paleografica y estudio interdisciplinar".

Fecha de recepción de la obra, 25 de julio de 2023.
Fecha de aceptación de la obra, 30 de noviembre de 2023.

ISBN 978-3-631-91533-2 (Print)
E-ISBN 978-3-631-91534-9 (E-PDF)
E-ISBN 978-3-631-91535-6 (EPUB)
DOI 10.3726/b21791

Publicado por Peter Lang GmbH, Berlín, Alemania

info@peterlang.com http://www.peterlang.com/

Esta publicación ha sido revisada por pares.

Índice

PALABRAS LIMINARES 9

Ángeles Romero Cambrón
LOS MANUSCRITOS ROMANCES DEL *FUERO JUZGO:*
LISTA DE ABREVIATURAS 11

Ángeles Romero Cambrón
ESTUDIO INTRODUCTORIO. ACOTACIONES 19

Ángeles Romero Cambrón
EN TORNO AL *FUERO JUZGO*: ASPECTOS ECDÓTICOS Y
LINGÜÍSTICOS 37

Carmen del Camino Martínez
LOS CÓDICES DEL *FUERO JUZGO* Y SU MATERIALIDAD:
ENTRE TRADICIÓN E INNOVACIÓN 125

Carmen del Camino Martínez y Elena E. Rodríguez Díaz
NOTAS SOBRE TEXTOS EVANGÉLICOS EN CÓDICES
NORMATIVOS 149

Elena E. Rodríguez Díaz
ELEMENTOS PARA FECHAR LOS CÓDICES CASTELLANOS Y
LEONESES SEGÚN LOS MANUSCRITOS DATADOS (SS. XII Y XIII) 163

PALABRAS LIMINARES

En fecha ya lejana, en 2017, un grupo de especialistas de diferentes disciplinas nos unimos con un propósito común: el de avanzar en el conocimiento de la Ley de los Godos. El *Liber Iudicum* y su traducción romance, el *Fuero Juzgo*, constituyen la piedra angular del patrimonio jurídico hispánico. Tras la caída de la monarquía visigótica, el *Liber* siguió estando presente; en el periodo medieval, mantuvo su vigencia, especialmente en el antiguo Reino de León, en el Toledo mozárabe y después, ya traducido al vulgar, fue otorgado por Fernando III a la Córdoba recién conquistada (1236). Con el avance cristiano, el *Fuero Juzgo* se extiende por Andalucía y Castilla la Nueva.

Una visión completa de una obra tan compleja como el *Liber* o como el antiguo fuero solo podía obtenerse abordándola desde ángulos muy diversos. En nuestro equipo colaboramos un historiador del Derecho, el prof. Carlos Petit; un filósofo dedicado a la ética, el prof. Julián Carvajal; una paleógrafa, la prof.ª Carmen del Camino Martínez; una codicóloga, la prof.ª Elena Rodríguez Díaz; un romanista, el prof. Adelino Álvarez Rodríguez; una latinista experta en la etapa visigótica, la prof.ª Isabel Velázquez Soriano; y Ángeles Romero Cambrón, filóloga hispanista. Nuestro proyecto, "Los manuscritos toledanos del *Liber Iudicum* y del *Fuero Juzgo*: edición paleográfica y estudio interdisciplinar", echó a andar con la concesión de una ayuda pública (Fondos FEDER, Junta de Castilla-La Mancha). El libro que ahora se inicia espera un lector plural, estudioso del Derecho o de la Historia, del pasado lingüístico peninsular, paleógrafo o codicólogo, historiador del Arte; recopila las investigaciones llevadas a cabo, en abierto y fructífero diálogo, en el desarrollo del proyecto. Razones severas de la vida han impedido que se publiquen en él las aportaciones de otros miembros. Sin embargo, la comunicación fluida y cordial con ellos ha sido decisiva para todas las contribuciones que aquí ven la luz.

En el volumen, los capítulos aparecen ordenados de acuerdo con el contenido abordado: consideraciones generales, trabajos ecdóticos y lingüísticos, y aportaciones desde la paleografía y la codicología. Ángeles Romero, Profesora Titular de Lengua Española (Universidad de Castilla-La Mancha), es la investigadora principal del proyecto. En "Los manuscritos romances del *Fuero Juzgo:* lista de abreviaturas", propone un sistema de referencia para la cincuentena de manuscritos de la tradición romance; identifica casi la totalidad de los utilizados en la edición de la Real Academia de la Lengua (1815). En el "Estudio introductorio. Acotaciones" se reclama un estudio monográfico de cada manuscrito desde la perspectiva paleográfica, se considera la huella dejada por el uso de los letrados en las copias y, finalmente, se hace una reseña de las ediciones existentes hasta la fecha del *Fuero Juzgo*. En "En torno al *Fuero Juzgo*: aspectos ecdóticos y lingüísticos" se hallan aproximaciones a distintas cuestiones: se ofrecen en paralelo las rúbricas de distintos códices; se analiza el texto romance en tanto que traducción; se editan secciones de los manuscritos RAE 293, RAE 49 y esculiarense M-III-5; se esboza un estudio basado en los testimonios (códices leoneses, códices castellanos, leonesismos, provenzalismos, latinismos).

Carmen del Camino Martínez es Catedrática de Ciencias y Técnicas Historiográficas de la Universidad de Sevilla. En "Los códices del *Fuero Juzgo* y su materialidad: entre tradición e innovación" describe las características formales de estos códices, las que se conservan de una tradición anterior y las innovaciones introducidas a partir del siglo XIII.

Elena E. Rodríguez Díaz es Catedrática de Ciencias y Técnicas Historiográficas de la Universidad de Huelva y miembro de Número de la Real Academia de la Historia. Firma en coautoría con la prof.ª Del Camino las "Notas sobre textos evangélicos en códices normativos" en las que revelan que tales anotaciones están ligadas con la práctica de la justicia en los concejos.

Cierran estas páginas los "Elementos para fechar los códices castellanos y leoneses según los manuscritos datados (SS. XII y XIII)", de la prof.ª Rodríguez Díaz. Se detallan aquí los rasgos paleográficos y formales de los manuscritos datados y datables a fin de poder establecer criterios cronológicos claros. Estamos, sin duda, ante un trabajo destinado a ser referencia obligada.

Nos colma de satisfacción comprobar cómo la colaboración interdisciplinar ha permitido enlazar observaciones de diferentes especialidades y profundizar en cuanto sabíamos del *Liber* y del *Fuero*. Las investigaciones recogidas en el presente libro son solo una pequeña aportación en una materia tan extensa. Ojalá que el tiempo nos brinde otra oportunidad para continuarlas; ojalá que susciten el interés de otros estudiosos, que las corrijan o que las desmientan.

Ángeles Romero Cambrón
Universidad de Castilla-La Mancha (Ciudad Real)

Ángeles Romero Cambrón

Universidad de Castilla-La Mancha

LOS MANUSCRITOS ROMANCES DEL *FUERO JUZGO*: LISTA DE ABREVIATURAS*

RESUMEN: Lista de todos los manuscritos del *Fuero Juzgo*. Se han identificado casi al completo los empleados por la Real Academia de la Lengua en su edición de 1815.

PALABRAS CLAVE: *Fuero Juzgo*, manuscritos, ediciones.

ABSTRACT: The Vernacular Manuscripts of the *Fuero Juzgo:* List of Abbreviations.

List of all manuscripts of the *Fuero Juzgo*. We identify those used by the Real Academia de la Lengua in its 1815 edition.

KEYWORDS: *Fuero Juzgo, manuscripts, editions.*

El número de manuscritos que nos ha llegado del *Fuero Juzgo* es muy elevado, aproximadamente cincuenta. Falla la memoria a la hora de retener sus signaturas, sobre todo si se quiere emprender un estudio que se dilate en el tiempo. Por este motivo, propongo un sistema de denominación por abreviaturas (alguna vez, sigla o nombre completo) para identificarlos de manera inequívoca. La abreviatura corresponde a la biblioteca donde se conserva el ejemplar o a la ciudad donde esta se ubica. Se ordenan las signaturas poniendo primero los números y luego las letras: por ejemplo, Esp. es la abreviación de la BNE; Esp_1.244 corresponde al BNE mss. 244; Esp_2.683, al BNE mss. 683; finalmente, el Esp_{12}. vitr.17-10 es el que lleva esa signatura en la Nacional. La signatura es la actual; si se halla algún manuscrito más (o he incurrido en algún error), al número infraescrito seguirá una b (bis). La referencia al manuscrito puede hacerse completa, como Esp_1.244 o, simplemente Esp_1. de acuerdo con la lista de abajo. El uso de abreviaturas es, a mi entender, una buena herramienta mnemotécnica y aproxima la práctica de los filólogos, que utilizan siglas, a la de paleógrafos

* Quiero dejar constancia en esta breve nota, en nombre de todas las autoras, de nuestro agradecimiento a Carmen Santana Bustamante, que preparó para la imprenta, con diligencia y buen hacer, el libro que ahora da comienzo. Su trabajo delicado le dio la necesaria corrección y belleza.

y codicólogos, que emplean la signatura completa. Facilito solo un enlace por biblioteca, en el que he seleccionado previamente todos los ejemplares del fuero que están digitalizados a fecha de hoy.

La primera información sobre los testimonios es la contenida en los catálogos e inventarios de las respectivas bibliotecas, en bases de datos, afortunadamente digitalizados en su mayor parte, en la bibliografía correspondiente, en las ediciones. He identificado casi en su totalidad los diecisiete manuscritos desfrutados por la RAE (1815) en la suya, siguiendo la descripción de los ejemplares que hacen los propios académicos (número de folios, colores, anotaciones… en pp. III-VII) y comprobándola, lo que me ha parecido justificado por el valor histórico de esta[1]. Añadiré solo algún dato más de interés. Del Camino[2] cifra en treinta y nueve el número de testimonios medievales del fuero. Para la relación de la veintena que transmite el *Liber Iudicum*, véase García López[3].

LISTA DE LOS TESTIMONIOS DEL *FUERO JUZGO*

1. Cop., Copenhague

Abreviatura y signatura	Información adicional
Cop_1.KB GKS 1942 Mss. Gaml. Kongl. Saml. de la Kongelige Bibliothek en Copenhague	

1 Real Academia Española, *Fuero Juzgo en latín y castellano cotejado con los más antiguos y preciosos códices* (Madrid: Ibarra, 1815). No me ha sido posible identificar el manuscrito de los Estudios Reales ni dos de los tres empleados en el cotejo de la BNE. Respecto a estos últimos, el RAE_6.293, que fue propiedad de Rafael Floranes, no coincide con la descripción dada para el B. R. 3 por la Academia: es misceláneo, pero no tiene 91 folios, sino 144. Se trata en realidad del Esp_8.5975, que coincide en número de folios, en ser también misceláneo y en haber pertenecido al conde de Miranda. Los académicos no consultaron directamente los otros tres códices que hoy conserva la Biblioteca Capitular de Toledo, porque el cabildo solo admitió prestar a la RAE un códice latino y otro códice romance: To_1.3517, To_2.439 y To_3.4310; véase José M.ª García Martín, "Bases para una crónica de la edición académica del *Fuero Juzgo* (1817)", *El Fuero Juzgo: historia y lengua*, J. M.ª García Martín/Ángeles Romero Cambrón (Madrid: Iberoamericana/Vervuert, 2016), pp. 55-56.

2 Carmen del Camino, "Los códices del *Fuero juzgo* y su materialidad: entre tradición e innovación", en este volumen, n. 23 y 24.

3 Yolanda García López, *Estudios Críticos y Literarios de la Lex Wisigothorum* (Alcalá: Universidad de Alcalá, 1997), pp. 35-36.

Cop$_2$.AI 806 4to Mss. AI 806 4to Arnamagnaean Institut de la Universidad de Copenhague	

2. Esc., Escorial, Real Biblioteca del Escorial (RBE)
   Real Biblioteca Digital (Real Biblioteca del Monasterio de El Escorial) <https://rbmecat.patrimonionacional.es/cgi-bin/koha/opac-search.pl?idx=&q=Fuero+Juzgo>, 5/09/2023

Abreviatura	Información adicional[4]
Esc$_1$.d-III-18	Escorial 3 en RAE (1815).
Esc$_2$.M-II-18	No utilizado en RAE (1815). Ed. Orazi, manuscrito complementario, y en *Crestomatía* (fragmento). Vid. n. 7.
Esc$_3$.M-III-5	Escorial 4 en RAE (1815).
Esc$_4$.P-II-17	Escorial 6 en RAE (1815). Ed. Orazi, manuscrito complementario, y en *Crestomatía* (fragmento). Vid. n. 7.
Esc$_5$.Z-II-9	Escorial 5 en RAE (1815).
Esc$_6$.Z-III-6	Escorial 1 en RAE (1815). Ed. por Mencé[5].
Esc$_7$.Z-III-18	Escorial 2 en RAE (1815).

4 Hay dos manuscritos escurialenses significativos no utilizados por la edición de la RAE (1815), Esc$_2$.M-II-18 y Esc$_8$. Z-III-21, como se indica en la lista. Julián Zarco Cuevas, *Catálogo de los manuscritos castellanos de la Real Biblioteca de El Escorial* (Imprenta Helénica, 1924-1929, 3 vols., <http://bdh.bne.es/bnesearch/detalle/bdh0000195407>) identifica correctamente los testimonios desfrutados, salvo en el caso de Escorial 3: no es Esc$_8$. Z-III-21, entre otras cosas por el número de folios, sino Esc$_1$.d-III-18 (lleva la anotación de Sigüenza y da el colofón "Laus tibi sit Christe [...] yspanorum populis sub iure priorum". Véase Ángeles Romero, "Estudio introductorio. Acotaciones", en este volumen, n. 17).

5 Corinne Mencé-Caster, *Fuero Juzgo (manuscrit Z.III.6 de la Bibliothèque de San Lorenzo de El Escorial): introduction, transcription, étude*, Thèse de doctorat sous la direction de Jean Roudil (Université de Paris XIII: Paris, 1996, 3 vols.).

Esc$_8$. Z-III-21	No utilizado en RAE (1895). Ed. por Orazi como manuscrito base y en la *Crestomatía* (fragmento)[6].

3. Esp., Madrid, Biblioteca Nacional de España (BNE) <http://bdh.bne.es/bnesearch/Search.do>, 5/09/2023

Abreviatura y signatura	Información adicional
Esp$_1$.244	
Esp$_2$.683	Edición de Burriel (1755). Utilizado por la RAE (1815)[7].
Esp$_3$.721	
Esp$_4$.1681	Copia realizada por Francisco Palomares.
Esp$_5$.2978	
Esp$_6$.5774	Misceláneo propiedad del conde de Miranda.
Esp$_7$.5814	Estudiado por García Blanco[8].
Esp$_8$.5975	R. B. 3 en RAE (1815).
Esp$_9$.6740	
Esp$_{10}$.10344	Edición de Rafael Floranes.
Esp$_{11}$.13632	
Esp$_{12}$.vitr. 1710	Toledo en RAE (1815). Procede de la BCT, donde llevó la signatura 43-8.

6 Veronica Orazi, *El dialecto leonés antiguo (edición, estudio lingüístico y glosario del Fuero Juzgo según el ms. escurialense Z.III.21)* (Madrid: Universidad Europea-CEES Ediciones, 1997). La autora sigue como manuscrito base el Esc$_8$. Z-III-21 y se auxilia de Esc$_2$.M-II-18 y Esc$_4$.P-II-17 para completar sus lagunas. Es el mismo proceder adoptado en la *Crestomatía del español medieval,* Ramón Menéndez Pidal y Centro de Estudios Históricos (Madrid: Gredos, 1964), tom. I, pp. 262-265. Como ya ha quedado dicho en n. 5, en contra de lo que se afirma en esta última obra, la edición académica no utilizó ni Esc$_8$.Z-III-21 ni Esc$_2$.M-II-18.

7 Así se declara en el prólogo de la edición (pp. VI-VII). Es este el manuscrito base empleado por la RAE: Mónica Castillo/Charles Mabille, "El *Fuero Juzgo* en el ms. BNE 683 (1755) de Andrés Marcos Burriel", *Scriptum Digital*, 10 (2021), pp. 75-107.

8 Manuel García Blanco, *Dialectalismos leoneses de un códice del Fuero Juzgo* (Salamanca: Impr. Silvestre García Ferreira, 1927).

4. Esto., Estocolmo, Kunglika Bibliothekek: mss. KB B693.
5. Laz., Madrid, Biblioteca de la Fundación Lázaro Galdiano: mss. RB 14423.
6. Lisb., Lisboa, Biblioteca Nacional de Portugal: BNP Ill. 111.
7. Mun., Múnich, Bayerische Staatsbibliothek.

Abreviatura y signatura	Información adicional
Mun$_1$.BSB Hisp. 6	
Mun$_2$.BSB Hisp. 28	Editado por Tuero y García Arias[9]

8. Murc., Murcia, Archivo Municipal de Murcia: ser. 3, 53. Ed. por Perona[10].
9. NY (Nueva York, The Hispanic Society Museum and Library).

Abreviatura y signatura	Información adicional
NY$_1$.B2567	Es el transcrito en el Hispanic Seminary of Medieval Studies y en el CORDE académico[11].
NY$_2$.B717	

10. Ox., Oxford, Bodleian Library: Holkham misc. 46. Ed. por Romero[12].
11. Palma (Palma de Mallorca), Fundación March: 20/5/4.
12. París, Bibliothèque Nationale de France, en París (BnF): esp. 256.
13. RAE, Madrid, Biblioteca de la Real Academia de la Lengua Española (BRAE).
    <https://bibliotecavirtualmadrid.comunidad.madrid>, 07/09/2023.

9 *Fueru xulgu*. Llectura fecha acordies col Cod. Hisp. 28 de la Biblioteca del Estáu de Baviera por Montserrat Tuero Morís, entamu de Xosé Lluis García Arias (Oviedo: Serviciu Publicaciones del Principáu d'Asturies, 1994, 2 vols.).

10 *El Fuero Juzgo. Estudios críticos y transcripción*, ed. José Perona (Murcia: Fundación Séneca, 2002, 2 vols).

11 Hispanic Seminary of Medieval Studies (HSMS), transcripción de Wilhelmina Jonxis-Henkemans y Jerry R. Craddock, 08/09/2023,<http://www.hispanicseminary.org/t&c/lex/index-es.htm>. CORDE, 08/09/2023, <https://www.rae.es/banco-de-datos/corde>.

12 "El ms. Holkham misc. 46 de la Bodleian, testimonio del *Fuero Juzgo*: notas para su estudio y propuesta de edición parcial", García Martín/Romero Cambrón, *El Fuero Juzgo*, pp. 209-275.

Abreviaturas y manuscritos	Información adicional
RAE_1.49	Campomanes en RAE (1815).
RAE_2.50	San Bartolomé en RAE (1815).
RAE_3.51	Béjar en RAE (1815).
RAE_4.53	Malpica 1 en RAE (1815).
RAE_5.54	Malpica 2 en RAE (1815).
RAE_6.293	Fue propiedad de Rafael Floranes.

14. Sant. (Santiago de Compostela), Museo do Pobo Galego: códice López Ferreiro. Ed. por Castillo/Pichel[13].
15. Santander, Santander, Biblioteca Menéndez Pelayo: M-557 (olim 365).
16. Sev., Sevilla, Biblioteca de la Universidad de Sevilla: A 331/155 de.
17. To., Toledo, Biblioteca Capitular de Toledo (BCT).

Abreviatura	Información adicional
To_1 .35-17	
To_2 .43-9	
To_3 .43-10	

18. Vall. (Valladolid)

Abreviaturas y signaturas	
$Vall_1$.carp. 116,8 Archivo de la Real Chancillería de Valladolid	
$Vall_2$.carp. 118,2 Archivo de la Real Chancillería de Valladolid	

13 Mónica Castillo Lluch/Ricardo Pichel Gotérrez, "El Códice López Ferreiro del *Fuero Juzgo:* revisión filológica, escriptológica y nueva edición", *Revue de Linguistique Romane,* 79: 313-314 (2015), pp. 123-168.

$Vall_3$.U/Bc ms 005-006	Copiado por Torcuato Torío de la Riva, 1780. Puesta en limpio de la ed. de Floranes (Esp_{10}.10344)[14]

19. Wash. (Washington), Library of Congress, en Washington. Law Library, Ms F8.

14 Carmen del Camino, "En torno al libro de Nuño González y algunos ejemplares toledanos del *Fuero Juzgo*", *Libro homenaje al profesor doctor don Ángel Riesco Terrero,* Nicolás Ávila Seoane y Juan Carlos Galende Díaz, coords. (Madrid: ANABAD-Universidad Complutense, 2021), p. 72, n. 32.

Ángeles Romero Cambrón

Universidad de Castilla-La Mancha

ESTUDIO INTRODUCTORIO. ACOTACIONES

RESUMEN: El trabajo conjunto de filólogos, paleógrafos, codicólogos e historiadores del Derecho proporciona una visión completa de una obra compleja como el *Fuero Juzgo*. Los paleógrafos examinan la datación de los manuscritos, su estado actual, la documentación diplomática... El uso que de ellos hicieron los juristas configura la transmisión del texto: corrección del ejemplar propio con otro, redacción de anotaciones, comparación con otros códigos legales, creación de misceláneos... Los filólogos se interesan por las características lingüísticas del viejo fuero y por los problemas ecdóticos que plantea.

PALABRAS CLAVE: Interdisciplinariedad, legislación visigoda.

ABSTRACT: Introductory Study: Disquisitions

The combined work of philologists, paleographers, codicology experts and law historians offers a complete overview of a complex work such as the *Fuero Juzgo*. Paleographers examine the date of manuscripts, its current state, and diplomatic documents... The use made of them by lawyers determines the textual transmission: correcting one own's copy with others, writing annotations, comparing it with other codes of law, creating miscellaneous manuscripts... Philologists are interested in the linguistic characteristics of the old fuero and the ecdotical problems it presents.

KEYWORDS: Interdisciplinariety, Visigothic legislation.

El presente volumen reúne varios trabajos escritos desde distintas especialidades de estudio en torno a la *Ley de los godos*. Hemos elegido esta denominación para poder referirnos de manera más ágil tanto al texto latino, el *Liber Iudicum* o *Liber Iudiciorum* (LI), como al texto romance, el conocido como *Fuero Juzgo* (FJ). El título aparece junto al más común (*Iudicum iste Codex)* en el colofón de tres testimonios antiguos del FJ, el Ox, $To_2$43-9 y Esc_1.d-III-18[1]:

1 Es mérito de Carmen del Camino haber identificado esta coincidencia en estos tres manuscritos y haber establecido la relación entre ellos.

> Laus tibi sit Christe, conpletur *Iudicum iste Codex* sanctorum retinens sibi iura priorum. *Hec lex gothorum* succedentibus edita forum est yspanorum populis sub iure priorum (Ox, f. 130v. Resolvemos las abreviaturas sin indicarlo y enfatizamos).

Es decir, "alabado seas tú, Cristo, se acaba este *Códice de los Jueces*, que contiene el derecho de los santos precedentes. Esta *Ley de los godos,* presentada a los que les siguieron, es fuero para los pueblos de los hispanos, conforme al derecho de sus predecesores". En versos leoninos se expresa el sentimiento identitario de continuidad histórica. La Academia los reproduce en su edición (1815, VII)[2], queriendo sin duda hacerse eco de un planteamiento para ella muy grato, y una mano de la época también los copió al comienzo del Esp_7. 5814 (f. II r). El RAE_4.53 (f. 2), lleva el título, escrito en letra moderna, de "Las leyes de los reyes godos".

El libro que ahora ofrecemos al lector lleva el subtítulo de "estudios selectos": lo son en el primer sentido de la palabra, en el de "elegidos" entre otros muchos que se podrían plantear para verter luz sobre las numerosas cuestiones aún pendientes del fuero, desde el ángulo de la filología, la historia y la paleografía y la codicología, en abierta aproximación interdisciplinar.

Un libro de conjunto como este debería iniciarse con un estado de la cuestión de la materia a la que está dedicado. Sin embargo, intentar ponerlo en obra nos lleva a comprender la verdadera magnitud y complejidad de la misma. El LI y el FJ constituyen una pieza capital de nuestro pasado jurídico y han sido objeto de atención de diversas disciplinas: historia del Derecho, filología, paleografía, codicología… La bibliografía a ellos consagrada es inabarcable para un solo investigador. Sirviéndonos de una metáfora, no es posible, tampoco en el trabajo intelectual, contemplar en un solo golpe de vista toda la mar océana. Por tanto, sin abandonar la imprescindible visión general, solo caben abordajes parciales, solo cabe acotar, para poder avanzar en el conocimiento de la ley de los godos.

En apretada síntesis, desde mi condición de filóloga y lingüista, señalaré únicamente alguna de las cuestiones más relevantes. Mi propósito es ocuparme del FJ; las referencias al LI serán ocasionales. En primer lugar, haré relación sumaria de las ediciones históricas existentes (§ 1.); en segundo lugar, reflexionaré sobre las potencialidades y cautelas con que debe plantearse la necesaria investigación interdisciplinar a la hora de colaborar paleografía y filología, de

2 Real Academia Española, *Fuero Juzgo en latín y castellano cotejado con los más antiguos y preciosos códices* (Madrid: Ibarra, 1815), p. VII. En ella, el segundo *priores* aparece como *piores.*

una parte (§ 2.1.) y, de otra, historia del Derecho y filología (§ 2.2.). Cerraré estas notas introductorias con una breve reseña de las ediciones o transcripciones del FJ publicadas hasta la fecha (§3.).

1. Manuscritos y ediciones históricas

El LI fue promulgado por primera vez por Recesvinto en el año 654 y recoge la actividad legislativa de los sucesivos reyes visigodos, con dos recensiones principales: la de Ervigio (680-687) y la de Egica (687-700). Conoce también una versión más difundida, la llamada *vulgata*. A partir del siglo VIII, tras el inicio de la presencia musulmana, el *Liber* mantuvo su vigencia tanto en la Marca Hispánica como en el occidente hispánico[3]. Para su versión romance, el FJ, es sobre todo importante su continuación en León: en el colofón de RAE_6.293 (f. 119v) y en el de Esp_8.5975 (f. 86), recibe el nombre de "libro julgo de leon". Siguió siendo el fuero de los mozárabes tras la conquista de Toledo (1085), y fue de aplicación en la ciudad y en su amplia jurisdicción hasta el siglo XV[4]. Ya traducido en lengua vulgar, fue otorgado por Fernando III el Santo a la Córdoba recién conquistada, después a Sevilla, Alicante, más tarde a Murcia y Cartagena... El fuero se extiende por Andalucía y Castilla la Nueva[5]. Sobre estos datos volveré más adelante[6].

Buena prueba de la posición central de que han gozado tanto el LI y como el FJ o lo largo de los siglos es el alto número de copias conservadas, treinta y cuatro del primero (incluyendo las fragmentarias) y cerca de la cincuentena del segundo[7]. Las investigaciones de Díaz y Díaz en 1976[8] y de García López en

---

3 Alfonso García-Gallo, *Manual de historia del derecho español* (Madrid: 1954, 1978 reimp.), p. 374.

4 Alfonso García-Gallo, "Los fueros de Toledo", *Anuario de Historia del Derecho Español*, 45 (1975), pp. 341-488; y M.ª Luz Alonso Martín, "La perduración del *Fuero Juzgo* y el derecho de los castellanos de Toledo", *Anuario de Historia del Derecho Español*, 48 (1978), pp. 335-377.

5 Miguel Chamocho Cantudo, *Los fueros de Toledo y Castilla la Nueva* (Madrid: Agencia Estatal, BOE, 2017) y *Los fueros de los Reinos de Andalucía: de Fernando III a los Reyes Católicos* (Madrid: Agencia Estatal, BOE, 2017).

6 Ángeles Romero Cambrón, "En torno al *Fuero Juzgo: aspectos ecdóticos y lingüístico*", en este volumen, § 2, pp. 58-64.

7 Véase Ángeles Romero Cambrón, "Los manuscritos romances del *Fuero Juzgo:* lista de abreviaturas", en este volumen, pp. 11-19.

8 Manuel Díaz y Díaz, "La *Lex visigothorum* y sus manuscritos. Un ensayo de reinterpretación", *Anuario de Historia del Derecho Español*, 46 (1976), pp. 163-224.

1997[9] han situado los distintos testimonios del LI en el espacio (procedencia oriental, riojana u occidental) y en el tiempo; es este un punto esencial para reconstruir la vida del texto y el entorno histórico y social en el que se desenvolvió. Por lo que al FJ respecta, carecemos aún de un estudio global equiparable; la atención se ha centrado, desde la perspectiva filológica, solo en algunos manuscritos, bien por ser exponentes del dialecto leonés, caso del Esc_8.Z-III-21, bien porque ofrecían una datación indiscutible, como ocurre con el de Murcia (véase § 2.1. y § 3.).

Los ejemplares del LI y del FJ han sido leídos, estudiados y anotados a lo largo del tiempo[10]: nunca, por tanto, han caído en el olvido o ha dejado de suscitar el interés el texto, dentro y fuera de la Península. Una relación completa de las ediciones históricas de ambas tradiciones puede hallarse en Mencé-Caster[11]. A finales del siglo XVI se imprime la primera edición del LI, la de Pithou en Francia[12]. Poco después, como respuesta a esta, emprenden la suya los hermanos Antonio y Diego de Covarrubias[13]. Hasta la fecha, la edición más ambiciosa del texto latino es la de Zeumer (1902)[14].

Del siglo XVI es, por ejemplo, la copia del FJ transmitida en el ms. Esc_1.d-III-18 (pericia de la datación realizada por Del Camino) y el Esp_6.5774, en gótica humanista; el Esp_5.2978, posterior, imita los rasgos formales de códices antiguos. Más importancia que las copias tienen las iniciativas editoriales. La

---

9 Yolanda García López, *Estudios Críticos y Literarios de la Lex Wisigothorum* (Alcalá: Universidad de Alcalá, 1997).

10 Ángeles Romero Cambrón, "Suerte material de *Fuero Juzgo*, un libro de leyes", *Investigación interdisciplinar. Educación y construcción del conocimiento,* M.ª Teresa del Olmo Ibáñez, M.ª Soledad Villarrubia Zúñiga, Iván Sánchez López, eds. (Valencia: Tirant lo Blanch, 2023), pp. 535-545.

11 Corinne Mencé-Caster, *Fuero Juzgo (manuscrit Z.III.6 de la Bibliothèque de San Lorenzo de El Escorial): introduction, transcription, étude*, Thèse de doctorat sous la direction de Jean Roudil (París: Université de Paris XIII, 1996, 3 vols.), vol. 3, pp. 63-73.

12 Pierre Pithou, *Codicis legum Wisigothorum libri XII* (París: Sébastien Nivelle, 1579).

13 Se conserva en el ms. BNE 12909, del que es copia el BNE 772; también es copia del primero el BNE 12924, que perteneció a Burriel (Díaz y Díaz, "La *Lex visighotorum…*"), pp. 171-172; Rafael Ureña y Smenjaud, *Discursos leídos ante la Real Academia de la Historia en la recepción… de Rafael de Ureña y Smenjaud, discurso de contestación de D. Bienvenido Oliver* (Madrid: *Tirada aparte de la Revista general de Legislación y Jurisprudencia,* 1909), pp. 33 y ss.

14 Karl Zeumer, *Leges Visigothorum (Monumenta Germaniae Historica: Leges nationum Germanicarum, 1)* (Hannover-Leipzig: 1902).

primera edición de la versión romance es la debida a Villadiego en 1600[15]. Sin embargo, es en el siglo XVIII cuando los trabajos sobre el FJ van a recibir un impulso decisivo de la mano de Andrés Burriel (1719-1762). Fue él quien realiza, aunque sin lograr completarla, una nueva edición del FJ, conservada en el Esp_2.683, año 1755[16]. Burriel utiliza como texto base el del manuscrito de Murcia, por estimar que es el ejemplar auténtico que Alfonso X entregó a la ciudad, y lo coteja con otros tres códices romances conservados en la Biblioteca Capitular de Toledo y con tres códices latinos de la misma[17]. En sus palabras, ofrece un texto castellano "ajustado del original latino, ilustrado y corregido" (f. 2 de la numeración en arábigos, BNE 683): consciente de las muchas deturpaciones, recurre al latín, lo enmienda y lo explica. Posteriormente, tal como ha sido estudiado por Del Camino[18], inicia su edición Rafael Floranes (1743-1801), que concluye en el año 1781; se conserva copia en el ms. Esp_{10}.10344 (traslado de este manuscrito es el de la Biblioteca Universitaria de Valladolid, $Vall_3$.U/Bc mss. 005-006). Floranes coteja las lecturas de Burriel con las de los códices que tenía a su disposición, actuales RAE_6.293, RAE_4.53 y RAE_5.54, más un ejemplar latino. En ella la labor de jurista tiene un peso preponderante. El FJ ha sido concordado, o comparado en sus distintas disposiciones, con otros muchos códigos (Libro de Nuño González, *Flores de derecho, Partidas*...). La propuesta de Burriel será aprovechada como texto base en la magna edición de la Real

15 Alonso Villadiego Vascuñana y Montoya, *Forus antiquus gothorum regnum Hispaniae, olim Liber Iudicum hodie Fuero Iuzgo nuncupatus, XII libros continens* (Madrid: Pedro Madrigal, 1600).

16 La estudian Mónica Castillo Lluch/Charles Mabille, "El *Fuero Juzgo* en el ms. BNE 683 (1755) de Andrés Marcos Burriel", *Scriptum digital*, 10 (2021), pp. 75-107.

17 La Biblioteca Capitular de Toledo guarda actualmente tres manuscritos romances, el T_1.35-17, el T_2.43-9 y el T_3.43-10. A ellos habría que sumar el Esp_{12}.vitr.17-10, propiedad en su día de Pedro Tenorio, el T4 de la RAE. Tendríamos, por tanto, cuatro manuscritos. Castillo/Mabille, "El *Fuero Juzgo*...", demuestran que este último sí fue cotejado por Burriel; faltaría por establecer cuál de los mencionados en primer lugar no cotejó. Respecto a los manuscritos latinos, de nuevo son tres, y no cuatro, como avanzado el trabajo dicen los citados autores, por lapsus comprensible, los que pudo desfrutar Burriel; es de creer que se trata de BCT 43-6, BC43-7 y el BNE 10064, procedente de la Capitular Toledana. En la intención de este estuvo también atender al códice de San Juan de los Reyes (ahora en la Biblioteca Pública de Castilla-La Mancha, 175), como confiesa en su correspondencia (Castillo/Mabille, "El *Fuero Juzgo*...", p. 89, n. 18). Acaso la explicación de la no utilización del cuarto códice latino y romance no sea otra que el hecho de que Burriel no pudo dar fin a su trabajo.

18 Carmen del Camino, "En torno al libro de Nuño González...", pp. 65-74.

Academia de la Lengua, tal como ya se ha sugerido[19]; en ella, de acuerdo con la pauta trazada por el eminente jesuita, se utilizará el LI como procedimiento auxiliar para la edición del FJ, aumentando para ambos el número de manuscritos despojados.

2. La investigación interdisciplinar

Andrés Burriel era gran conocedor de "antigüedades" (códices, letras, noticias históricas…); Rafael Floranes dirige su atención a la jurisprudencia; Manuel de Lardizábal y Jovellanos, artífices sobresalientes de la edición académica, eran a la vez juristas y curiosos del pasado de nuestra lengua[20]. Un código legal presenta distintas facetas y, por tanto, exige necesariamente un enfoque interdisciplinar.

La colaboración entre especialidades de distintos campos, claro es, permite alcanzar resultados y conclusiones que de otra manera no se podrían obtener; es un procedimiento muy potente. Para resultar fructífera, los investigadores implicados han de aproximarse, siquiera sea someramente, a los fundamentos de ámbitos de conocimientos ajenos. Cada disciplina tiene una tradición y una metodología propias, y persigue intereses diferentes. Aunque en una primera consideración superficial no lo parezca, el objeto de estudio no coincide. Sirva una comparación muy a ras de suelo: el agua está compuesta para un químico de hidrógeno y oxígeno (H_2O), entra en ebullición a los 100 grados y es conductora de la electricidad; las autoridades sanitarias son responsables de su suministro y potabilidad; para los regantes manchegos, es un bien escaso que se negocia en el trasvase del Tajo-Segura. Por fortuna, la distancia entre las áreas de trabajo de quienes estudiamos los viejos fueros es mucho menor que la del ejemplo precedente. No será ocioso, con todo, reflexionar brevemente sobre el modo en que convendría proceder en la investigación conjunta entre la filología, la paleografía y la historia del Derecho a partir del análisis de aspectos concretos.

2.1. La colaboración de la paleografía y codicología con la filología

Es tradicional, ni que decir tiene, la colaboración entre paleógrafos y filólogos; asimismo, los filólogos han sido siempre competentes en paleografía, saber instrumental en la disciplina, y a la recíproca. Para el propósito que aquí nos ocupa, la aportación de paleógrafos y codicólogos será iluminadora al menos

19 Prólogo, p. VII; Castillo/Mabille, "El *Fuero Juzgo*…"
20 José M.ª García Martín, "Bases para una crónica…", pp. 11-208.

en tres vertientes: la datación de los ejemplares, el aprovechamiento de la documentación archivística y diplomática, y el examen exhaustivo de los diversos manuscritos.

Díaz Rodríguez ha revisado ya la datación de algunos ejemplares: retrasa la del LI BCT 43-7, del XII al XIII[21], y fija la del FJ RAE$_5$.54 no mucho después de 1260[22]. El trabajo de la autora incluido en el presente volumen constituye un significativo avance en la compleja tarea de fechar y localizar los testimonios del texto latino y del romance[23].

Me gustaría recordar que paleógrafos y filólogos enfocan la datación desde distinto prisma: los primeros fechan la copia, en tanto que para los segundos el objetivo no solo es fechar esta sino también la redacción de la obra. Es esta una labor sumamente compleja, que requiere paciencia, pero que, en nuestro campo, no puede quedar sin dilucidar. Cuando el manuscrito existente es fruto de más de un acto de copia, la dificultad aumenta. Junto a la precisión cronológica, los lingüistas aspiramos a conocer la variedad dialectal. Como es bien sabido, el FJ se considera la principal manifestación literaria del leonés antiguo. A las variantes textuales que presenta la tradición manuscrita del FJ, hay que añadir las variantes lingüísticas en los dos ejes, el cronológico y el dialectal. A analizar estas últimas está dedicado la parte final de las notas que aquí desarrollo[24].

Los paleógrafos se aproximan al estudio de las fuentes documentales desde unos intereses que no coinciden con los de los filólogos. A partir de información archivística, Isabel García Díaz rectificó la datación del manuscrito de Murcia[25]: lo fecha en 1288, cuatro años después de la muerte de Alfonso X; no es, por tanto, el ejemplar entregado por Alfonso X a la ciudad, tal como pensaba Burriel. Por mencionar solo un ejemplo más: Del Camino atestigua la presencia del ms. RAE$_5$.54 en Toledo en el último cuarto del siglo XIV sirviéndose de las

21 Elena E. Rodríguez Díaz, "Consideraciones sobre la datación de un *Liber Iudicum* (BCT 43-7) y de un *Chronicon Mundi* (BNE mss/4338)", *Libro homenaje…*, pp. 279-286.

22 Pericia de Díaz Rodríguez citada por Del Camino, "En torno al libro…", p. 69, n. 18.

23 Elena E. Rodríguez Díaz, "Elementos para fechar los códices castellanos y leoneses según los manuscritos datados (SS. XII y XIII)", en este volumen.

24 Romero, "En torno al Fuero Juzgo…", en este volumen, § 4, pp. 113-120.

25 Isabel García Díaz, "El *Fuero Juzgo*. Descripción del manuscrito (Códice del Archivo Municipal de Murcia)", *El* Fuero Juzgo. *Estudios críticos y transcripción*, ed. José Perona, (Murcia: Fundación Séneca, 2002, 2 vols.), p. 22. Siguen a la autora Castillo/Mabille, "El *Fuero Juzgo…*", p. 81.

anotaciones que recogen en el primer folio el nacimiento, entre 1377 y 1385, de seis nietos de Ruy Pérez, "alcalde de la justicia en Toledo"[26]. El trabajo con archivos es, asimismo, indispensable, no ya para reconstruir la literalidad del código legal, sino para rastrear su aplicación en la práctica jurídica (véase § 1.2.).

Los expertos de una y otra disciplina han de aunar esfuerzos para llevar a cabo una descripción codicológica exhaustiva, arqueológica en su detalle, de los distintos manuscritos. Como ya ha quedado apuntado, los ejemplares han sido profusamente leídos y anotados, han sido cotejados con otras copias del mismo fuero o con otros libros jurídicos, manifiestan deterioros, pérdidas y subsanaciones.

Interesa, en primer lugar, averiguar cuanto en la materialidad del libro sea relevante para seguir la transmisión textual. Rodríguez Díaz[27] estudia el empleo de un tipo de cuaderno, en particular, la aparición del quinión o del senión en el siglo a partir de 1230, con el propósito de establecer referencias cronológicas. Para la autora lo relevante es el cuaderno predominante, los irregulares responden para ella a "accidentes de copia": justamente esos cuadernos anómalos constituyen indicios muy valiosos a la hora de fijar el texto y de realizar estudios lingüísticos. Díaz y Díaz destaca como rasgo constitutivo de la tradición del LI la presencia de un binión inicial destinado a escribir la tabla[28]; en el ms. de Oxford, esta se copia en un quinión en vez de en un cuaternión, en un pergamino distinto al empleado en el resto del manuscrito, lo que indica de forma inequívoca que se copió tras haber escrito el texto[29]. De la tabla y las rúbricas, dos componentes esenciales de todo manuscrito, me he de volver a ocupar[30]. Los blancos extensos, los cambios de pautado o de mano suelen estar asimismo relacionados con el proceso de copia del texto[31].

---

26 Del Camino, "En torno al libro...", p. 69.

27 "Elementos...", en este volumen, pp. 180-182.

28 Del Camino, "En torno al libro...", pp. 204-206; Del Camino, "Los códices del *Fuero...*", en este volumen, p. 128 n. 143.

29 Romero, "El ms. Holkham misc. 46 de la Bodleian, testimonio del *Fuero Juzgo*: notas para su estudio y propuesta de edición parcial", *El Fuero Juzgo: historia y lengua...*, pp. 209-275.

30 Romero, "En torno al *Fuero...*", en este volumen (§ 1, especialmente, §1.3, pp. 41 y ss.).

31 Aplicaciones prácticas en Ángeles Romero Cambrón, "Los cuadernos subsanados a posteriori en el ms. 10131 de la BNE". *Scriptorium,* 70-72 (2016), pp. 331-339; y "Suntuarios heredianos y versiones'definitivas': los libros IV y V de *Conquiridores*", *eHumanista/IVITRA*, 20 (2021), pp. 97-106.

En general, se trata de buscar respuesta a cuanto hallemos en una meticulosa observación. El relevo a la mitad del códice por un segundo escriba que encontramos, por ejemplo, en el manuscrito de Murcia acaso se deba, más que a problemas en el desarrollo de la copia del texto, a un reparto del trabajo en los escritorios, razón que explica también los cambios de mano tan habituales en la escritura de obras extensas[32].

El deterioro intenso por el uso constante y las imprescindibles reparaciones son consustanciales a la vida material de nuestros manuscritos; lo ha sido a lo largo de los siglos. Por supuesto, es preciso establecer el estado de conservación de cada uno de ellos: pérdidas materiales de folios o cuadernos, intervenciones subsanadoras, grado de legibilidad, conservación de signaturas y reclamos, encuadernaciones… Los académicos en su edición ya detallaban los folios que faltaban en Murcia, aspecto considerado también por García Díaz[33]. Un caso representativo de actuaciones reparadoras lo tenemos en el Esp_1.244, con una primera parte, del siglo XVIII, y otra del XIII (a partir del f. 96). Otro es el del RAE_4.53, también con dos partes: una antigua, primigenia, a la que faltaban bastantes folios, y otra sección más moderna, probablemente del siglo XVI, que suple el texto perdido a partir del actual Esc_6.Z.III.6[34]. La situación de este último manuscrito ilustra otro tipo de cuestión que se puede plantear, la de saber con qué otro manuscrito se han subsanado las pérdidas del que estamos examinando. Para abordarla hay que reconstruir la historia de los códices: propietarios, lectores, anotadores, inclusiones en el fondo de una biblioteca, ventas… Raro es el códice que ha llegado a nuestros días tan bien conservado como el de Oxford, con una trayectoria satisfactoriamente conocida: la encuadernación, realizada en 1815, solo impide la lectura de las glosas de los márgenes interiores[35]. Con semejante maraña o floresta de códices, algunos de composición

32 Fuera de nuestra obra, en el ms. BNE 2211 hay cambio de mano a mitad del códice: Ángeles Romero Cambrón, "Codicología y Ecdótica: *La Grant Crónica de los Conquiridores, Primera partida*, de Juan Fernández de Heredia (ms. 2211 de la Biblioteca Nacional de España)", *Scriptorium* 63-2 (2019), pp. 141-62.

33 RAE (1815), p. VII; Isabel García Díaz, "El *Fuero Juzgo*. Descripción del manuscrito…", pp. 23-26.

34 Carmen del Camino, "En torno al libro…", p. 68.

35 La primera noticia que tenemos de él es que perteneció a la biblioteca del Conde-Duque. Nos han llegado datos tan concretos como la factura de la encuadernación actual, del siglo XIX: Suzanne Reynolds, *The Catalogue of the manuscripts in the library at Holkham Hall* (Turnhout: Brepols, 2015), p. 35.

muy accidentada, la investigación solo puede progresar paso a paso, considerando individualmente cada testimonio.

2.2. La colaboración entre la historia del Derecho y filología

La historia del Derecho y la filología persiguen objetos de estudio nítidamente distintos; es un extremo este, aunque obvio, al que quisiera dedicarle alguna reflexión. Un filólogo se interesa por la literalidad del texto y por sus características lingüísticas; los estudiosos del Derecho, en cambio, examinan disposiciones legislativas, las entroncan con tradiciones jurídicas (Derecho romano, Derecho justiniano), filian fueros… Simplificando sin duda en exceso, cabe decir que estos últimos atienden al contenido, no a la letra (o atienden a esta para llegar a aquel): de ahí que reconstruyan tal ley o defiendan que, a pesar de no haberse conservado testimonio escrito de ella, ha sido transmitida de manera oral por la costumbre[36]. Si en nuestra disciplina podemos acotar manuscrito a manuscrito, a un historiador del Derecho acaso le interese hacerlo por libros o por asuntos o por leyes[37]. Puede no ser relevante para él estudiar su materia en latín o en romance.

Los filólogos no somos juristas, pero tenemos entre manos un cuerpo legal; por ello, la perspectiva de los estudiosos del Derecho resulta primordial para nuestro trabajo. Lo de menos es que nos iluminen sobre un término o concepto jurídico concreto: así, "hombre bueno" equivaldría grosso modo a nuestro juez de paz moderno; lo más importante es que, sin los conocimientos de los juristas, no es posible entender cabalmente la historia material y textual del LI y del FJ. Cabría distinguir dos facetas en el funcionamiento de los ejemplares (dos facetas ideales, ni mucho menos excluyentes): como libros a disposición de los estudiosos del Derecho y como copias del fuero del concejo.

---

36 Distingue las certezas de la mera especulación, en materia de Derecho germánico, José Manuel Pérez-Prendes, "La piedra ensimismada. Notas sobre la investigación visigotista de Alfonso García-Gallo", *Cuadernos de Historia del Derecho,* 18 (2011), pp. 51-91.

37 A modo de ilustración citaré dos trabajos de la misma autora: Esperanza Osaba, "Integrando la diversidad en la sociedad visigoda. En torno a LV 3,1,1", *Jornadas Romanísticas internacionales Inter amicos. Cultura jurídica romana y comunicación al presente, análisis históricos y jurídicos*, F. Cuena Boy, ed. (Haro, 2021), pp. 87-98; "*Quid debeat observari.* En torno a LV 9,2,8 Wamba", en *L'esercito romano e l'alba dell'Europa. Modelli concettuali e sperimentazioni sociali tra linguaggi, istituzioni e diritto (secoli IV-VIII)*, G. Bassa, ed. (Santarcangelo di Romagna, 2020), pp. 149-184.

Ejemplares destinados al estudio, en origen al menos, son todos los misceláneos. En Esp_8. 5975 se recopilan piezas del Derecho romano: FJ, *Fuero de León* y *Concilio de Coyanza*. En otros cuatro, al Derecho romano se han añadido obras del Derecho común o justinianeo, procedentes de Bolonia: Esc_8.Z.III.21 *(*FJ, *Flores de Derecho* y *Fuero de León*), RAE_6.293 (FJ, *Flores* y *Fuero de Zamora*), Oxford (FJ, *Flores, F. León* y *C. Coyanza)* y laurentino M.II.18 (con la *Margarita* y *Fuero de Zamora)*[38]. Para su propio uso y consulta personal, los juristas escribieron en los márgenes de los códices anotaciones de diversa naturaleza. Encontramos pequeños resúmenes como los que clarifican y amplían el contenido de cada rúbrica en T_2.43-9 y en Oxford[39]. Pero, fundamentalmente, la práctica de los juristas que más repercute en la transmisión de un texto legal es la de concordarlo o compararlo con otros; más arriba (§ 1.), se ha hecho referencia ya a las anotaciones de Floranes. Se deja de este modo la puerta abierta a la "contaminación", en términos filológicos, de testimonios; también a la redacción de antologías, obras nuevas en realidad, alejadas del LI o del FJ. Muchos ejemplares están pautados con amplios márgenes laterales, como el Esc_6.Z-III-6, espacio destinado a la actividad de los hombres de leyes.

Algunos manuscritos del FJ fueron, en periodo medieval, propiedad de los respectivos concejos, y dicha circunstancia explica cómo pudo evolucionar el contenido del fuero en ellos recogido. Respecto al LI, el gran jurista Rafael Ureña, en gráfica expresión, ya señalaba cómo se había ido formando por "acarreo" entre distintos códigos legales y códices[40]; desde la filología, Díaz y Díaz[41] y García López[42] subrayan, en la misma línea, el carácter *semivivo* de la obra: la actitud lógica del usuario, con fines prácticos, sería la de completar o corregir el texto de su volumen con otro que tuviese a su disposición. Bien, cuando un rey

38 Respecto al orden en que aparecen los distintos componentes en el ejemplar misceláneo, está determinado por la extensión de estos, en orden decreciente. En primer lugar, se copia el FJ y siguen las *Flores* o la *Margarita*, interrumpiendo la secuencia de la tradición legislativa leonesa, porque necesitan más folios que el *Fuero de León o* el *Concilio de Coyanza;* ambas piezas se habrían copiado en los folios finales, aprovechándolos, en modelos anteriores, del tipo de Esp_8.5975.

39 Señaló la presencia de estos resúmenes, para el primero, María Luisa Alonso Martín, "Observaciones sobre el *Fuero de los Castellanos* y las leyes de Nuño González", *Anuario de Historia del Derecho*, 55 (1985), p. 773; para el segundo Romero, "El ms. Holkham…", p. 216.

40 Rafael Ureña y Smenjaud, *Discursos leídos…*, p. 27.

41 Díaz y Díaz, "La *Lex visigothorum…*", pp. 212 y 216.

42 García López, *Estudios Críticos y Literarios…*, p. 18.

otorgaba en la Edad Media un fuero a una ciudad le podía conceder privilegios (en la administración de justicia) y franquezas (exenciones de tributos), que se añadían al texto de este; también se añadían a él las ordenanzas municipales del concejo. Esta clase de adiciones están presentes en los manuscritos del FJ y son una fuente de incremento textual. A partir de ellas, nos es dado establecer qué ejemplares han estado en contacto (en algún momento). En un caso al menos sí se ha podido hacer. De acuerdo con la información proporcionada por la RAE en la introducción de su edición (pp. V-VII), Murcia, en sus folios finales, tras el FJ, contiene la "Ordenación que fizo el rey don Alfonso con los omnes buenos de Toledo en razón de los asentamientos [...]", al igual que el Esc$_3$.M-III-5, que da, a su vez, una tercera parte más, con expresión de la fecha (Toledo, 1254). Asimismo, como ya vieron los académicos, en el Esc$_7$.Z-III-18 "a lo último hay una escritura o carta del Rey don Alfonso el XI, fecha en Madrid a 18 de enero de la era de 1378, año 1340, con ciertas declaraciones sobre algunos puntos legales, dadas a petición de los alcaldes, alguaciles y hombres buenos de Toledo".

En la vida del concejo, los libros del FJ tenían, por supuesto, la función utilitaria de recopilar en forma escrita el ordenamiento jurídico; secundariamente, tal como revelan Del Camino y Rodríguez Díaz[43], también servían para tomar juramento. Al mismo tiempo, poseían un valor simbólico, al ser exponentes del estatus y riqueza de la ciudad, lo que explica que se encargaran ejemplares costosos[44].

Para concluir el presente apartado, resta hacer referencia a un aspecto estudiado en el ámbito del Derecho que proporciona al filólogo información valiosa, el de la aplicación del fuero en la práctica jurídica concreta durante los siglos medios. María Luz Alonso examina de forma muy rigurosa la documentación archivística relativa a pleitos para rastrear la pervivencia del FJ en Toledo[45]. Mi desconocimiento del Derecho solo me hace estar segura de haber entendido rudamente esta perspectiva que se abre ante mis ojos. Me parece, no obstante, digna de ser tenida en cuenta la conclusión de Isla, para quien la pervivencia del LI y del FJ en el Reino de León no fue tal en la práctica: la invocación al "libro" en un pleito, muchas veces sin disponer de un ejemplar, podría ser más bien una simple fórmula notarial[46].

---

43 Carmen del Camino Martínez y Elena E. Rodríguez Díaz, "Notas sobre textos evangélicos en códices normativos", en este volumen, pp. 149-162.

44 Remedios Morán Martín, *El derecho local medieval. Un intento de comprensión de la vida de los fueros (siglos X-XIV)*, (Madrid: Iustel, 2022), pp. 215-220.

45 M.ª Luz Alonso Martín, "La perduración...", pp. 355-377.

46 Amancio Isla Frez, "La pervivencia de la tradición legal visigótica en el reino asturleonés", *Mélanges de la Casa de Velázquez,* 41-2 (2011), pp. 75-86.

El presente apartado ha estado dedicado a analizar las condiciones en que se puede desenvolver la investigación interdisciplinar en torno al FJ. En él mi propósito ha sido poner de relieve los principales problemas y cuestiones que se suscitan, lo que he procurado hacer sirviéndome de ejemplos concretos. Para obtener una visión plena de un poliedro, de un poliedro además tan complejo, es preciso contemplarlo desde distintos prismas, indiscutiblemente. Aun así, a mi modo de ver, la estrategia para avanzar en el conocimiento del código legal más representativo de la historia hispana no puede ser otra que la de la prudencia: por mi parte, la que, incorporando las conclusiones de trabajos de otros especialistas, me persuade a ceñirme al ámbito en que modestamente soy competente y, de manera muy especial, a progresar en el estudio del viejo fuero paso a paso.

3. Breve reseña de las ediciones existentes del FJ

Declaremos, de entrada, que toda edición representa una contribución de primer nivel para el conocimiento de la obra en cuestión y para la fijación del texto y, en ese sentido, ha de ser bienvenida. Estas son las ediciones publicadas hasta el momento del FJ, ordenadas por fecha de aparición: la ya citada de la RAE (1815)[47]; un fragmento en la *Crestomatía* (1965)[48]; la transcripción del Hispanic Semary of Medieval Studies (HSMS), 1993, reproducida después en el CORDE[49]; la que aparece bajo la responsabilidad de Tuero/García Arias (1994)[50]; la de Mencé-Caster, a la que ya se ha hecho referencia (1996)[51]; la de

47 Real Academia de la Lengua, *Fuero Juzgo en latín…*

48 *Crestomatía del español medieval*, por Ramón Menéndez Pidal, con la colaboración del Centro de Estudios Históricos. Acabada y revisada por Rafael Lapesa y María Soledad de Andrés, (Madrid: Gredos, 1965), t. I. Los trabajos para esta antología se iniciaron antes de la Guerra Civil y solo pudieron ser retomados en 1954, tal como indica en su reseña Juan Miguel Lope Blanch, NRFH, 19 (1970), pp. 423-425.

49 Hispanic Seminary of Medieval Studies (HSMS); transcripción de Wilhelmina Jonxis-Henkemans y Jerry R. Craddock, 08/09/2023, <http://www.hispanicseminary.org/t&c/lex/index-es.htm>. CORDE, 08/09/2023, <https://www.rae.es/banco-de-datos/corde>.

50 *Fueru xulgu. Llectura fecha acordies col Cod. Hisp. 28 de la Biblioteca del Estáu de Baviera* por Montserrat Tuero Morís. *Entamu de Xosé Lluis García Arias; edición iguada pola Academia de la Llingua Asturiana*, (Oviedo: Serviciu Publicaciones del Principáu d'Asturies, 1994).

51 Corinne Mencé-Caster, *Fuero Juzgo…*

Orazi (1997)[52]; la dirigida por Perona (2002)[53]; la de Castillo/Pichel (2012)[54]; y la de Romero (2016), también mencionada[55]. Las revisaré a continuación, de manera muy sumaria, comentando únicamente las características que resultan de mi interés.

A la edición de la RAE ya me he referido más arriba (§ 1.). Durante mucho tiempo, ha sido la única en la que podía consultarse el FJ, al menos en el ámbito de la filología. Recientemente, se ha publicado en reproducción facsimilar, con un estudio introductorio actualizado[56]. Como ya se ha adelantado arriba, los académicos continúan el trabajo y las pautas delineadas por Andrés Burriel en dos sentidos. En primer lugar, publican también, para la completa intelección del texto romance, una edición del LI, colacionando seis testimonios de este, conscientes de las corrupciones que se habían acumulado en los testimonios que habían reunido del FJ. En segundo lugar, ya lo hemos visto, eligen como texto base para su edición la del jesuita, es decir, el manuscrito de Murcia por él corregido[57]. Burriel había tenido en cuenta tres testimonios: los académicos comparan hasta diecisiete, "los más antiguos y preciosos"; he podido identificarlos casi todos, salvo errores. Para la versión del LI el objetivo fue dar un texto legal correcto; sin embargo, para el FJ el criterio seguido fue diferente. Enseguida debió de ser patente para los académicos la disparidad lingüística de los manuscritos romances que manejaban, lo que les llevó a inclinarse por otra solución editorial en ese caso: "¿Qué aspecto hubiera ofrecido la confusa mezcla de lecciones tomadas de distintos códices escritos en distintos tiempos y provincias?" (p. VIII). En vez de buscar la lectura mejor desde el punto de vista jurídico se quiso ofrecer en el caso del FJ un texto lingüísticamente coherente. La adopción de un manuscrito único fue, pues, necesidad, no virtud. Para solventar la dificultad que la comprensión de la lengua medieval presentaba, mayor entonces que hoy para el especialista, la edición se complementa con un glosario. En las notas al texto, se dan variantes lingüísticas, también dialectales

52 Verónica Orazi, *El dialecto leonés antiguo (edición, estudio lingüístico y glosario del Fuero Juzgo según el ms. escurialense Z.III.21)* (Madrid: Universidad Europea-CEES Ediciones, 1997).

53 *El Fuero Juzgo*, ed. José Perona.

54 Castillo/Pichel, "El Códice López Ferreiro…"

55 Romero, "El ms. Holkham misc. 46…"

56 *Fuero Juzgo por la Real Academia Española, 1815.* Estudio preliminar de Santos Coronas (Madrid: Agencia Estatal. Boletín Oficial del Estado, 2015). En ella se consignan otras ediciones realizadas en el XIX por historiadores del Derecho.

57 Castillo/Mabille, "El *Fuero Juzgo*…"

(códices escritos en distintas "provincias"), junto con las variantes textuales. Como ejemplo de estas últimas, la RAE deja constancia de que $Esc._6$ Z-III-6 incluye un excurso sobre los tipos de juicios (p. XV) y una rúbrica tras VI.5.17 (p. 117) que no están en otros testimonios.

Hay que esperar, al menos hasta donde yo sé, a la aparición de la *Crestomatía,* proyecto iniciado antes de la Guerra, para ver publicada en el siglo XX una pequeña selección del FJ[58]. El objetivo es en este caso ofrecer una muestra del leonés literario siguiendo el Esc_8.Z-III-21 y, considerando complementariamente Esc_2.M-II-18 y Esc_4.P-II-17. En nota a pie se recogen las variantes lingüísticas del texto dado en el cuerpo de la página. Es en la *Crestomatía* donde figura la datación que después se repetirá en la bibliografía posterior, la de "h. 1260". Esta es la datación que se da para Z-III-21; Zarco, en cambio, la retrasa hasta finales del XIII[59]. También se anticipa ligeramente la fecha que este da para Esc_2.M-II-18 (finales del XIII-principios del XIV) y de Esc_4.P-II-17, del XIII (entre los dos siglos). De estos tres manuscritos, solo el último, si no me equivoco, estuvo a disposición de la Academia[60].

La transcripción del HSMS (después en el CORDE) se ocupaba de un manuscrito todavía no atendido, el correspondiente al periodo medieval de la Hispanic Society (NY_1.B2567). Teníamos por primera un FJ vertido en el corpus electrónico y la posibilidad de realizar búsquedas automáticas: el viejo fuero había hallado hueco en las nuevas tendencias de acceso a los documentos, entonces revolucionarias. El citado ejemplar ha sido objeto de inspección personal por parte de Charles Faulhaber (Philobiblon)[61].

Tampoco se disponía del texto completo del manuscrito Hisp. 28 de la Biblioteca Estatal de Baviera hasta que aparece publicado en 1994: precedido del correspondiente estudio introductorio (pp. I-XLVIII), se ofrece la transcripción y la reproducción facsimilar del códice. Realizó la inspección directa de él Gemma Avenoza (en Philobiblon).

---

58 *Crestomatía del español medieval...,* t. I, pp. 262-265.

59 Julián Zarco Cuevas, *Catálogo de los manuscritos castellanos de la Real Biblioteca de El Escorial* (Imprenta Helénica, 1924-1929, 3 vols.), t. I, pp. 115-117; t. II, pp. 284-285, 287 y 335-336; t. III, pp. 135 y 149-150.

60 Ángeles Romero Cambrón, "Los manuscritos romances del *Fuero Juzgo:* lista de abreviaturas", en este volumen, pp. 11-18.

61 PhiloBiblon. Dir. Charles B. Faulhaber. Bancroft Library. University of California, Berkeley, 1997-. Web: <https://bancroft.berkeley.edu/philobiblon/beta_en.html>, 05/02/2024.

Mencé-Caster se ocupa del ms. Esc$_6$.Z-III-6, al que dedica un extenso y pormenorizado estudio. Sería profundamente injusto dirigirle críticas; solo no puedo compartir su forma de transcribir por ser demasiado "estrecha" y no atenerse a los estándares de los paleógrafos y filólogos. Por ejemplo, el uso del trazado de una A como visigótica o carolina debe figurar en el estudio previo, en la transcripción es un dato inútil.

Verónica Orazi presenta un modelo de trabajo clásico: el de llevar a cabo la descripción de una variedad lingüística, el leonés, a partir de la edición de una obra que sea representativa, el FJ. Brevemente, la autora da cuenta de las características de tres de ellos[62], los mismos utilizados en la *Crestomatía*, que clasifica según la división del dialecto establecida por Menéndez Pidal[63]: el citado Esc.$_8$Z-III-21, leonés oriental; Esc$_2$.M-II-18, leonés oriental; y Esc$_4$.P-II-17, área leonesa colindante con Galicia. De los tres, edita únicamente Z-III-21: según la autora, no tiene lagunas, aunque hay una segunda mano entre los ff. 100-112, en mi opinión acaso erudita, y a la que se deben al menos algunas rúbricas en variedad castellana y el encabezamiento de los libros. Se suplen las omisiones de palabras o secuencias de Esc.$_8$Z-III-21, como se hace constar en nota, si bien no se ha llevado a cabo el cotejo completo que se hace en los pequeños fragmentos publicados en la *Crestomatía* ni se indica a partir de cuál de los otros dos testimonios se da la lección omitida. Más que una edición, tenemos una transcripción muy meritoria de un manuscrito cuya adscripción leonesa era conocida desde antiguo.

El volumen dedicado al códice de Murcia, aparecido ya iniciado este nuevo siglo, supuso un punto de inflexión en los estudios sobre el FJ. Una vez más, se transcribe un único testimonio. La estructura de la obra es modélica por su coherencia: consta de dos trabajos lingüísticos sumamente valiosos, el de Perona[64] y el de Díez de Revenga[65]; uno a cargo de un estudioso del Derecho[66];

---

62 Verónica Orazi, *El dialecto leonés…*, pp. 35-41.

63 Ramón Menéndez Pidal, "El dialecto leonés", *Revista de Archivos, Bibliotecas y Museos,* 10 (1906). Cito por la reimpresión, *El dialecto leonés* (Léon: El Búho Viajero, 2006), pp. 125-139.

64 José Perona, "La estructura textual del *Forum Iudicum* y de su versión romance", *El Fuero Juzgo…*, pp. 75-128.

65 Pilar Díez de Revenga, "Consideraciones sobre la lengua del *Fuero Juzgo* (Códice el A. M. M.)", *El Fuero Juzgo,* José Perona, ed., pp. 129-150.

66 Antonio Pérez Martín, "El *Fuero Juzgo,* código de leyes del Reino de Murcia", en *El Fuero Juzgo…*, José Perona, ed., pp. 41-74.

finalmente, la descripción del manuscrito y su transcripción es responsabilidad de Isabel García Díaz[67]. Es de gran utilidad el facsímil.

De 2015 es el artículo que firman Castillo/Pichel, ya citado, consagrado a revisar cuanto se sabía hasta la fecha del llamado "Códice López Ferreiro". Este consta de dos únicos bifolios en los que se dan en paralelo el texto romance y el latino. Aunque los autores no editen este último, proporcionan la valiosa observación de que el primero no es traducción del segundo[68]. Sobre la transcendencia de los códices bilingües en la génesis de la versión vernácula, he de volver más adelante[69].

En Romero (2016) se presta atención a otro testimonio no considerado hasta entonces, Ox, el conservado en la Bodleian Library[70]. En el estudio previo se tomó en consideración un total de veintiocho, si bien sin hacer una comparación sistemática, a modo de calas superficiales. Se dan algunas secciones del texto en transcripción paleográfica. Confío en que el tiempo me depare ocasión de profundizar en determinados aspectos y de corregir errores de aquel trabajo.

El examen de las publicaciones reseñadas arriba pone de relieve dos características comunes: de una parte, todas se centran en un único manuscrito de la tradición; de otra, siempre se realizan transcripciones, no ediciones. Hay solo dos excepciones a la primera característica compartida: la *Crestomatía*, que solo da a la luz algo más de un par de páginas y tres manuscritos; por supuesto, la gran excepción la representa la RAE (1815), aunque, como queda dicho, en realidad sigue Murcia (aprovechando el trabajo previo de Andrés Burriel). Salvo en este caso, con la reserva que se acaba de exponer, no podemos hablar de ediciones, dado que ni siquiera se ha esbozado la descripción pormenorizada del conjunto de testimonios de la tradición, no digamos ya el cotejo entre ellos. En realidad, la solución adoptada en las publicaciones citadas arriba viene impuesta por la propia dificultad que entraña cualquier estudio del fuero, tal como se ha pretendido mostrar hasta aquí. Solo es posible avanzar códice a códice (alternativamente, libro a libro, sección a sección…). Es igualmente el procedimiento que se ha seguido en el caso del LI en obras como la de García

---

67 Isabel García Díaz, "Descripción del manuscrito…", en *El Fuero Juzgo…*, pp. 15-40.

68 Castillo/Pichel, "El códice López Ferreiro…", p. 132.

69 Romero, "En torno al *Fuero…*", § 2.1., pp. 58-64.

70 Romero, "El ms. Holkham misc 46…". Una de las obras del códice misceláneo ya se había editado: Jean Roudil, *La tradition de écriture des Flores de Derecho* (París: *Annexes des Cahiers Hispaniques Médiévales*, 2012).

López, cuya segunda parte está dedicada a las leyes de Egica[71], o la edición del manuscrito llamado de Cardona[72]. Se trata, a mi modo de ver, de examinar el mayor número de testimonios desde todas las perspectivas: jurídica, codicológica, textual y lingüística. Al hacerlo, encontraremos, así lo espero, un patrón o patrones que nos permitan reconstruir historia, texto y lengua.

71 Yolanda García López, "Estudios críticos…", pp. 206-605.

72 Jesús Alturo, Joan Bellès, Joseph M. Font i Rius, Yolanda García y Anscari M. Mundo, *Liber Iudicum Popularis, ordenat pel jutge Bonsom de Barcelona* (Barcelona: Generalitat de Catalunya, Departament de Justicia i Interior, 2003). En abierto, <https://www.parlament.cat/document/cataleg/48075.pdf>.

Ángeles Romero Cambrón

Universidad de Castilla-La Mancha

EN TORNO AL *FUERO JUZGO*: ASPECTOS ECDÓTICOS Y LINGÜÍSTICOS

RESUMEN: Se abordan en el estudio diferentes cuestiones complementarias relativas a la edición y a las características lingüísticas del *Fuero Juzgo*. La comparación entre los distintos modelos de capitulación de la cincuentena de manuscritos conservados permite una visión general de su contenido. Se revisa la fecha comúnmente admitida para la traducción romance del *Liber Iudicum* (h. 1260). Asimismo, se confirma la adscripción leonesa de esta, poniendo de relieve la presencia de provenzalismos; los leonesismos perduran incluso en copias castellanas. La transcripción de secciones de manuscritos aún inéditos viene a ilustrar las conclusiones alcanzadas en el examen de la lengua.

PALABRAS CLAVE: Dialecto leonés antiguo, provenzalismos.

ABSTRACT: *On the* Fuero Juzgo: *Ecdotical and Linguistic Aspects*

The study deals with some related questions pertaining to the edition and linguistic characteristics of the *Fuero Juzgo*. The comparison among the different models of capitulation in the preserved manuscripts (ca. fifty) allows us to have a general overview of their content. We revise the date commonly accepted for the vernacular translation of the *Liber Iudicum* (ca. 1260). In addition, we confirm the Leonese origin of this translation, for the Leonese characteristics are preserved even in the Castilian manuscripts. The transcription of excerpts from still-unedited Mss illuminates some of the conclusions reached when examining the language.

KEYWORDS : Old Leonese, Provenzalisms.

1. Relaciones entre testimonios. Tres modelos de capitulación

Refiriéndose al LI, tanto Díaz y Díaz[1] como García López[2], muy gráficamente, ponen de relieve su carácter de texto *semivivo:* dicho de otro modo, se trata

1 Manuel Díaz y Díaz, "La *Lex visigothorum* y sus manuscritos. Un ensayo de reinterpretación", *Anuario de Historia del Derecho Español*, 46 (1976), pp. 163–224.

2 Yolanda García López, *Estudios Críticos y Literarios de la Lex Wisigothorum* (Alcalá: Universidad de Alcalá, 1997).

de un libro que se incrementa y que se modifica al copiarse en los distintos ejemplares. Una situación semejante encontramos en el caso del FJ. Si en la introducción previa se ha puesto el acento fundamentalmente en la vertiente material de los testimonios (2.1.), ahora corresponde ocuparse del contenido y su expresión literal.

Una declaración como la que hallamos en el ms. Esc_6.Z-III-6 nos ayudará a comprender enseguida la naturaleza de los problemas a los que nos enfrentamos. Seguimos la edición que de él realiza Mencé-Caster, si bien adaptando sus pautas de transcripción[3]. Dicho testimonio contiene una digresión sobre los dos tipos de juicios "Los iudizios son dos. El primer iudizio es de los euangelios [...] El segundo iudizio es el iudizio del Regno" (f. 1). Cuando se termina de explicar en qué consisten los dos tipos de juicios señalados y que el fuero se estructura en doce libros, se añade:

> Onde si algun caso acaeciere de que non ay en estos juizios question nin titulo non pueda fazer la forma del iudgado ni iuyzio tenedero si non rey [católico] de manifiesta creencia connoscida christiandat non çelador de la fe nin ypocrita o el papa de la çipdat de roma et *quando ellos amos ouieren fecho aquello judgado sea escripto en la suma destos iuyzios et sea ligado a este libro por siempre segunt que es departido en lo que es departido en lo que es ya passado de este libro* (ff. 1v-2r. Subrayado nuestro).

Los reyes visigodos habían prohibido que se juzgara conforme a otras disposiciones que las contenidas en el LI (II.1.4), hecho que refleja la primera parte de nuestra cita. Sin embargo, de las líneas siguientes se desprende que, una vez sancionadas las nuevas leyes, se agregaban al "libro". La primera pregunta, por tanto, que es preciso hacerse, con respecto al FJ, es si tenemos o no un "único" texto; no parece que sea así. Si, en lugar de un texto fijo, estamos ante un texto *semivivo,* tal como se ha querido indicar más arriba, no sería posible realizar una edición de la obra siguiendo cualquiera de los métodos consagrados en ecdótica (bedierismo, lachmanneanismo o neolachnneanismo). En cualquier caso, aún nos encontramos lejos de un estado de conocimientos que nos permita responder a una pregunta tan general como la formulada. Ha de avanzarse, como he intentado defender en las notas precedentes, en el examen monográfico de cada

3 Corinne Mencé-Caster, *Fuero Juzgo (manuscrit Z.III.6 de la Bibliothèque de San Lorenzo de El Escorial): introduction, transcription, étude*, Thèse de doctorat sous la direction de Jean Roudil (Université de Paris XIII: Paris, 1996, 3 vols.).

ejemplar y en su transcripción. Se trata de abrir sendas en el cerrado bosque que nos ofrecen los viejos códices del fuero.

Como es sabido, la escuela lachmanneana o neolachmanneana establece relaciones filiales entre testimonios al objeto de fijar el texto (único), tal como salió de la pluma del autor. Se analizan rigurosamente todos ellos, localizando los "errores comunes" e interpretándolos con una argumentación concluyente. Mi propuesta es utilizar un concepto más laxo que revele relaciones de manera indiciaria pero más o menos segura, el de "testimonios en contacto". Entendemos que dos copias han estado en contacto cuando (ellas o un antecedente de ellas) hayan coincidido en algún momento y lugar, y tal circunstancia se pueda demostrar textualmente. Una obra *semiviva* se desarrolla utilizando dos ejemplares (o más) a la par. Tomando apoyo en estas huellas textuales patentes en ellas, hallaremos los patrones que nos permitan una comparación primera que oriente investigaciones posteriores. La "huella" se ocasiona de distintas formas: bien sea por adiciones mecánicas, bien por mutilaciones y faltas en ejemplares y en texto, bien por los tradicionales errores comunes; finalmente, es un elemento decisivo para la articulación de una obra la capitulación aplicada (divisiones mayores o menos, con el correspondiente reflejo formal). En el presente apartado, me referiré brevemente a los dos primeros expedientes que posibilitan la comparación preliminar entre testimonios; para la discusión de algún error común, véase más adelante (§ 2.1.). Mi objetivo principal, no obstante, es analizar con más detenimiento los sistemas de capitulación (§ 1.3.).

Preciso en este punto de mi exposición que, como no puede ser de otra manera, cualquiera de las conclusiones que en ella se alcancen en el análisis de un aspecto determinado solo ha de tenerse por válida para los ejemplares específicos que se mencionan de manera explícita. No he podido realizar la consulta directa de los mismos: salvo en el caso de Oxford, únicamente trabajo con reproducciones digitales.

1.1. Adiciones mecánicas

Entiendo por "adiciones mecánicas" aquellas que el copista traslada por inercia de su modelo, aunque carezcan de consistencia con el texto en que se han insertado. Examinemos con un ejemplo cómo nos es dado proceder con dicho material. Hay tres códices que han estado en contacto: Oxford, T_2.43-9 y Esc_1.d-III-18 (mi análisis de este último no ha sido completo). Tal circunstancia se comprueba identificando las distintas adiciones mecánicas que comparten. La más fácil de localizar es el colofón, según ha quedado ya reflejado en la introducción precedente: "Laus tibi sit Christe, conpletur *Iudicum iste Codex...*".

Oxford y T_2.43-9 incluyen de manera abrupta entre los títulos I y II del libro XII "trece cánones dados a los judíos" en romance (ff. 117-118)[4]. También se ha intercalado entre X.2.5 y X.2.6 una carta sobre el sayón (Oxford f. 114c; T_2.43–9, f. CXLX de la numeración original del códice):

> Exemplar epistole de reformamiento. La carta que el iuyz deue enuiar al sayon: "Salut mandamos uos que tal cosa que fulan demanda afulan que tiene agora ensu poder que iela metades en poder sinnalada mientre ante dos testimonios o ante tres quela tengan fata .viii. dias. & si alguna cosa es dientro que non sea sennalada de su sennor. quela sennaledes de nuestra sinnal porque non aya hy ningun enganno. & uos don sayon non tomedes ende nada".

Otros dos segmentos mecánicamente añadidos en los tres códices considerados, entre los libros VII y el VIII, es el inicio de los evangelios según San Juan ("*In principio erat uerbum...*") y según San Lucas ("*In illo tempore missus est Angelus Gabriel...*"), tal como pude determinar[5]. A interpretar la presencia de estas citas evangélicas está dedicado el espléndido trabajo de Del Camino/Rodríguez Díaz[6]: mi intención presente es llamar la atención sobre la gran utilidad que tienen para establecer relaciones entre códices y entre los textos transmitidos por ellos. Parece indiscutible que, entre Oxford, T_2.43-9 y Esc_1.d-III-18 hay una relación filial, pero el estudio para esclarecerla está aún por hacer; la tentativa ensayada no tiene esa aspiración.

En el Estudio Introductorio (§ 2.2.) se ha hecho referencia a la aparición de las ordenanzas dictadas por Alfonso X a los hombres buenos de Toledo en dos códices (guarda del último folio): Murcia y Esc_3.M-III-5. La relación entre ellos parece no ofrecer duda; ahora bien, la copia de tales disposiciones municipales puede deberse a un acto mecánico e involuntario o al deseo consciente de preservarlas.

1.2. Faltas y mutilaciones de códice y texto

No tiene nada de extrañar que un ejemplar nos haya llegado acéfalo, menos en el caso de nuestros venerables códices, que han sufrido un uso intenso a lo largo de los siglos. Ha perdido al menos el folio inicial, con toda seguridad,

---

4 Ángeles Romero, "El ms. Holkham misc. 46 de la Bodleian, testimonio del *Fuero Juzgo*: notas para su estudio y propuesta de edición parcial", García Martín/Romero Cambrón, *El Fuero Juzgo,* pp. 209-275, en pp. 266-267.

5 Romero, "El ms. Holkham...", p. 222.

6 Carmen del Camino Martínez/Elena E. Rodríguez Díaz, "Notas sobre textos evangélicos en códices normativos", en este volumen, pp. 149-162.

el RAE_6.293: en él figuraba la capitulación sumaria en la que se consignara la materia sobre la que legisla cada uno de los doce libros; de hecho, el actual folio 1 empieza "Primero titulo es dela election delos principes" (véase más abajo tabla II). Respecto a lagunas interiores, ya se ha citado en las notas introductorias la situación del manuscrito de Murcia, bien conocida al menos desde el inicio de los trabajos de la edición académica[7]. Lo que habría que determinar es cuándo se produjeron estas pérdidas y si, hallándolas en algún otro ejemplar, podemos establecer conexiones.

Hay un dato de esta naturaleza que alcanza especial relevancia. Que el libro XII, el que se ocupa de las injurias ("denuestos") y las relaciones con los judíos es el que manifiesta mayor variación en todos los testimonios es un hecho bien patente que ya destacó Manuel de Lardizábal en su discurso preliminar a la edición de la Academia[8]. Encontramos, sin embargo, que algunos códices, como RAE_1.49, RAE_2.50, RAE_3.51, RAE_4.52, RAE_5.53, T_3.43-10[9] dan al final del mencionado libro una rúbrica fuera de lugar, que en realidad pertenece al libro IV: "En quanto tienpo poden los niños perder suas cosas" (RAE_1.49, 134v). Este accidente de copia no lo han sufrido otros códices, como, por ejemplo, Murcia, Oxford, T_1.43-9 y, sin duda, muchos otros.

1.3. Tres modelos de capitulación

Como código jurídico que es, en el FJ es primordial poder localizar con eficacia y rapidez el asunto juzgado o la disposición de aplicación en cada supuesto. A tal fin, el texto romance hereda del latino un sistema bien articulado de capitulación, con una división tripartita en libros, títulos y leyes, también conocidas como rúbricas. Para el estudio formal de dicho sistema, entre otros aspectos, remitimos a Del Camino[10]; por mi parte, me propongo atender al "contenido" de las rúbricas y a su expresión lingüística.

---

7 Real Academia Española, *Fuero Juzgo en latín y castellano cotejado con los más antiguos y preciosos códices* (Madrid: Ibarra, 1815); Isabel García Díaz, "El *Fuero Juzgo*. Descripción del manuscrito (Códice del Archivo Municipal de Murcia)", *El* Fuero Juzgo. *Estudios críticos y transcripción*, ed. José Perona, (Murcia: Fundación Séneca, 2002, 2 vols.) pp. 15-40.

8 RAE, *El Fuero Juzgo*...p. 35, 44 y 100.

9 Antonio García y García/Ramón Gonzálvez, *Catálogo de los manuscritos jurídicos medievales de la catedral de Toledo* (Roma-Madrid: CSIC, 1970), pp. 167-168.

10 Carmen del Camino Martínez, "Los códices del Fuero Juzgo y su materialidad: entre tradición e innovación", en este volumen, pp. 125-148.

Las rúbricas hacen posible un primer acercamiento comparativo general a los testimonios, al permitir comprobar qué leyes se incluyen y cuáles no en cada uno. Las enumeraciones de estas en los sumarios de los libros o títulos, donde se reiteran continuamente las mismas palabras, constituyen un terreno abonado para los saltos de ojo, que a veces se rectifican cancelando o enmendando texto o copiando una ley fuera de donde correspondería; en este sentido, son de gran interés para la detección de errores comunes. La deturpación de los sumarios, evidente para el filólogo de hoy, lo ha sido igualmente para los lectores antiguos del fuero. Varias manos corrigieron los errores de la capitulación en Oxford[11]. Por supuesto, otro punto que ha de esclarecerse es si las rúbricas de los ejemplares comparados coinciden literalmente.

Cuando tuve oportunidad de estudiar el manuscrito de Oxford, examiné, de forma muy general, un total de veintiocho manuscritos del FJ[12]. Pude llegar a establecer una diferencia de interés entre ellos por lo que respecta a la inclusión o no de dos tipos de capitulaciones: la capitulación sumaria y la capitulación completa. La primera, al inicio del ejemplar, da cuenta de los doce libros del fuero y su contenido; la segunda, a continuación, especifica los títulos de cada libro y las leyes de las que constaba. Todos los testimonios presentaban la capitulación sumaria, si bien solo algunos daban la capitulación completa. En la presente ocasión, he considerado un número reducido de manuscritos para profundizar en aquella observación: RAE$_6$.293, Esc$_8$.Z-III-21, Esp$_{12}$.Vitr. 17-10, T$_1$.15-37, T$_3$.43-10, RAE$_1$49, Oxford y T$_2$.43-9. Existe un tercer tipo de capitulación, la capitulación tras el título, que daría el sumario de las leyes que lo componen. Como podrá comprobarse en tablas I-V, hay tres modelos de capitulación:

1º) Primer modelo de capitulación: RAE 293

Capitulación sumaria, capitulación completa, pero no capitulación tras título. De hecho, no hay rúbrica en el texto que indique esta división menor del libro. En el estado actual, como ya ha quedado dicho, el ejemplar carece de la primera, pero la tuvo: la encuadernación es del siglo XIX, como muy temprana; los márgenes han sufrido un severo recorte. En la capitulación completa, lleva las

11 Romero, "El ms. Holkham misc…", pp. 225-259.

12 Esc.$_1$ d-III-18, Esc$_2$.M-II-18, Esc$_3$.M-III-5, Esc$_4$. P-II-7, Esc$_5$.Z-II-9, Esc$_6$.Z-III-6, Esc$_7$.Z-III-18 y Esc$_8$.Z-III-21; Esp$_{12}$. Vitr. 10-17, Esp$_1$.244, Esp$_2$.683, Esp$_3$.721, Esp$_4$.1681, Esp$_5$.2978, Esp$_6$.5774, Esp$_7$.5814, Esp$_8$.5975, Esp$_9$.6740; RAE$_1$.49, RAE$_2$.50, RAE$_4$.53, RAE$_5$ 54; T$_1$.15.37, T$_2$.43.9, T$_3$.43.10; Murcia, Baviera Hisp. 28, Nueva York, B2567, B2713, Liboa y Kungliga. Véase Romero, "El ms. Holkham misc…", p. 218.

características ruedas intitulatorias con las que tradicionalmente se marcaba el inicio de un libro.

2º) Segundo modelo de capitulación: Esc_8 Z-III-21, Esp_{12}.Vitr.17-10, $T_1$5-37, T_3.4-10 y RAE_1.49

Capitulación sumaria, sin capitulación completa, pero con capitulación tras título. De los cinco manuscritos examinados, todos carecen de ruedas intitulatorias en la capituación sumaria, salvo $RAE_1$49. En este manuscrito, no hay capitulación tras título en el título preliminar; en T_1.15–37, se ha dejado el espacio para ella, pero no se ha llegado a completar en todo el ejemplar. En Esc_8.Z-III-21 la capitulación sumaria se ha conservado (f. 1), aunque Orazi la omite en su edición[13]. Desde el punto de vista formal, la indicación del título se refuerza en Esc_4.P-II-7, pues el número correspondiente del mismo se expresa en la cabeza (verso del folio, "titulo"; recto del folio, número de este).

3º) Tercer modelo de capitulación: Oxford, T_2.43-9

Capitulación sumaria, capitulación completa y capitulación tras título. Con ruedas intitulatorias en las dos primeras.

En la conformación de estos modelos ha sido decisiva, según creo, la continua y necesaria actividad de corrección de la capitulación con el propio texto. El modelo segundo podría haber partido de otro similar al primero, sin capitulación tras título. Para esta se reserva un espacio en blanco, no siempre bien calculado, que se tomaría del libro ya copiado; de hecho, tales espacios han quedado a menudo en blanco. El modelo tercero es, sencillamente, perfecto. Hay indicios en él de subsanaciones a la vista del texto ya copiado. Veamos alguno. En tanto que en la capitulación sumaria el título del libro I reza "De los ensinamentos delas lees", en la completa se lee: "*Aqui comiença* el libro primo. Titolo .iº. qual deue seer el arte de fazer las leyes" (Oxford, subrayado nuestro): se está dando la relación de rúbricas, no se inicia el libro propiamente dicho, que es lo que marca el adverbio deíctico "aquí".

Tal como ya ha quedado visto en la Introducción (véase § 3.), dejando a un lado la edición de la RAE (1815)[14] y las rúbricas sueltas que da la *Crestomatía*

13 Veronica Orazi, *El dialecto leonés antiguo (edición, estudio lingüístico y glosario del Fuero Juzgo según el ms. escurialense Z.III.21)* (Madrid: Universidad Europea-CEES Ediciones, 1997).

14 Real Academia de la Lengua, *Fuero Juzgo en latín…*

(1965)[15], han visto la luz siete obras que atienden a otros tantos manuscritos: el NY_1.B2567[16], el Hisp. 28[17], el Esc_6.Z-III-6[18], el Esc_8.Z-III-21[19], el de Murcia[20], el López Ferreiro[21] y Oxford[22]. He seleccionado cuatro manuscritos como exponentes de los modelos de capitulación descritos, ninguno de los cuales han sido transcritos todavía: el RAE_6.293, el T_1.15-37, RAE_1.49 y el T_2. 43-9. Queda pendiente para trabajos futuros el cotejo de los códices que siguen cada uno de los modelos de capitulación, así como el de la capitulación y el texto entre sí en cada ejemplar. Los fragmentos que ofrecemos ahora, como los demás que aparecerán más adelante, cumplen asimismo la función de proporcionar ilustración conveniente a las observaciones lingüísticas con las que concluye el presente estudio (§ 4).

Adoptaré siempre las mismas normas para la transcripción paleográfica (§§ 2. y 3.) Resolveré las abreviaturas entre corchetes angulares ("< >") y respetaré la separación de palabras tal como figuren escritas. Asimismo, uniré con un guion las que quedan divididas por el cambio de línea. Para indicar este me serviré de la barra ("/"). Sin embargo, utilizaré línea aparte en la capitulación y en las rúbricas por su valor demarcativo. Las escasas restituciones mías irán entre corchetes. Si una forma está errada y no lo ha advertido el copista la señalaré con un signo de admiración ([!]). En las notas a pie figurarán las observaciones oportunas; si afectan solo a una letra irán sobre esta. Las ruedas intitulatorias aparecerán como "O". Las iniciales decoradas y las letrinas se transcriben en

---

15 *Crestomatía del español medieval*, por Ramón Menéndez Pidal, con la colaboración del Centro de Estudios Históricos. Acabada y revisada por Rafael Lapesa y María Soledad de Andrés, (Madrid: Gredos, 1965), t. I., pp. 262-265.

16 Hispanic Seminary of Medieval Studies (HSMS); transcripción de Wilhelmina Jonxis-Henkemans y Jerry R. Craddock, 08/09/2023, <http://www.hispanicseminary.org/t&c/lex/index-es.htm>. CORDE, 08/07/2023, <https://www.rae.es/banco-de-datos/corde>.

17 *Fueru xulgu. Llectura fecha acordies col Cod. Hisp. 28 de la Biblioteca del Estáu de Baviera* por Montserrat Tuero Morís. *Entamu de Xosé Lluis García Arias; edición iguada pola Academia de la Llingua Asturiana,* (Oviedo: Serviciu Publicaciones del Principáu d'Asturies, 1994).

18 Corinne Mencé-Caster, *Fuero Juzgo…*

19 Verónica Orazi, *El dialecto leonés…*

20 *El Fuero Juzgo…*, José Perona, ed.

21 Mónica Castillo Lluch/Ricardo Pichel Gotérrez, "El Códice López Ferreiro del *Fuero Juzgo:* revisión filológica, escriptológica y nueva edición", *Revue de Linguistique Romane,* 79: 313–314 (2015), pp. 123–168.

22 Romero, "El ms. Holkham misc…"

mayúsculas. El uso del rojo, primera forma de reproducir la *ordinatio,* irá en versalita y/o negrita.

Dejamos al lector un examen más fino. A título de ilustración de cómo se puede trabajar con las rúbricas, he seleccionado algunas muestras. En la tabla I se confrontan T_1.15-37 con T_2.43-9 en la capitulación sumaria. Además de los saltos en las rúbricas (T_1.15-37 se ha saltado los dos primeros títulos del libro II), puede apreciarse que en T_2.43-9 el modelo de capitulación se ha mejorado: los libros llevan un título más explícito y los títulos se han numerado. Aunque algunas coinciden en su literalidad, otras no: "De los q<ue> mata<n> el parto de la mug<er>", frente a "Delos q<ue>/ fazen abortarlas/mugieres". Siempre, en este segundo modelo, la tendencia es a la expresión más verbosa y pormenorizada del contenido de la ley. Por lo que respecta al contenido, la separación entre un manuscrito y otro es evidente si se ponen las rúbricas en paralelo, por ejemplo, en el libro XII.

Tabla I: CAPITULACIÓN SUMARIA (RAE$_6$.293 LA HA PERDIDO)

T_1.15-37[23]	T_2.43-9[24]
En el primero libro	Libro .i°. Delos e<n>s<e>nam<ien>tos de las lees.
El fazedor de la ley	.I. Titolo p<ri>mero/ el fazedor d<e>la lee
	II. Titolo .ii°. dela ley
En el Segu<n>do libro/ De los iudicios e de los iudgados./ [!][25]	libro .ii°. como deue<n> seer ordenadas las lees enlas razones q<ue> puede<n> nacer.
	i° Titolo p<ri>mero/delos iuyzes/ & delas cosas iut-/ gadas.
	ii°. Titolo .ii°. delas q<ue> son neces-sarias en todos/ los pl<e>itos que/nascen.
En el tercero titol./ De los partimie<n>tos de los pleytos.	iii°. Titolo .iii°. de/los sennores d<e>/ los pl<e>itos. de/ los que toman/los pl<e>itos por/ mandado dellos/ sennores.

(*continúa*)

23 Escrito a dos columnas. No se ha dejado espacio para las ruedas ni se numeran los títulos.

24 El folio está dividido en cuatro columnas, de las que solo están escritas la segunda y la cuarta. La primera y la tercera, destinadas a las ruedas, no han llegado a completarse. Los títulos aparecen numerados en rojo. En el f. 1r deja su firma Cristóbal Palomares. Encuentro aspas señalando algunas rúbricas, acaso marcas de cotejo.

25 Faltan los dos primeros títulos del libro II.

Tabla I: Continúa

En el quarto titol./ De los ma<n>daderos q<ue> ma<n>da<n> algu<n>a cosa.	IIII. Titolo. delas/ pesquisas entre/ los testomo<n>ios.
En el q<ui>nto titol/ De los testigos e de las testimo<n>ias./	V. Titolo. delas/esc<ri>pturas que deue<n> ualer. et/delos testamie<n>-/tos delos enfer-/mos & delos q<ue>/ muere<n> como deue<n> ualer.
En el sexto titol./ De los esc<ri>ptos q<ue> deue ualer o no<n>./ De las ma<n>das de los muertos/ cuemo se deue<n> escriuir./	
En el septimo titol De las ma<n>das de los muertos/ Cuemo se deue<n> escriuir.	
En el tercero libro./	El libro .iiiº. Del aiunta-/tamie<n>to del casa-/(f. 1b)miento.
Del ordenamie<n>to de las bodas./	Iº. Titolo. Enq<ua>l/ manera deuen fazer uodas de/ aiuntam<ie>nto
De los casamie<n>tos que n<on> deue<n> seer/	IIº. Titolo delos/ casamie<n>tos ue-/dados q<ue> no<n> con-/uiene<n> de faz<er>.
De la fuerça de las mug<er>es u<ir>gines e de las bibdas./	IIIº. Titolo del ra-/bicimie<n>to delas/ mugieres aie-/nas &delas bib-das.
De los adulterios.	IIIIº. Titolo. Delos/ adult<er>ios et de/ los fornicios.
De los q<ue> casa<n> co<n> sus parie<n>tas./	Vº. Titolo. Delos/ religiosos & de/los sodomitos
De los q<ue> lexan la fe./	VIº. Titolo. Delos partimie<n>tos d<e>/ los casados et/ delos esposados.
De los que yazen con los om<n>es.	
De los partimie<n>tos de los casados./	
En el quarto libro./	Libro. iiiiº. Del/ linnaie natural
De los grados./	.I. Titolo de los grados de para [!]<n>-/tesco.
De los heredamie<n>tos/	IIº. Titolo delos/ herederos como/ deue<n> heredar/ los heredamientos.
De los huerfanos e de los q<ue> los/ defienden./	IIIº. Titolo. delos/ bienes q<ue> p<er>tene-/cen por natura.

Tabla I: Continúa

$_{1b}$De la buena q<ue> uiene a om<n>e por natura/	IIIIº. Titolo delos ninnos echados.
De los ni<n>nos echados./	
En el quinto libro./	Libro.vº. De las cosas dadas opa-/ (f.1c)sadas cada una enq<ua>l cosa deuen ualer.
De las cosas de la s<anc>ta yglesia./	Iº. Titolo delas/cosas d<e>la egl<es>sia.
De las donat<i>ones g<e>n<er>ales	IIº. Titolo. Delas/donaciones de to-/das man<er>as.
De las donat<i>ones q<ue> son fe-/chas a aq<ue>llos q<ue> defiende<n> s<us> se<n>nores	IIIº. Titolo. Delas do-/naciones delos/ senores [¡] etdelos/ padrones.
De las cambias e las uenditiones./	IIIIº. Titolo delas uendidas cosas/ & cambiadas[26]
De las cosas encom<en>dadas y de las enp<re>stadas/	Vº. Titolo. Delas/ Cosas enp<re>stadas/ & com<en>dadas en guarda.
De los pe<n>nos y de las debdas./	VIº. Titolo. Delos/ pennos et delas/ debdas.
De las franq<ue>zas y de los om<n>es franq<ue>ados./	VIIº. Titolo. Delas/franq<ue>zas et de/ los franq<ue>ados.
En el sexto libro./	Libro .viº. Delos./ forfachosos
De los q<u>e accusan los malfechores/	Iº. Titolo. Delos ac-/cusadores & delos/Forfachosos
De los malfecho-/ res e de los q<ue> los co<n>seian./	IIº. Titolo. Delos a-/deuinos &delos/ fechizeros et/ delos q<ue> toman/ su conseyo.
De los q<ue> mata<n> el parto de la mug<er>/	IIIº. Titolo. Delos q<ue>/ fazen abortarlas/mugieres.
Del denuesto e de/ las plagas de los om<n>es/	IIIIº. Titolo. Delos/ denuestos et a-/ mortigamie<n>tos/. & delos liuores/delas plagas.
De la muerte de los om<n>es./	Vº. Titolo delas/muertes delos o<mne>s.
En el septimo libro./	Libro .viiº. Delos/furtos &delos e<n>-/gannos
Del iuditio del furto./	Iº. Titolo. Del des-/cobrimie<n>tos delos/furtos.
De los ladrones e de los furtos./	IIº. Titolo delos/q<ue> furtan & delas/cosas furtadas.

(*continúa*)

26 Aspa indicando error.

Tabla I: Continúa

De los q<ue> furta<n> los/ sieruos e los ue<n>de<n> en t<ier>ra estr<ar>na/	III°. Titolo delos cre-/edores & enga<n>nadores de ma<n>cebos/ & de s<ier>uos aienos/
De la g<ar>ada e del iudi/ço<n> daq<ue>llos q<ue> deue<n> seer iustici/ados/	IIII°. Titolo dela gu-/arda &del iuyzio/ delos mal fechores.
1c De los q<ue> falsan los escriptos./	V°. Titolo delos fals-/sarios & corron-/pedores delas es-/cripturas.
De los q<ue> falsan la moneda./	VI°. Titolo delos fals-/arios & corron-/pedores de meta-/les &demonedas.
E[27]n el octauo libro./	Libro. viii°. Delas/ fuercias &q<ue>bra<n>-/ tamie<n>tos &da<n>nos
De los forçadores e de las co/sas q<ue> fuerçan./	.i°. Titolo delos e<n>-/naiemie<n>tos[¡] &de-/los encera[28]mie<n>-/tos.
De las q<ue>mas e de las q<ue>mado/res./	II°. Titolo delos en-/cendimie<n>tos de/(f. 2a) fuego &delos en-/cendedores.
Del da<n>no de los aruo/les e de las ui<n>nas. E de los huertos e de los panes./	.iii°. Titolo delos da<n>-/nos delos aruo-/les & delos huert-/tos &delas mies-/ses
De los da<n>nos q<ue> faze<n> las an-/imalias e de las otras cosas./	.iiii°. Titolo delos da<n>-nos delas bestias/ &d<e> diu<er>sas cosas.
De los puercos q<ue> pasce<n> e de/ las animalias erradas./	.V. Titolo delos pas-/tos delos puercos/ &de todas bestias/ erradas que fa-/ze<n> dannos.
De las abeias e del da<n>o que faze<n>/.	.VI. Titolo delas a-/beias &delos da<n>-/nos dellas.
En el nono libro	Libro VIIII°. Delos q<ue> fuyen &delos en-/ cobridores
De los sieruos foydos e de los/ q<ue> los asconden: e de los q<ue> los fazen foyr./	.I°. Titolo delos fuy<i>-/dores & Titolo delos asco<n>-/dedores enqual/ manera los tiene[29]
De los om<n>es q<ue> no<n> uan enla bataia. o se torna<n> de la bataia./	.II. Titolo delos q<ue>/ no<n> uan ahueste/ o abataia ma<n>da-/da o q<ue> foye<n> della.

27 "E" escrito sobre raspadura.

28 "a" rectificada.

29 "tiene" en lugar de "tienen", con omisión de la lineta de la nasal es también la lectura de Oxford.

Tabla I: Continúa

De los om<n>es q<ue> se fuyen a la yglesia/	.III. Titolo delos/ q<ue> fuyen ala egl<e>sia.
En el decimo libro./	Libro .xº. Delas particiones por/ annos & por tie<n>pos &por terminos.
De las particiones. Y de las t<ier>ras arrendadas./	.Iº. Titolo delas p<ar>ticiones &delas/ tierras dadas a/ plazo.
De los q<ue> tiene<n> alguna cosa/ cinq<u>enta a<n>nos .o.XXX./	.IIº. Titolo delas d<e>-/mandas &delas/ suertes & <con>plas/fata .xxx. annos.
De los t<er>minos e de los fitos/	.IIIº. Titolo delos ter-/minos &delas lin-/dias.
En el undecimo libro.	Libro .XIº. de/los enfermos et/delos meies &delos mercadores dult<ra>/ mar.
De los fisicos e de los enfermos/	i. Titolo delos fisi-/cos &delos enfer-/mos
Del da<n>nos de los sep<u>lc<ro>s./	.IIº. Titolo del q<ue>bra<n>-/tam<ie>to & dela uio-/ lencia delos moni-/mentos
1c De los mercaderos./	.IIIº. Titolo delos m<er>-/cadores dultra mar/ o dult<ra> puertos.
En el duodecimo libro.	Libro .xiiº. De matar/o de sopozar todas las sente<n>cias/ de heregia & toda la cre<en>cia cont<ra>/ la fet catholica.
De temprar./	.Iº./ Titolo de te<n>prar/ el iuyzio por toier/ toda sente<n>cia <con>tra/ la fet catholica.
Del iuditio de las leyes./	.IIº. Titolo de taiar & descabezar todos/ los onbres delos/iudios &delos hereges.
De todos los ereges e de to-/dos los iudios desfechas[!]./	.IIIº. Titolo de faz<er> nu-/euas lees delos iu-/dios assi como las/ uieias leyes sea<n>/ co<n>firmadas & faz<er>/gelas todas guar-/dar et tener.
De las nueuas leyes de los/ iudios./	

En la tabla II, abajo, se compara la capitulación completa de RAE$_6$. 293 y T$_2$.43-9, título primero preliminar. Respecto al contenido de ambos, se comprueba que el primero carece de las últimas tres rúbricas, acaso por hallarse al final del título. En esta posición se añadían las leyes que se querían incorporar, por haberse omitido al copiar o por tomarlas de otro manuscrito. En la representación de la capitulación, el toledano lleva ruedas para los libros y añade numeración en las rúbricas. De nuevo es evidente la tendencia en él al desarrollo extenso y explícito de estas.

Tabla II: Capitulación completa (Primer título preliminar)

RAE$_6$.293[30]	T$_2$.43-9[31]
(f. 1a) O Primero titulo es dela electio<n> delos pri<n>cipes. &del/ ensenamie<n>to[!] como deuen iulgar	(f. 2c) Primero titolo dela election delos/principes como deue<n> seer amones-/tados q<ue> iutguen derechamientre./ Et dela uenga<n>cia de los iudgado-/res malamie<n>tre torticeros. Et/ del conceio de Toledo enq<ue> foron./ XL.VI. obispos afazer este libro./ Con el gl<or>ioso rey don Sisna<n>do es-/tando p<re>sente enel tercero anno/ q<ue> regno. En Era. DC. Lxxi ª. SIGNANDO REGIS.
Dela electio<n> delos p<ri>ncipes & deloq<ue>gana<n>[32]	.I. [P]rimero titolo dela election de/ los pri<n>cipe [!] &delas gananacias dellos
Del amonestamie<n>to delos ob<is>pos <cont><ra>/ los p<ri>ncipes comudeue<n> ser ma<n>son &a-/te<n>plados contra sos subditos./	.II. [E]l segondo titolo dela electio<n> de/ los pri<n>cipes et dela ganancia de-/llos[!]
Del degredo d<e>los pri<n>cipes como deue<n> go-/uernar el pueblo co<n> piadat.	.III. [D]el amonestamiento delos sac<er>-/dotes en qual manera los reyes/ sea<n> ma<n>sos a s<us> pueblos.
Delas p<er>sonas q<ue> n<on> deue<n>[33] el Regno [!].	.IIII. [E]l decreto del iuyzio de todo el <con>cilio mostrado enel no<n>bre del/[34] pri<n>cipe en q<ua>l manera sea piado-/so & como gouierne co<n> gra<n>t mi<sericordia>a/ el pueblo q<ue> es de dios com<en>dado.
Delos q<ue>quiere<n> ganar el Regno uiuie<n>do el Rey/	.V. [T]itolo del repoiamiento delas/ p<er>sonas enganar el regno. &del/ repoiamie<n>to delas p<er>so nas que/ so<n> uedadas delo ganar.
Delos q<ue> osma<n> ganar el regno pora/ si opora otre uiuie<n>do el Rey[35]	.VI. [D]elos que falagan &enblande-/zen el regno uiuiendo el rey por/espanza [!] que regnen.

30 Aunque el título de cada libro se da dentro de una rueda, lo transcribo al lado. Las rúbricas no han llegado a numerarse.

31 Como queda indicado en n. 24, el ms. está incompleto: además de las ruedas, faltas las capitales en rojo, aunque aparecen en espera.

32 “deloq<ue>gana<n>”, raspadura sobre la “o”.

33 “Gu<er>” supraescrito aquí.

34 Aspa marcando error.

35 Esta rúbrica parece coincidir en contenido con la anterior.

Tabla II: Continúa

Delos que no<n> deue<n> ser Reys	.VII. [D]elos q<ue> quiere<n> el regno uiuiendo el rey &delas p<er>sonas que son ue-/dadas de regnar.
Que el pueblo n<on> yerre co<n>t<ra> [!] sou Rey	.VIII. [Q]ve ni<n>guno sino<n> es dellinaie d<e>/ los godos. & digno de costumbres/ & c<on> otorgamiento delos obispos/ et de todos los godos & co<n>/ otor-/gamiento de todo el pueblo no<n>/ (f. 2d) sea alzado por rey.
Delos cl<er>igos &delos leygos que lesien/[36] el p<ri>ncipe e<n>uida delotro.	.IX. [T]itolo del amonestamiento q<ue>/ el pueblo no<n> desampare su sen-/nor. & q<ue>los pueblos no<n> traspasse<n>/ la fet q<ue> an p<ro>metida[!] alos reys./ & dela guarda delos reys porla/ baraia destas cosas dela comu-/nicion del pueblo q<ue> no<n> dexen s<us> pri<n>cipes. & del traspassamie<n>to de/ la fet q<ue> p<ro>mete<n> el pueblo alos reyes[!].
De aq<ue>los q<ue>q<ue>brata<n> los[37] iuramie<n>tos	.X. [D]e los porfiosos cl<er>igos o legos/ q<ue> <con>siente<n> enel election de otro/uiuiendo el rey si el concilio to-/ledano. La. viiª. parte del cabildo/ primo[!].
Dela guarda d<e>la uida delos principes	[38][D]elos que son conuscidos que/ tieron[39] la iura q<ue> feziero<n> al rey.
Dela mercede d<e>los pri<n>cipes c<on>los c<u>lpados.	[D][40]ela guarda del derecho delos/ pri<n>cipes & del defendimie<n>to de-/los reys p<ri>meros como deue seer dado alos otros pri<n>cipes q<ue>/ uiene<n> depues dellos. Enel concilio Toledano VIº.[41]
Degardar la sal<u>t d<e>l Rey &d<e>los fiyos.	[D]el poder dep<er>donar q<ue> es dado a-/los pri<n>cipes de p<er>donar alos farfechosos[42]

(*continúa*)

36 Se ha añadido una "E" capital en la rubricación posterior, porque no se ha visto que la rúbrica anterior continuaba.

37 "los" escrito sobre raspado en otra tinta.

38 Número de rúbrica omitido.

39 "tieron", con "t" rectificada por el copista.

40 Número de rúbrica omitido.

41 Aspa marcando error.

42 Rúbrica con evidente error. "Farfochosos" por "forfachosos" está también en Oxford.

Tabla II: Continúa

Como deuemos amar los fiyos d<e>l Rey.	.XIIII. [S]i el concelio toledano q<ui>nto. [!]
Del g<a>rnicimie<n>to delos fiyos del Rey	[D][43]ela guarda &de salud delos/reys &del [!] fendimie<n>to del linna [!] delos p<re>sentes pri<n>cipes & delos que uenian despues dellos[44]
Del garnicimie<n>to d<e>la mugier d<e>l Rey &d<e> sos fiyos.	XV. [Q]ual fet & q<ua>l amor deue<n> auer/ los subiectos <con>tra los reys et/ contra sus fijos.
Del galardo<n> q<ue>l Rey faz a sos fiyos.	XVI. [Q]uelos pueblos no<n> co<n>seien ni<n>/ <con>sienta<n> ni<n> faga<n> mal. ni<n> uiltar/ alos reys ni<n> asu linnaie. Esto/ foe fecho enel t<er>cio decimo con-/ceio de toledo.
	XVII. [Q] ue ni<n>guno no<n> case ni<n> <con>seie de/ (f. 3a) casar aotro con mug<e>r del rey por/ regnar ni<n> ni<n>guno no<n> faga mal ni<n> co<n>traria aella ni<n> a sus fijos
	XVIII. [C]omo aq<ue>llos q<ue> fielmientre sierue<n>/ al pri<n>cipe & q<ue> faze<n> todos sus man-/dados & q<ue>lo guarda<n> a todo supod<er>./ q<ue> no<n> pierdan todos sus derechos/ ni<n> sus cosas sin derecho

En la tabla III continúa la comparación entre RAE$_6$.293, exponente del primer modelo de capitulación, y el T$_2$.43-9, exponente del tercero. Dejando a un lado las diferencias en el cambio de orden de las rúbricas y ese perfeccionamiento en el toledano de las rúbricas, que las aproxima a un resumen, ya menos activo, es interesante notar que, de nuevo, el RAE$_6$.293 da una ley más al final del título I.1., la I.1.9, ausente en el toledano; en cambio carece de otra ley que este último da al final del II.2. Asimismo, es llamativa la diferente lectura que dan los dos testimonios de la penúltima ley de este título (II.2.7): "Que ue<n>ce o<mne> delos enemigos porla ley", frente a "Que la ley deue seer uencedor de s<us> enemigos".

43 Número de rúbrica omitido.

44 "Dela guarda et del saluo delos reys et del defendimiento del linnaie delos presentes principes et delos que uernan despues dellos" en Oxford.

Tabla III: Capitulación completa (libro I)

RAE$_6$.293	T$_2$.43-9
O El prim<er>o libro fabra de las cartas leygales & del fazedor de la ley	[O] Aquí comienza el lib-/ro p<ri>mo. Titolo .iº. qual deue seer el ar-/te defazer las lees.
(f. 1b) Qual deue seer la arte d<e> faz<er> la ley	Iº. [Q]val/ d<e>ue/ seer el ar-/te de faz<er> las leyes.
El façedor delas leys como las d<e>ue usar	IIº. [E]l fazedor/delas leyes/ como las deue husar.
Que deue auer e<n>si el fazedor delas leys	IIIº. [Q]ue deue auer ensi el fazedor de/ las leyes
De q<ue> uida deue seer el fazedor d<e>las leys	IIIIº. [D]eq<ue> uida deue seer el fazedor d<e>las leys.
Como deue dar co<n>seio[45] el fazedor delas leys	Vº. [C]omo deue fablar el fazedor delas le-/ yes & mesurar s<us> derechos.
Como deue fablar el fazedor delas leys	VIº. [Q]ual deue seer delas leyes era[!] iugar.
Como deue iudgar el fazedor delas leys.	VIIº. [Q]ual deue seer enlas cosas comu-/ nales oenlas cosas de cada uno/ el fazedor delas leyes.
Q<ua>les deuen seer las cosas […] / &las cosas de […]	VIIIº. [Q]ual ense<n>nam<ien>to deue auer el fa-/zedor delas leyes.
Qual ensinamento deue […]	
Segundo titulo dela ley. vi. leyes.	Titolo. iiº. dela/ ley en q<ua>ntas guisas & en q<ua>ntas/ maneras puede ser
Que deue gardar el fazedor […]	Iº. [Q]ue guardar el fazedor enel amo-/ nestam<ien>to delas leys.
Que cosa es la ley	IIº. [Q]ve cosa puede seer la ley
Qual deue seer la ley	IIIº. [Q]uanto faze laley.
Por <que> es fecha la ley	(f. 3b) IIIIº. [Q]ual & enque guisa deue seer la ley
Que ue<n>ce o<mne> delos enemigos porla ley	Vº. [P]or q<ue> foe fecha la ley.
	VIIº. [Q]ue la ley deue seer uencedor de s<us> enemigos.

45 "conseio" escrito sobre raspadura.

En la tabla IV se recoge un último ejemplo de comparación entre capitulación completa, una vez más de los dos testimonios tomados en consideración. Las rúbricas coinciden. La tendencia a la explicitud del T_2.43-9, por el lógico cansancio del nuevo rubricador a medida que su tarea avanza, se ve reducida a puntos muy concretos (como el de dar un título largo de los libros).

Tabla IV: Capitulación Completa (libro II.1)

RAE_6.293	T_2.43-9
O El segu<n>do libro fabra del pl<e>yto dela ley & delos iuyzes & delos iulgados[46]	O Aqui comienza el lib<ro>.ii./ como deue<n> seer ordenadas/ las leys enlas razon<es> q<ue> puede<n>/ nazer. Titolo. i°. Delos iuyzes eτ/ delas cosas iudgadas.
Que el Rey elos pueblos d<eue<n> seer sometidos d<e>la ley	.I°. Qve el rey et/ los pueb-/los deue<n> seer some-/tidos delas leyes
Que todo o<mn>e d<e>ue sab<er> la ley	.II. Que todo/ omne deue asaber las leys
Que las cosas del pri<n>cipe deue<n> seer a<n>te/ ordenadas &elas del pueblo d<e>spues	.III. Quelas cosas del/ pri<n>cipe deuen se-/er ante ordenadas τ las del/ pueblo despues
Enq<ua>nto t<ien>po ualer las leys q<ue> son<n> em<en>dadas	.III.[47] En q<ua>nto tiempo deuen aualer las leys que son emendadas
De toler la codicia d<e>los p<ri>ncipes & como deue<n> seer fechos los esc<ri>ptos/ enso no<n>ble delos p<ri>ncipes	IIII. De toier la cobdicia de los p<ri>n-/cipes. ye como deue<n> seer fechos los escriptos en/ su nombre delos p<ri>n-/cipes[!].
Delos q<ue> son rebelles co<n>tra [...] p<ri>ncipe o co<n>tral pueblo o co<n>tra la tierra	.V. [E]nq<ua>nto tiempo deuen aualer las leys q<ue> son em<en>dadas.
Que ninguno o<mn>e no<n> deue blasmar al p<ri>ncipe ni<n> maldiz<er>	.VI. Que ninguno ombre no<n> deue/ blasmar el pri<n>cipe ni<n> maldizir[48].

46 No hay indicación de inicio de ningún título.

47 Número de rúbrica errado.

48 Aspa indicando error.

Tabla IV: Continúa

(f. 1c) De toller las leys alos o<mn>es est<ra>nios[!]	vii. De toier las leys delos o<mn>es estra<n>nos.
Que ni<n>gu<n> o<mn>e no<n> aya ot<ro> lib<ro> sino<n> este q<ue>s/ fech<o> denouo.	VIII. [Q]ve ninguno ombre no<n> aya otro/ libro si non este q<ue> es fecho denueuo.
Delos dias & delas fiestas enque n<on> deue<n> tener pl<e>yto.	.IX. [De]los dias &delas fiestas q<ue> no<n>/ deuen tener pl<e>itos.
Quelos iuçes no ozca<n> ni<n>gu<n> pleyto/ seno<n>aq<ue>l q<ue>s [con]-/ tinudo en las leys.	X. Qve los iuyzes non ayan ningun pl<e>ito/ sinon aquel q<ue> es <con>tenido enlas leys
Quelos p<le>ytos poes una uez foren aca-/bados q<ue> no<n> sea<n> despues[49] rebueltos.	.XI. Qvelos pl<e>itos pues q<ue> una uega-/ da fueren acabados que non sea<n> (f. 3c) despues revueltos
Que ni<n>gu<n> o<mn>e no<n>d<e>ua seer iuz seno<n>/ aquien mandare el p<ri>ncipe o aq<ue>l q<ue> fuere/ de conse<n>tim<ien>to delas partes od<e> ma<n>-/dado delos otros iuzes.	.XII. [Q]ue ningun omne no<n> deue seer iuyz si/ non quien mandara el pri<n>ci-/pe oaq<ue>l q<ue> fuere/ de <con>se<n>timieto [!] de/las partes o de mandado delos ot-/ros iuyzes
Quales p<le>ytos deue<n> iutgar & aq<ue>llas/ p<er>sonas [!] los deue[50]	.XIII. [Q]ualos pleitos deuen iudgar los siniscales/ del rey [!]. ye aquales p<er>so-/nas los deue<n> dar aiudgar
Quelos iuyzes deuen iudgar los pl<e>ytos c<ri>minales e los e los otros	.XIIII. [Q]uelos iuyzes deuen iudgar los/ pleytos criminales & los ot<ro>s
Dela pena q<ue>deue<n> auer aq<ue>los q<ue> iudga<n> & no<n> am poder de iudgar	.XV. Dela pena q<ue>deue<n> auer aq<ue>llos q<ue>/ iudgan/ & non an poder de iudgar
Delos q<ue> so<n> lamados por letras d<e> iuyz/ opor siello & no<n> quiere <n> uinir	.XVI. Delos que son lamados por let<ra>/ del iuyz opor siello & non quieren uenir.
Del iuyz q<ue> no<n> oyr aq<ue>l q<ue>l/ dema<n>da q<ue>l faga derech<o> o q<ue> iutga/ tuerto por e<n>gano opor no<n> sab<er>	.XVII. [E]l iuyz que non quiere oyr/ aquel q<ue>l dema<a>da quel faga derech-/o. ho quel iulga tuerto o por e<n>-/ganno. o por non saber.

(*continúa*)

49 Raspadura dejada en blanco.
50 Tres letras sobreescritas ilegibles.

Tabla IV: Continúa

Del iuyz que iutga tuerto por rogo/ opor ynoramtia	XVIII. [D]el iuyz q<ue> iutga tuerto por ruego o por ignorancia
Del iuyz q<ue> faz p<er>der dalguna cosa/ por arte. Opor engano [!] adalguna d<e>las p<ar>tes	.XIX. [D]el iuyz que faze p<er>der alguna/ co-/sa[51] por arte o por engan<n>no a/ alguna delas p<ar>tes
Del iuyz q<ue> bie<n> quiere e<n>te<n>d<er> d<e> el preyto q<ue> deue p<ri>m<er>amie<n>tre affazer	.XX. [D]el iuyz q<ue> bien quiere ente<n>-/ der el pl<e>i-/to que deue p<r>imera mientre fazer
Del iuyz q<ue>a so<s>pech<oso> dalgu<n>a d<e>las p<ar>rte	.XXI. [D]el iuyz q<ue> ansospechoso algu-/ na delas p<ar>tes.
Del iuyz como deue iudgar	.XXII. [D]el iuyz como deue iudgar.
Del p<re>yco[?] odel da<n>pno q<ue> d<e>ue au<er> el sayo<n>.	.XXIII. [D] el prod odel danno q<ue> deue au<er>/ el iuez o el sayón
Que todo o<mn>e aq<ui>e<n> es dado poder d<e> iudgar anombre iuyz	.XXV. [Q]ue el iuyz oque es dado de ple-/ teses[?] no<n> con derecho ni<n> como/ deue non uala
Que todo[52] atamie<n>to q<ue> for fech<o> por ma<n>dado del iuyz depues iuzo n<on> dado derech<o> n<on> uala;	.XXVI. Que el iuyzio que es dado por mandado del Rey opor miedo/ si es torcido no<n> uala.[53]
(f. 2d) Quel iuyzo q<ue>s dado por ma<n>do [!] del/ Rey opor miedo sies tortic<er>o q<ue> no<n> uala	(f. 3d) .XXVII. Del poder q<ue>an los obispos sob-re/los iuyzes que iudgan tuerto
Del poder q<ue> a<n> los ob<is>pos sob<re> los iuyzes/ que iudgam tuerto.	.XXVIII. Delos obi>pos q<ue> an poder so-/brellos iuyzes que iudga<n> tu-/erto &dela pena q<ue> deue [!] auer q<ua>ndo los iuyzes iulgare<n> tu-/erto sabiendolo el obispo.
Quel iuyz d<e>ue dar Razo<n> d<e>q<ua>ntol demandare<n> iuyzes	.XXIX. Qve el iuyz deue dar razon d<e>/ q<ua>ntol dema<n>-/dare<n>.
Dela pena q<ue> deue auer el iuy q<ue> toma las cosas aienas olas ma<n>da tomar	.XXX. Dela pena q<ue>deue au<er>. el iuyz q<ue>/ toma las cosas aienas.o/ las manda tomar.
Delos q<ue> no<n> q<uie>re<n> uinir p<or> ma<n>dado d<e> Rey.	.XXXI. Delos q<ue> non q<ui>eren uenir por mandado del rey.

51 "cososa", "so", sopuntado.

52 Dos letras raspadas; espacio en blanco.

53 Aspa indicando error.

Cierro esta serie de ilustraciones que atienden a la capitulación volviendo la vista a RAE$_{1}$.49, al libro I.1. Como se ha indicado, en T$_{1}$.15-37 no se ha completado la lista de las leyes tras los títulos. En RAE$_{1}$.49, también se ha indicado, falta la de las leyes del título primero preliminar. Bien, comparando con RAE$_{6}$.293 y T$_{2}$.43-9 (tabla III arriba), se aprecia que RAE$_{1}$.49 da la ley I.1.9, presente en el primero y ausente en el segundo:

TABLA V: Capitulación Tras Título Rae$_{1}$.49 (Rúbricas Del Libro Primero, Título Primero)

O L<iber> pr<i>m<us>
(f. 13r) Primerro titolo; Delas cartas/ legales.& del fazedor delas lees
.I. Qual deue seer la arte de faz<er> las lees
.II. Del fazedor delas lees. Comolas deue<n> usar.
.III. Que deue auer ensi el fazedor delas lees
.IIII. Que uida deue seer el fazedor delas lees
.V. Como deue dar <con>sello el fazedor d<e>las lees.
.VI. Como deue faular el fazedor delas lees
.VII. Como deue iulgar el fazedor delas lees
.VIII. Qual deue seer en las cosas co-/munales & e<n>nas decada uno.
.IX. Qual ensinnam<ien>to deue dar el fazedor delas lees.

La transcripción enfrentada de diversos fragmentos de rúbricas, pertenecientes a otros tantos códices, nos muestra una primera vía de acceso (habrá que comprobar su validez en ulteriores trabajos) a su contenido; por supuesto, sigue siendo imprescindible llevar a cabo el análisis completo de cada uno de ellos. Asimismo, nos lleva a comprender cómo se forjaron las características lingüísticas de la tradición manuscrita del FJ. De ellas me ocuparé en lo que resta del presente estudio, muy especialmente en 4. No obstante, apuntaré ahora los ejes principales sobre los que discurrirá mi línea argumental. Me basaré para ello aquí únicamente en el material que aparece en las tablas I-V.

Es claro que RAE$_{6}$.293 presenta una mayor vinculación lingüística con el leonés: se registran en formas como *fiyo, julgo, fabra* (alternante esta última); *fillo* trae RAE$_{1}$.49, la solución propia del leonés occidental. En un manuscrito muy castellanizado y del XIV como T$_{2}$.43-9[54], aparece sistemáticamente *fijo,* aunque

54 Es la fecha que da el *Catálogo de los manuscritos jurídicos…*, p. 100.

no son pocas las ocurrencias de *julgo*, la solución leonesa, que ha pervivido arrastrada de copias anteriores; más sorprendente es encontrar aisladamente *ye*, conjunción copulativa, leonesismo tan distante del uso castellano. Cabe destacar provenzalismos como *forfachoso*. Finalmente, es de subrayar el empleo de cultismos extraños fuera de la lengua jurídica, como *súbditos* o *concilio*.

2. El *Fuero Juzgo* como traducción*

2.1. La fecha de la traducción

La fecha generalmente admitida entre los filólogos para la primera traducción al romance del LI, la conocida como FJ, es la esbozada por el padre Marcos Burriel a mediados del siglo XVIII, quien defiende que el fuero traducido fue otorgado a la Córdoba recién conquistada, en 1236. La noticia documental exhumada por el jesuita se reproduce en la edición de la RAE (1815)[55]; también se hacen eco de ella Castillo[56] y Castillo/Mabille[57]. El diploma, en su versión romance, ha sido editado por Julio González (núm 670)[58]:

> Estas son las cosas que yo don Ferrando rey do e otorgo al conceio de Cordoua por fuero [...] Otorgo et mando que el Libro Iudgo que les yo do, que ge lo mandaré trasladar en romanz et que sea lamado fuero de Córdoua con todas estas cosas sobredichas, et que lo ayan siempre por fuero et nenguno sea osado de lamarle de otra guisa sinon fuero de Córdoua.

Como correlato de la noticia documental de arriba, Burriel desarrolló una segunda teoría, la de que existía una versión fernandina del FJ y otra alfonsí:

> Este código mandó traducir en lengua castellana San Fernando III para darle por fuero à la ciudad de Córdoba, conquistada por él, assí como también le dio a Sevilla,

---

* Es versión ampliada de la expuesta en "Los manuscritos del Fuero Juzgo: abordaje interdisciplinar", M. Castillo/C. Mabille, Universidad de Lausana, 9-10/09/2022.

55 El *Fuero Juzgo*..., pp. XXXVII-XVIII, n. 1.

56 Mónica Castillo Lluch, "Avatares históricos e historiográficos de la versión romance de la ley visigótica (II)", en *El español a través del tiempo: estudios ofrecidos a Rafael Cano Aguilar*, A. López Serena, A. Narbona Jiménez y S. del Rey Quesada, eds. (Sevilla: Universidad de Sevilla, 2016), vol. I, pp. 49-70, en p. 51.

57 "El *Fuero Juzgo* en el ms. BNE 683 (1755) de Andrés Marcos Burriel", *Scriptum digital*, 10, 2021, pp. 75-107, en pp. 94-95.

58 Julio González González, *Reinado y diplomas de Fernando III* (Córdoba: Monte de Piedad y Caja de Ahorros de Córdoba, 1980-1986, 3 vols). Apud Castillo, "Avatares históricos...", p. 51.

> Murcia y otras ciudades ganadas en su tiempo de moros. Su hijo Don Alonso el Sabio reconoció y pulió esta traducción[59].

Para Burriel la versión alfonsí se correspondería con el códice de Murcia, en tanto que la fernandina sería la contenida en el manuscrito toledano que fue propiedad de Pedro Tenorio, es decir, el actual Esp_{12}.vitr. 17-10. Por su parte, subraya la RAE (1815)[60] la gran coincidencia de este último códice con los actuales Esc_6.Z-III-6 (Escorial 1) y RAE_5.54 (Malpica 2). Se ocupan de estudiar estas dos versiones Castillo/Mabille en el artículo ya mencionado, añadiendo a la segunda un cuarto testimonio, Cop_1.KB GKS 1942. Indudablemente, la propuesta ganará solidez cuando se analice un mayor de manuscritos y cuando se avance en general en el conocimiento de estos. Burriel solo examinó los cuatro manuscritos toledanos y el de Murcia (vid. Estudio Introductorio, n. 17). Asimismo, para él el Esp_{12}.vitr.17-10 se había escrito en el siglo XIII. No han sido pocos los testimonios que han visto revisada la fecha de ejecución a partir de nuevos estudios: recordaré solo el trabajo señero de Rodríguez Díaz[61]. Con todo, lo que merece ser discutido y revisado es la fecha misma en que se hizo la traducción y que esta se emprendiera por mandato de Fernando III.

Desde la filología, quienes en el siglo XX se han ocupado de esta cuestión no han sabido apartarse por completo de los planteamientos de Burriel (recibidos a través, evidentemente, de la edición académica), y eso aun a riesgo de incurrir en cierto grado de incoherencia. Como ha quedado dicho en el Estudio Introductorio (§ 3), la datación que ha trascendido entre los historiadores de la lengua ha sido la dada en la *Crestomatía*[62]. En ella se afirma, refiriéndose a los célebres Esc_8.Z-III-21, Esc_4.P-II-17 y Esc_2.M-II-18, antes de extractar algunas rúbricas de ellos: "Versión leonesa hecha *h. 1260, reinado de Alfonso X*; es traducción del *Forum Iudicum*, dado a Córdoba por San Fernando [† 1252], a raíz de su conquista, *en 1241*" [subrayado nuestro]. Da la impresión de que Menéndez Pidal y sus colaboradores tienen alguna dificultad a la hora de precisar fecha y reinado. El problema de la fecha de la traducción se entrelaza con el de la datación de los códices. Por ejemplo, en la *Crestomatía,* se sigue fechando

59 Marcos Burriel, *Informe de la ciudad de Toledo sobre pesos y medidas*, p. 233 y n. 97. Tomo la cita de Castillo/Mabille, p. 94-95, modernizando la grafía.

60 P. XXXVIII.

61 Elena E. Rodríguez Díaz, "Elementos para fechar los códices castellanos y leoneses según los manuscritos datados (SS. XII y XIII)", en este volumen, pp. 164-226.

62 P. 262.

Esc$_8$.Z-III-21 en la segunda mitad del siglo XIII, cuando ya Zarco en su catalógo había retrasado la datación (XIII-XIV)[63].

La posición de Lapesa es sensiblemente diferente a la de la *Crestomatía* y parece más guiada por la datación y los rasgos lingüísticos de los testimonios: para él la traducción se ejecutó a comienzos del reinado de Alfonso X, h. 1260, en una versión "fuertemente leonesa"[64]. Códices bien conocidos, como el RAE$_6$.293 o el Esc$_8$.Z-III-21, misceláneos, incluyen un *Fuero de León* romanceado. De Lapesa ha tomado la datación la bibliografía posterior, aunque, convirtiendo su cauta horquilla temporal en fecha precisa, sin ningún argumento: 1260. Un buen resumen historiográfico del debate en torno a la datación y a la variedad dialectal puede hallarse en Castillo (2012)[65]. Veamos alguna observación más que quepa hacer en torno al momento de ejecución de la versión romance.

Hemos de calificar de deslumbrantes los trabajos de Marcos Burriel y de monumental la edición de RAE; tal vez por ese motivo, y por la dificultad que entraña, para los especialistas en lingüística histórica, abordar una obra transmitida en tan elevado número de testimonios, con tantas variantes textuales y lingüísticas, se han perpetuado asunciones o pareceres que conviene revisar. Es lo que ocurre con la fecha de la traducción del FJ.

Los historiadores y los historiadores del Derecho han avanzado de forma sólida en la elucidación del problema que nos ocupa. Volvamos de nuevo a la concesión por parte de Fernando III de fuero a la Córdoba recién conquistada. Cito por extenso las reflexiones de Joaquín Mellado[66], quien, a su vez, se hace eco del análisis de Julio González[67]:

> Como ya es sabido, del Fuero de Córdoba se conservan dos versiones: una en romance y otra en latín. La primera, de dudosa validez legal —al carecer de requisitos cancillerescos elementales como son las cláusulas finales de concesión, confirmación y ratificación, la de conminación y penas para los que violen la carta y, especialmente,

63 Julián Zarco, *Catálogo de los manuscritos castellanos de la Real Biblioteca de El Escorial,* Imprenta Helénica, 1924-1929, 3 vols., <http://bdh.bne.es/bnesearch/detalle/bdh0000195407>.Julián Zarco, *Catálogo de los manuscritos…*, vol. 2, p. 149.

64 Rafael Lapesa, *Historia de la lengua española* (Madrid: Gredos, 1981^{9}), p. 246.

65 Mónica Castillo Lluch, "Las lenguas del *Fuero juzgo*: avatares históricos e historiográficos de las versiones romances de la Ley visigótica (I)", e-Spania, 13-1 (2012), <https://journals.openedition.org/e-spania/20994>.

66 Joaquín Mellado Rodríguez, "El *Fuero de Córdoba*: edición crítica y traducción", *Arbor,* CLXVI, 654 (2000), pp. 191-231, en p. 192.

67 "Reinado y Diplomas", vol. Ill, en pp. 219-225.

la suscripción real y relación de confirmantes—, está datada en Córdoba el 3 de marzo de 1241. Parece que el rey mandó redactar apresuradamente un texto foral, a petición de los propios cordobeses, según se desprende del análisis interno del texto; esta es también la autorizada opinión de J. González: "En realidad", afirma, "se debió redactar a gusto de los cordobeses un fuero privativo no muy extenso" [...] "Indudablemente se preparó con cierta premura, como resultado de súplica, *y sin tener a mano un ejemplar del Liber ludicum ni del Fuero de Toledo.* Su protocolo, escrito en latín, termina anunciando que la parte dispositiva se redactará in *uulgari ydiomate* para facilitar su comprensión, volviendo al latín sólo para la data final con la que concluye el documento. En la rúbrica 4 de dicho texto *el rey concedía a los caballeros de Córdoba todas las franquicias y privilegios de que gozaban los caballeros de Toledo, con algunas salvedades*" (Subrayado nuestro).

Del examen de los datos y valoraciones que aporta Joaquín Mellado se desprenden varias conclusiones para el asunto que ahora nos ocupa. La primera de ellas es que, aunque tanto el documento redactado en latín como en romance son auténticos, solo aquel reúne los requisitos legales correspondientes para considerarse una concesión real (núm. 677 de la colección de Julio González). La segunda conclusión reviste particular alcance: esta carta se redactó sin tener delante un ejemplar del LI. De hecho, el código gótico solo se menciona en la disposición 54 (en la que el rey manda traducirlo al vulgar), reproducida en la cita precedente, y en otras dos disposiciones, la 4 y la 22:

4ª) Concedo itaque nobis ut omnia iudicia uestra secundum *Librum ludicum* sint iudicata coram decem ex nobilissimis illorum et sapientissimis qui fuerint inter uos.

22ª) Qui uero de occisione christìani uel mauri siue iudej per suspicionem accusatus fuerit, nec fuerint super eum testes ueridicj et fideles, iudicent eum per *Librum ludicum.*

En este sentido, recordemos que también Amancio Isla[68] ponía en duda, para el Reino de León, que en la práctica jurídica, en la resolución de pleitos, se tuviera a la vista un ejemplar del LI y del FJ.

Con todo, resta aún por subrayar la conclusión más relevante: lo que Fernando III otorga con el nombre de *Fuero de Córdoba* es un fuero privilegiado, esto es, pérmitaseme la redudancia, contiene privilegios (derecho particular de aplicación solo a los cordobeses) y franquezas otorgadas específicamente a la ciudad, la mayoría coincidentes con los que disfruta Toledo, desarrollados en

68 Amancio Isla Frez, "La pervivencia de la tradición legal visigótica en el reino asturleonés", *Mélanges de la Casa de Velázquez,* 41-2 (2011), pp. 75-86. Su posición quedó ya recogida en el Estudio Introductorio (§ 3).

cincuenta y ocho rúbricas; no es, por tanto, el *Fuero Juzgo*. Así se aprecia si se lee la edición citada del mismo de Mellado o la Miguel Ángel Chamocho Cantudo[69]. La orden, o promesa, de traducción al vulgar por parte de Fernando III comprende, claro es, estos privilegios y franquezas (*"cum omnibus supradjctis"*), por lo que el documento recibiría el nombre de Fuero de Córdoba:

> *Item statuo et mando quod Liber ludicum, quem ego dabo Cordubensibus, translatetur in uulgare et uocetur Forum de Corduba* cum omnibus supradjctis *[los privilegios y franquezas]. Et quod hec per secula cuncta sint pro foro et nullus sit ausus istud forum aliter apellare nisi forum de Corduba (subrayado nuestro, en redonda).*

Es este último aspecto el que no ha sido bien interpretado tradicionalmente por los hispanistas. A lo sumo, puede admitirse que, a raíz del mandato de Fernando III se tradujera al romance el FJ; ahora bien, en cualquier caso, el manuscrito debía contener las cincuenta y ocho rúbricas que estaban en el diploma latino y romance. Ningún testimonio de semejantes características ha llegado hasta nosotros. Otra cosa es suponer que el rey regaló al concejo cordobés un lujoso ejemplar del fuero de los godos al que se agregarían los valiosos privilegios y franquezas. La primera noticia documental cierta de la existencia del texto traducido efectivamente es la de la concesión, por parte de Alfonso X a Murcia, del Fuero de Sevilla en 1266. Podríamos considerar esta fecha (coincidente con la que da Rafael Lapesa), como término *ante quem* para la existencia ya de una traducción completa.

Traducir es, no hace falta subrayarlo, una labor de gran complejidad; en el caso del LI, podemos hablar de tarea extremadamente ardua. Resultará muy fructífero preguntarnos por los términos en que esta se emprendió en el caso del LI, de qué medios pudieron disponer el autor o autores, las dificultades que encontraron y, en suma, qué cualidades o preparación reunían los hombres que se enfrentaron con una empresa de semejante envergadura. En verdad, ha de pensarse que el FJ tal como lo conocemos hoy, aun en sus múltiples variantes, no es sino el resultado final de un largo proceso.

Por lo que respecta a la vertiente lingüística, los traductores contaban con las glosas que allanaban la comprensión del texto latino. Un ejemplo lo tenemos en el BCT 43-7, con las mismas glosas supralineales que el uso escolar había dejado en el laurentino Z-II-2[70]. Otra huella inequívoca de la continuidad del trabajo de los estudiosos a lo largo de los siglos son los manuscritos bilingües. Como ya se ha consignado en el Estudio Introductorio (§ 3), ha llegado hasta nuestros días

69 Miguel Chamocho Cantudo, *Los fueros de los Reinos de Andalucía: de Fernando III a los Reyes Católicos* (Madrid: Agencia Estatal, BOE, 2017), pp. 31 y ss.

70 Yolanda García López, *Estudios críticos…*, pp. 71-79.

el de López Ferreiro, aunque solo en un puñado de folios[71]. Bilingüe era igualmente, otro manuscrito, hoy perdido[72]. Se refiere a él Ambrosio de Morales en su *Crónica general de España* (f. 123):

> Este libro y todas sus leyes fueron al principio escritas y recopiladas en latín y después trasladadas en romace, y yo he visto entre otros un original *harto antiguo donde tras cada ley latina luego está la misma ley en castellano. Tiénelo la Santa Iglesia de Toledo* (subrayamos nosotros).

Todavía da cuenta dicho del ejemplar ("harto antiguo", depositado en Toledo) Álvar Gómez de Castro en carta a Felipe II, en 1571. Es de creer que estos dos códices bilingües son solo una muestra exigua de cuantos se llegaron a esbozar: su carácter de notas de trabajo, de borradores, así como el material ínfimo en que se habrían escrito, no favorecía su conservación y, por tanto, su perduración posterior. Ya en tiempos modernos, se vio en la edición bilingüe la mejor manera para la comprensión del texto romance: bilingües son la de Burriel (ms. Esp_2.683) primero y la de la RAE (1815) después, tal como quedó consignado en el Estudio Introductorio (§ 1). Por su parte, José Manuel Pérez-Prendes, con la autoridad que le da haber dedicado su tesis doctoral al estudio del FJ, supone que debió existir una multitud de traducciones privadas del FJ, a juzgar, entre otras cosas, por las más de mil variantes que logra identificar en el texto romance[73].

Sin embargo, la principal dificultad a la que tuvieron que hacer frente el autor o autores de la traducción romance no fue, indiscutiblemente, de naturaleza lingüística: se trataba de acercarse a un momento histórico y un ordenamiento jurídico muy distante para ellos. Pérez-Prendes sintetiza la cuestión en las siguientes palabras[74]:

> ¿Hasta qué punto quiso y supo el *Fuero Juzgo* recoger la evolución del Derecho durante los siglos que le separan del *Liber Iudicum*? [...] Es evidente, díganlo las miles de variantes recogidas, que el FJ quiso recoger esa evolución. Ya hemos señalado en cada rama jurídica examinada los principales puntos de adaptación o de incomprensión.

---

71 Mónica Castillo Lluch/ y Ricardo Pichel Gotérrez, "El Códice López Ferreiro del *Fuero Juzgo*: revisión filológica, escriptológica y nueva edición", RLiR 79: 313-314 (2015), pp. 123-168.

72 Yolanda García López, *Estudios críticos…*, p. 153.

73 José Manuel Pérez-Prendes y Muñoz de Arraco: *La versión romanceada del "Liber Iudiciorum": algunos datos sobre sus variantes y peculiaridades.* Tesis doctoral manuscrita defendida en la Sala de Grados de la Facultad de Derecho de Madrid en febrero de 1958. El autor no llegó a publicar su tesis; solo he podido acceder al resumen de ella que realiza Joaquín Cerdá Ruiz-Funes, "Fuero Juzgo", en *Nueva enciclopedia jurídica*, Carlos E. Mascareñas, dir., (Barcelona: Francisco Seix, 1960), t. X, pp. 327-345.

74 Pérez-Prendes, *La versión romanceada…*, p. 256; apud Joaquín Cerdá, p. 332, n. 49.

> Se puede decir que, efectivamente, FJ es una adaptación que se extiende a todos los campos por las leyes que contiene, si bien no todo sea distinto. Se podría afirmar que el FJ sirve para saber qué temas trata el LI, pero no lo que sobre ellos dice. El Derecho público, el privado, el penal y el procesal resultan retocados; de intento unas veces y por mala interpretación de los textos, quizá ya corrompidos, otras... Porque en muchas ocasiones FJ no supo lo que el LI decía, "no pudo" aunque quiso, adaptar lo allí legislado a las nuevas circunstancias.

Habríamos de concebir, a mi parecer, el texto de la traducción que nos ha llegado como la etapa final. Se podrá objetar que semejante afirmación no pasa de ser una especulación. Difícil se hace suponer que una obra de tal complejidad se acometiera sin tanteos previos. Es de sobra sabido cómo históricamente se han ensayado segundas traducciones al objeto de mejorar una primera: así ocurrió con el *Libro de la Açafea*, un caso muy conocido. En cuanto a la condición del autor o autores de la traducción romance, debían contarse entre los mejores juristas y hombres de letras del momento. Así debemos creerlo si pensamos, particularmente, en un texto legal pulido para ser otorgado oficialmente. Descendamos ya a la concreción del saber lingüístico.

2.2. La lengua de la traducción

Fiel al proceder seguido en las presentes notas, doy a continuación un nuevo fragmento de otro manuscrito no transcrito, el RAE$_3$.51. Será oportuno esbozar algún apunte sobre su estado actual, si bien solo estoy accediendo a él a través de la reproducción digital[75]. En la contracubierta aparecen anotaciones en cursiva. Hay material añadido antes de que se empiece a copiar el FJ: en el actual f. 1, se da el comienzo del evangelio según San Juan: "In principio erat uerbum [...] plenum gr<ati>e & ueritatis"; en los f. 2-3, figura un calendario. Solo en el f. 4 actual (en el margen izquierdo arriba puede leerse la numeración original, "I") se da la capitulación sumaria del fuero.

El pasaje elegido está copiado a mitad del f. 4c moderno, cuando finaliza la relación de las rúbricas (f. II v en la numeración original). Se trata de la escena en que el rey Sisenando otorga el fuero en presencia de los obispos en el concilio de Toledo IV. Esta noticia, asumida cerradamente por la tradición historiográfica española, fue dada por falsa por Manuel de Lardizábal[76]. Por su propia función

75 En la web < https://bibliotecavirtualmadrid.comunidad.madrid/bvmadrid_publicacion/manuscritos/es/micrositios/inicio.do>.

76 Santos Coronas González, "Notas a la presente edición", *Fuero Juzgo por la Real Academia Española*, (Madrid: Agencia Estatal. Boletín Oficial del Estado, ed. facsimilar,

de preámbulo propagandístico, tiene un marcado carácter retórico y se aleja del directo y preciso lenguaje empleado en la redacción de las leyes, motivo por el que se elige.

El objeto de este apartado es someter a examen, aunque solo sea en sus líneas maestras y dentro de la limitada extensión del preámbulo, el modo o técnica seguida con que se tradujo. En la tabla VI abajo, figura en la columna de la izquierda el texto romance y en la derecha el LI, en la edición de la RAE (1815)[77]. Analizaré aspectos lingüísticos (latinismos, leonesismos, provenzalismos) y puntos de traducción, de los que se extraerán las conclusiones pertinentes para la comprensión de la misma. En nota a pie van los accidentes reseñables de la transcripción o de la copia. Las voces a las que me referiré en el comentario lingüístico irán numeradas con subíndices de forma correlativa según aparezcan en el fragmento.

TABLA VI: El Texto Romance Como Traducción

RAE$_3$51	**LIBER IUDICUM**
(f. 4v) EL P<RI>MER TITOL YE$_1$ DELA ELECT<I>ON$_2$ DELOS/ P<RI>NCEPES EDEL INS<I>NAMIE<N>TO$_3$ COMO DE-/ UE<N> IULGAR$_4$ DERECHO EDELA OPENA DAQ<UE>LOS$_5$/ QUE IULGA<N>$_6$ TUERTO. ESTE LIURO FUE FEC[78]-/CHO. DE. LXVI. OBISPOS ENEL Q<UA>RTO CO<N>CELO$_7$/ DE TOLEDO ANTE LA P<RE>SENCIA DEL RE SISNA<N>DO/ EN EL TERCERO ANNO QUE EL REGNO EN EL/ ERA DE .DC. & LXXXI ANNO. RE SISNANDO.	EX CONCILIO TOLETANO QUARTO LX VI EPISCOPORUM EDITO IN PRESENTIA SISENANDI REGIS TERTIO EJUSDEM REGNI ANNO. ERA DCLX X I.
Con cuydado$_8$ del amor de/ chr<ist>o. e co<n> grant diligen-/cia$_9$ de do<n> sisnando mui/ gl<ori>oso re despanna e de fra<n>-/cia. Todos los obispos nos/ aiuntamos en no<n>me$_{10}$ del n<uest<ro> sennor en u-/no enna$_{11}$ cibdat de toledo.	*Cum studio amoris Christi ac diligentia religiosissimi Sisenandi regis Hispaniae atque Galliae sacerdotes apud Toletanam urbem in nomine Domini in unum convenissemus, ut ejus imperiis atque jussis communis a nobis agitaretur de*

(*continúa*)

2015), p. XXV. Esta adición se redactó, con fines propagandísticos, en León a finales del X o principios del XI, según Yolanda García, *Estudios críticos…*, pp. 150-159.

77 *Fuero Juzgo,* p. I. Se sigue en la edición académica el manuscrito Complutense con variantes del de San Juan de los Reyes, (hoy núm. 175 de la Biblioteca de Castilla-La Mancha).

78 “c” sopuntada.

TABLA VI: Continúa

RAE$_3$51	LIBER IUDICUM
que porel man-/dado del re epor el so insi<n>namie<n>to$_{13}$ feziem-/os todos comunal mie<n>tre un tractado$_{14}$ d<e>/ las cosas de s<an>c<nt>a yglesia. & de sos estauleci-/mie<n>tos. Ep<r>imera mie<n>tre nos todos diemos/ gr<a>t<i>as al n<uest>ro saluador dios que puede fa-/zer todas las cosas$_{15}$. & de pues desto alau-/andicho$_{16}$ re. El que ye$_{17}$ fruito$_{19}$ mui sobrepu-/gant$_{20}$ ye$_{21}$ muy gl<or>ioso p<ri>ncipe e quiso seer en/ n<ues>tra co<n>pa<n>na y.entro co<n> sos barones muy/ grandes e mucho onrrados. E p<ri>mera mie<n>-/tre luego lexose caer entierra humillosa-/ mie<n>te ante nos todos obispos de dios & ro-/gonos epidionos mercet con lag<ri>mas[79]/ (f. 4d) muchas$_{22}$ et co<n> s<os>piros. que rogassemos a/ dios por el & de pues amonesto todo el co<n>-/celo$_{23}$ co<n>d[80]e uocio<n> que se ne<n>brasse<n> de/los decretos de sos padres & que desse<n> estu-/dio$_{24}$ efimenza de guardar los derechos de/ s<anc>ta yglesia. & que emendasse<n> aq<ue>las$_{25}$ cosas que/ los om<ne>s auie<n> mal usadas en otro tie<n>po/ por negligencia$_{26}$ co<n>tra las costu<n>mes de s<anc>ta/ yglesa. & que tomara<n> ia por costu<n>me como/ si fosse demandado del p<ri>cipe. Do<n>cas$_{27}$ por es-/tos atales sos amonestamie<n>tos nos todos/ co<n>fiando en n<uest>ro sennor & dandole gr<at>ia/ a el que ye muy piadoso entendemos por/ cosa muy neccessaria$_{28}$ q<ue> segu<n>t sua uolu<n>-/tat del re. e dela n<uest>ra feziemos las cosas que era<n> conuenibles adios. assi enlos sa-/ gramie<n>tos de la s<anc>ta yglesa.	*quibusdam ecclesiae disciplinis tractatus; primum quidem nos gratias Salvatori nostro Deo omnipotenti egimus. Post hoec coetui nostro adesse dignatus jam factus excellentissimus et gloriosissimus princeps qui cum magnificentissimis et nobilissimis viris ingressus est, primum coram omnibus nobis Dei sacerdotibus humo prostratus cum lacrymis et gemitibus pro se interveniendum Domino postulavit: deinde religiosa prosecutione synodum exhortatus est, ut paternorum decretorum memores ad conservanda in nobis jura ecclesiastica studium praeberemus, et illa corrigere quae dudum per negligentiam malignitatis in usum venerant contra ecclesiasticos mores et licentiam sibi jam de usurpatione principum fecerant. Talibus igitur monitis nos omnes in Domino confidentes et in ipso clementissimo gratias agentes necessarium sane duximus, ut juxta ejus nostrumque votum tractaremus quae Deo digna esse competunt sive in sacramentis divinis quae diverso atque illicito modo in Hispaniarum ecclesiis celebrantur, seu quae in moribus prave usurpata in adversitate vel deceptione principum esse noscuntur. Terminum Deo annuente posuimus et quoquo modo ab illicitis sese unisquisque abstineat seditionibus et deceptionibus cum Dei timore et diligentia frenum disciplinae ponere curavimus.*

79 “m” sopuntada en el cambio de columna.

80 “dde”, por duplografía.

TABLA VI: Continúa

RAE$_3$51	**LIBER IUDICUM**
que so<n> fechos en/ muchas yglesas de espa<n>na en muchas./ man<er>as como no<n> deue<n>. como enlas/ malas costu<n>mes que son fechas por co<n>t<ra>/ & por decibimie<n>to$_{29}$ delos p<ri>ncipes q<ue>los poda-/mos poner t<er>mino & que podamos[81] de disci-/plina. como o qual ma<er>ra se guarde<n>. ca-/da uno delas cosas que no<n> deue fazer./ edelos decibimie<n>tos$_{30}$ & q<ue> tema cada uno/ al n<nuest>ro sennor.	

Empecemos prestando atención a los latinismos. Del componente culto en la lengua del FJ, aunque solo en lo que respecta a la grafía, se ocupó Pilar Díez de Revenga[82], siguiendo los trabajos de Gloria Clavería[83]. En el breve fragmento transcrito hallamos alguna muestra: "election" (2 en la tabla), "neccesaria" (28), "tractado" (14). Sin embargo, donde más presencia tienen los latinismos es en el léxico. Comparar la versión romance con el texto traducido, tal como puse de relieve en otra ocasión[84], hace posible ver los términos latinos que se admiten en la traducción, por considerarse aceptables, y los que no. Entre los primeros habría que destacar *diligencia* (9 en la tabla), *neccesario* (28), *estudio* (24) y *negligencia* (26). Una rápida consulta al CORDE acotando el periodo temporal 1100-1250 pone de manifiesto su carácter infrecuente y que su uso se limita a menudo a textos legales o cultos: "diligencia" y "neccesario" solo se documentan esta

81 Omitido, tal como se comprueba desde el lat., "freno" en RAE$_3$.51, omisión que no está otros mss., como en Oxf, NY$_1$.B2567…

82 Pilar Díez de Revenga Torres, "Consideraciones sobre la lengua del *Fuero Juzgo* (Códice del A. M. M.), en Perona, pp. 127-149, en p. 133.

83 Gloria Clavería Nadal, "En torno al cultismo: los grupos consonánticos cultos", en *Actas del I Congreso Internacional de Historia de la Lengua Española* (Madrid: Arco-Libros, 1988), I, pp. 91-102; y *El latininismo en español* (Barcelona: Universitat Autònoma de Barcelona, 1991).

84 Ángeles Romero Cambrón, "El interés de las traducciones heredianas para la Lexicología histórica: el romanceamiento de Orosio", en *Lenguas en contacto, ayer y hoy. Multilingüismo y traducción desde una perspectiva filológica*, Del Rey Quesada, Santiago/González Gómez, Jaime/Del Barrio de la Rosa, Florencio, eds. (Fráncfurt: Peter Lang, 2018), pp. 169-188.

vez; "estudio" alcanza 22 ocurrencias (además de en el FJ, en el *Vidal mayor*, en Berceo, en el *Libro de Alexandre…)* y "negligencia", 33 (FJ, en el *Fuero de Viguea y Val de Funes,* en Berceo, en el *Vidal Mayor…*)[85]. Más allá del léxico, por latinismo sintáctico se pospone el cuantificar en "lagrymas muchas" (22). Otros términos latinos no resultan aceptables en romance. Es lo que sucede con tres voces: *omnipotentis*, vertido como "que puede fazer todas las cosas" (15); *excellentissimus* > "sobrepugant" (20)[86]; *cum gementis* > "con sospiros". En la primera aparición de *estudio*, "*cum studio amoris*", en cambio, el término latino se vierte muy ajustadamente al romance con "cuydado", esto es, "con solicitud"[87].

Mucha mayor relevancia tiene, para un cuerpo legal, la traducción al romance de algunas palabras latinas que expresan realidades o conceptos ya muy alejados de la sociedad bajomedieval. A título de ejemplo, mencionemos cómo *sacerdotes* se vierte como "obispos" y, muy especialmente, cómo *concilio* y *synodum*, se traduce por "concelo". Tal como he querido sugerir arriba, realizar una versión vernácula del FJ era una tarea nada fácil.

Desde luego que encontramos en nuestro pasaje algún error de traducción de más calado. En el LI hay un *cum* histórico: "*Cum […] sacerdotes apud Toletanam urbem […] in unum convenissemus*", es decir, "como los sacerdotes nos hubiesemos llegado para reunirnos en la ciudad de Toledo"; en romance, *cum* se ha interpretado como preposición ("con cuydado del amor…") y los tiempos verbales se han modificado. No podemos establecer, no obstante, si el manuscrito latino utilizado para el romanceamiento presentaba ya algún tipo de deturpación. Sí es preciso destacar dos problemas de traducción. El primero de ellos es (señalado con 3 en la Tabla VI arriba) "insennamientos" ("ensennamientos" en otros códices), que vierte, de una manera chirriante (al menos visto desde la lengua moderna), el latín *iussus* (en el par sinonímico *eius imperiis atque iussis*); lo podríamos verter al español actual como "mandato, orden". Dado que "ensennamientos" aparece en las primeras líneas del FJ conviene explicar bien su origen y sentido[88]. El segundo problema de traducción al que haré alusión

---

85 Real Academia de la Lengua, https://corpus.rae.es/cordenet.html, 30/09/2023.

86 Interpreto la "g" como una mala grafía para la palatal: "sobrepuiantes" es lo que dan otros mss. como buena lectura, como NY_1.B2567.

87 Del lat. COGITARE, "pensar", de donde, prestar atencion, asistir (a alguien)", "poner solicitud". Vid. Joan Corominas/ José Antonio Pascual, *Diccionario crítico etimológico castellano e hispánico* (Madrid: Gredos, 1983-1995), s. v. *cuidar.*

88 Es de notar que este término, extrapolado, ha pasado a figurar en el tejuelo de algún mss., como el Ox., Holkham misc. 46: "Del ensennamiento de las leyes", es decir, las disposiciones contenidas en las leyes.

afecta a "fruito" (19 en la Tabla VI arriba; hay variantes como "fructo" en otros mss., como el citado NY_1.B2567: "el que ye *fruito* mui sobrepugant ye mui glorioso principe" vierte "iam *factus* excellentissimus et gloriosissimus princeps", de manera un tanto forzada. Para el análisis de la traducción, lo significativo es que la "a" de *factus* se leería más fácilmente como "u", "fruito", si el manuscrito latino utilizado estuviera escrito en letra visigótica, con la "a" sin cerrar arriba, en vez de la "a" carolina con copete; una "r" supraescrita o de martillo habría allanado el paso a la mala lectura. Precisar el momento en que fue abandonada la antigua escritura en León (o en Toledo) nos proporcionaría un buen dato para fechar la primera traducción del FJ.

Más arriba se ha recogido la posición de Rafael Lapesa, quien, en su manual, aseguraba que el traslado del LI se había realizado en una versión "fuertemente leonesa"[89]. Leonesa es la variedad de RAE_3.51, en particular, dentro de la división interna del antiguo dialecto establecida por Menéndez Pidal[90], se inscribe en el leonés central: *ye* (1); *iulgar* (4); *aquelos* (5) y *concelo* (7), con grafía en ambos casos de la lateral palatal; *enna* (11)... Habría que destacar un aspecto que ha pasado hasta ahora desapercibido al estudiar la lengua del FJ: la existencia de provenzalismos. En las pocas líneas transcritas en la Tabla VI aparecen tres: "doncas", "decibimiento", "avantdicho" y, probablemente, "sobrepugant" (por razones léxicas y por la apócope). Bien, estos rasgos leoneses y occitanos en la lengua del FJ nos obligan a situar la traducción del FJ en un determinado marco espacial y temporal. Ni unos ni otros son atribuibles a la acción posterior de copistas sino, por el alcance general que tienen en la totalidad de la tradición manuscrita, a la redacción original (o a su refacción, en todo caso). Rafael Lapesa, en un estudio clásico, su "Asturiano y provenzal en el Fuero de Avilés", explicaba la natura mixta la lengua de dicho diploma (copia algo posterior al año 1150) como consecuencia del esfuerzo de un redactor ultrapirenaico en su propósito de escribir en un romance hispano que aún dominaba imperfectamente[91]. No es este el escenario al que responde el FJ: los provenzalismos están

89 Lapesa, *Historia de la lengua...*, p. 246.

90 Ramón Menéndez Pidal, *El dialecto leonés...*, pp. 29-42.

91 Rafael Lapesa, "Asturiano y provenzal en el Fuero de Avilés", *Acta Salmanticensia*, 2-4 (1948). Reeditado en *Estudios de historia lingüística española*, (Madrid: Paraninfo, 1985, p. 53-121), en pp. 47-48. También los francos constituyeron una parte esencial de la población tras la conquista de Toledo (1085), con elevada consideración social, como lo demuestra el hecho de que los primeros arzobispos fueran ultramontanos. Véase Rafael Lapesa, "Mozárabe y catalán o gascón en el *Auto de los Reyes Magos*", en *Miscel·lanía Aragón i Serra*, (Barcelona, 1983), III, pp. 277-294. Reeditado en *Estudios de historia lingüística española* (Madrid: Paraninfo, 1985), pp. 138-166, en pp. 154-155.

ya incorporados al leonés o al castellano. Ese romance ya debía haberse convertido en la lengua apta, en léxico y en sintaxis, para poder ser vehículo expresivo suficiente de las antiguas leyes godas. Solo el análisis lingüístico de un número significativo de manuscritos dará respuesta a la cuestión planteada. Mis observaciones al respecto darán fin a este estudio (§ 4), sustentadas sobre un cuerpo de material transcrito suficientemente amplio (§ 3).

3. Edición paleográfica parcial: mss. RAE$_6$.293, RAE$_1$.49 y Esc$_3$.M-III-5

A fin de componer un abanico lo más amplio posible de la realidad lingüística de los manuscritos del FJ, transcribo una muestra de tres de ellos, representantes de otras tantas variedades lingüísticas: dos leoneses, RAE$_6$.293 y RAE$_1$.49; y uno castellano, el Esc$_3$.M-III-5. Una sección de los dos primeros ya ha sido presentada más arriba (§ 1.3., Tablas II, IV y V); los vuelvo a utilizar ahora porque en otros ejemplares los rasgos leoneses vienen acompañados de un gran componente castellano. En cada caso he elegido un libro diferente, buscando que no hayan sido objeto de atención todavía de lingüistas y filólogos; daré los títulos iniciales. En alguna ocasión, comparo la lectura de los códices considerados con el del Esc$_8$.Z-III-21 en la edición de Orazi[92].

3.1. Manuscrito RAE$_6$.293, leonés (libro II, tit. I, primeras rúbricas)

Ya se han dado más arriba algunas indicaciones sobre el estado actual del códice (§ 1.3.). Hay que añadir que su datación es segura, porque está suscrito: año de 1289[93]. Va a doble columna. El traslado de un texto tan iterativo como el de FJ representa una verdadera trampa incesante de saltos de igual a igual para el amanuense. Véase este ejemplo, que tomo de RAE$_6$.293. Se habla de los días en los que no se puede juzgar:

> Sies tal persona que deua ser creida dexenlo yr sobre so omenage & siestal persona que no deua ser creyda ligeramientre de fiador que passados aquellos dias que uenta al preito o mandar el iuiz fueras ende aquellos que fezieren tales cosas porque deuen murir (ff. 24cd)

Cuando estudié el manuscrito de Oxford llamé la atención sobre semejante dificultad y describí la técnica que seguía en esa ocasión su ejecutor: perícopas cortas señaladas con “.”, “;” (coma arriba, punto abajo que escribo así) o calderón[94].

92 Veronica Orazi, *El dialecto leonés…*

93 Elena E. Rodríguez Díaz, “Elementos…”, en este volumen, pp. 178-177.

94 Romero, “El ms. Holkham misc…”, en p. 224.

En RAE$_6$.293 las detenciones en la labor de copia se marcan con estos signos y además con un pequeño trazo vertical de fino; en pausas mayores aparece el calderón. De todas formas, estas ayudas para la copia no son seguidas de manera sistemática. Los errores en la transmisión se multiplican. Por muchos que los presentara ya el modelo de que se partía, no podemos dejar de notar la torpeza con que se intentan subsanar, recurriendo a la cuchilla, el más desaseado de los procedimientos de cancelación, o escribiendo fuera de la línea de justificación vertical, tanto izquierda como derecha, de la columna. Por lo demás, como puede comprobarse en la transcripción, se ha dividido mal una ley, situando a la mitad de ella la rúbrica siguiente: "Delos que son rebelles o mal obedientes contral principe…" (f. 22d); solo bastantes rúbricas más abajo se rectifica el error, trasladando esta al margen. Estamos, pues, ante un amanuense poco diestro. Las rúbricas, en la sección transcrita, son de otra mano.

Transcripción

(f. 20d) O

Aquí comi-ença el[95] .IIº. libro/ que fabla del pleyto/ dela ley. p<ri>m<er>o titulo/ del<us> iuyzes & delas cosas julgadas.[96]

Que el rey & s<us> poeblos d<e>ue<n> s<eer>/ sometidos d<e>las ley

Nostro senor que/ es Rey. epodero-/so de todaslas/-cosas & fazedor/ el solo cata;[97] el prouecho/ &la salude delos om<n>es & ma<n>-da/ guardar[98] iusticia enlla sua/sa<nc>taley. atodolos queso<n> so-/bre tierra. & el ques dios desj<us>-/ticia & mui grand<e> lo manda; co<n>uieni atodo o<mne> maguerq<ue>/ sea mui pod<er>osso someter<r>se asos/ mandados. ael quie<n> obedece/ la caual<er>ia celestial¶ Onde/ si dalguno/quisier obedecer; a dios; deue amar iusticia./ & sila amar. fazerla[99] todaui-/a & estonce ama[100] ome la/ iusticia mas

95 "el" reiterado en tinta negra.
96 Sin rúbrica para el comienzo del título.
97 "cata" reiterado y tachado, que secluyo.
98 "dar" suprarescrito.
99 "a" supraescrita.
100 "la" tachado, que secluyo.

u<er>dadera mie[101]tre & mas firmi mientre[102] q<ua><n>doti-/ene un derecho co<n>so proximo/ porende nos quequeremos/ gardar los com<an>damien-tos/ dedios damos[103] leys. ensenbre pora [nos]/ & pora nostros sometudos[104] aq<ue>/ obedecem<us> nos. & todos los reys[105]/ que uiuieren depues de nos/ & todol pueblo. q<ue>s de n<ostr>o rey-/ (f. 21a)no; general mie<n>tre. & qui nin-/gunua p<er>sona por poder que a-/ya nin por dignidad ni<n> por or-/den. no<n>se escusse degardar las/ leys enssi que nos damos a/ nostro pueblo en tal man<er>a/ que el principe; por fuerza/ e por uoluntat constringa el[106] pueblo de guardar las leys./ El Rey don flauiu rescindo.

QUE TODO O<MN>E D<E>UE SAB<ER> LAS LEYS.

Toda sciencia por de<re>cho/ de sama ignorancia ca-/ escripto es el om<n>e; no<n> quiso/ en[107] tender. por fazer bien. on[108]d<e>/ desto se sigue que aquel que/ quiere[109] ap<re>nderasabor de biem fazer. & porende ni<n>guno/ no<n> asme de fazer mal; por dezir que no<n> sabe las leys/ & el derecho ca el quien mal fezier no<n> deue ser sin pena[110]./ maguer que diga que no/ sabe las leys. nin el de<re>cho./ El Rey don flauiu risciu<n>do.

QUELAS COSAS DEL P<RI>NCIPE D<E>UE<N> SER/ A<N>TE ORDENADAS & LAS DEL POBLO DEPOS.

Dios que fizo todas las/ cosas & ordeno condere-/cho la cabeza enel cuerpo del om<n>e de susu & fizo nazer dela/ cabeza; todaslas otras par-/tidas del sos mienbros del/[111] cuerpo del om<n>e onde por eso/ es dicha cabeça por que-llos/ otros mienbros conpieçan/ anacer della/ & formo en<e>lla/ (f. 21b) cabeza; la lunbre dellos oios; porque pudiesse om<n>e/ uer las cosas quel pudien/ enpeceer & metio enella me-/moria de entender porque/ pudiesse ordenar &

101 Lineta de la nasal omitida.
102 "a" raspada".
103 "a" y "o" escritas sobre rectificación en "damos".
104 "pora" escrito al margen, no leo más en la digitalización. En Esc8.Z-III-21, "pora nos".
105 "los reys" semiborrados en rojo.
106 Raspadura aquí de una letra.
107 Letra raspada aquí.
108 Escrito sobre raspadura.
109 "a" escrita sobre raspadura.
110 "a" escrita sobre raspadura.
111 Raspada aquí una letra.

gouernar/ los otros mienbros quel so<n>/ somitidos. & por esto los mey-/stres[112] que son sabios ante an[113] cura del mal de la cabeça q<ue>/ dellos otros mienbros del/ cuerpo. & porende la milizina<n> enante; porque entien-/de el meystre[114] que ha hy ma-or/ peligro cassi la cabeza es/ sana abra rrazo<n> ensi. por q<ue/ podra sanar todos los otros/ mienbros. mas sila cabeza/ fur enferma no<n> podra dar/ salude alos otros mienbros./ canolo e[115] porende deue-/mos primera mientre orde-/nar los fechos delos princi-/pes por queson n<ost>ras cabeças. & defender sua uida / sua[116] salude. e depues desto orde-/nar las cosas del puebro q<ue> mientre quel Rey es co<n>salud/ que pueda mas firmi mie<n>t<re>/ deffender sos puebros.

En q<ua>n-to/ t<ien>po d<e>ue<n> ualer las leys q<ue> so<n> eme<n>dadas.

Porque[117]la antiguadat delos/ peccados faze facer nue-/uas leys & renouar las que/ erram antiguas/ porende es-/tablecemos ema<n>damos q<ue> ualam las leys queso<n> sc<ri>ptas/ (f. 21c) eneste libro; desdel segundo a<n>nu que reyno nostro padre/el Rey. don citassuindo & ma<n>damos las gardar atoda n<ost>ra/ gente. & tollemos todas laso-/tras leys que no<n> fuero<n> fechas/ por derecho; mas por fuerza/ e todoslos iuzios & los scrip-/tos que fueron fechos porel-/las no<n> uallan aquellas leys/ mandamos que uallam;/ las quales entendemos q<ue>/ fuero<n> fechas antiguamie<n>tre/ por derecho. o porque iutgo/ nostro padre mismo oque/ fizo por penarlos mal fecho-/[118] res. & enad<e>mos con estas/ las otras leys que nos fezie-/mos conlos obispos dedios/ & contodos los mayores de/ nostra corte[119]. & conel otorgami-/ento del pueblo &porel e<n>-sinamiento dedios; assi que aquellas leys que auemos/ fechas &las que faremos./ por otros nueuos preytos./mandamos que ualam & q<ue> sea<n>/ firmes por sienpre. Esta ley./ fue fecha en el octauo co<n>ceyo de tolledo.

---

112 "tres" está escrito sobre raspado en una tosca cursiva. Evidentemente, el copista (o el revisor posterior) no entendió el originario provenzalismo "meyges", en una *lectio facilior.*

113 "n" rectificada.

114 "meytre", corregido en "meystre" añadiendo una "s".

115 "canolo e": "o" sobre raspadura y "e" supraescrita, depurtación por "ca no la a en si".

116 "a" raspada aquí.

117 "que" supraescrito.

118 Letra raspada aquí.

119 Palabra escrita sobre raspadura.

DE TOLLER LA COBDI-/CIA D<E>LOS P<RI>NCIPES. & CO<M>MO D<E>UE<N> SER FECHOS LOS SC<RI>PTOS E<N>SO NO<N>BRE DE LOS P<RI>NCIPES

El principe dela tierra o/ el senor; estonce seme-/ya que ama salut &las cosas/ celestiales; q<ua>ndo a piad/-at desos proximos &del te-/ner prouecho. Onde suele/ (f. 21d) uenir que mayor p<ro>d gana dela salut dellos otros; q<ue> d<e>/ la suya ca quanto los om<n>es/ son mas tanto mayor grana<n>-/cia suele a uenir dellos; & quand[120]o el espera dauer pro/ dessi mismo sola mientre/ nol[121] semeia mucho dega-/nar bien fazer dessi mismo q<ue>/ es un om<n>e solo &poresto deu-/emos aguardar lasalutde-/todol puebro que dun om<n>/ sola mientre onde que el/ p<ri>ncipe no<n> semeye q<ue>[122] amala sal-/ut del puebro solamie<n>tre por/ palaura & no<n> por fecho; deue/ catar lo q<ue>l[123] ruega el puebro/ que estonce aya el prouecho/ del pueblo. quando ente<n>die/ re[124] que los oye de lo[125] quel<e>/ demandam & queiolo otor-/ga[126]. Onde comolos princi-/pes aya<n> estado mui cobdicio-/s<us> de robar el poeblo enllos/ tie<n>pos que so<n> pasados & da cre-/centar elso tesoro. /nos cate-/mos agora la mesqui<n>dat/ delos somitidos por la gra<cia>/ del s<pirit<u> sa<nc>tus. poes quediemos/ las leys. alos sometidos que/ touiesen; queremos poner/ freno. & termino ala cobdicia/ dellos pri<n>cipes. ℙ Epore<n>de sta-/blecemos; assi por nos como/ por n<ostr>os soccessores q<ue> ni<n>gun/ Rey. no<n> costri<n>ga p<or> forcia ni<n>- /gun o<mn>e q<ue>l fagan scripto dela/(f. 22a) deuda que deue a otre. ni<n> ma<n>-/de queiello faga<n> fazer por fu-/erza. ni<n> porque ninguno pie-/rda contuerto ni<n> contra su[127]/ uoluntat las cosas quel otre/ deue. & si dalgun om<n>e quisi-/er dar dalgunas cosas al/ p<ri>ncipe pro su uolu<n>tat. oel pri<n>-/cipe ganar del dalgunas co-/sas por dalgun algu quel fi-/zo [!] sea enel scripto puesto q<ue>/ ielo da por su uolu<n>tat. & cue-/moielo da & porqueieloda./ & porq<ue>aquesto pueda om<n>e e<n>-/tender siielo da por fuerza/ opor engano del principe. & si/ por auen<t<ur>a pudiere om<n>e en-/tender queielo da co<n>tra su uo-/luntat. oielo de[128]xe el

120 "t" rectificada en "d".
121 Espacio dejado en blanco.
122 "q<ue>" supraescrito.
123 Raspada una letra aquí.
124 "n" raspada aquí.
125 Letra dejada en blanco.
126 "m" raspada aquí.
127 Letra raspada aquí.
128 Letra en blanco.

principe/ e desfaga loq<ue> fizo mal; o des-/pues de su muerte tornelas/ cosas a aquel queiellas/ die-ra. oasos he<re>deros. & aquellas/ cosas que fueren dadas al p<ri>n-cipe assi como es de<re>ch<o>/ que faga dellas lo que qui-/sier/ & que atal cosa sea mas/ firme & deue aualer; sidal-/gun scripto fuere fecho d<e>la do-/natiom del principe; las tes-/temonias que fuere<n> ena-/quel scripto sean pe[129]squiri-/das de quien ma<n>dare el pri<n>ci-pe. se ouo hy dalguna fuerça/ del principe. o dalgun e<n>ga-/(f. 22 b) no daquel[130] q<ue> fizo/ el scripto. & assi uala el scrip-/to. & si no<n> fuere desta manera; no<n> uala⁋ E otrossi/ mandamos; guardar delas/ tierras. & delas uinas & de-/los sieruos & si dalguna do-/natiom fure fecha sin scripto/ & ante testemonias. & de to-/das las cosas que ganaron/ los principes enel reyno des-/de tienpo que reyno El Rey don sintisiam fatanes/ aqui oque ganarom los/ pri<n>cipes daqui adela<n>tri. q<ua>n-/tas cosas fincaro<n> por ordenar porquelas ganaron en/ el Reyno; deuen p<er>-tenecer/ al Reyno. assi que el prin-/cipe que uiniere enel Reyno;/[131] faga delas lo que quisier./ & las cosas que gano el p<ri>n-/cipe des<us> padres[132]. o de s<us> pari<en>tes por/ he<re>damiento ayalas el prin-/cipe osos fiyos. & se fiyos n<on> ouier ayanllo sos he<re>deros/ ligitrimos. & fagan ende su uolun-tat; assi como d<e>las/ otras cosas que an por he<re>-/damiento essi alguna co-/sa ouieren desos padres./[133] o de sos parie<n>-/tes. o seie lo dioro<n> o silo/ <com>-/praron olo ganaro<n> enotra./ manera qual quiere. & no<n>/ fizie-ro<n> ninguna manda/ (f. 22c) da quellas cosas; no<n> deue<n>/ pertenecer al reyno. mas a[134] sos fiyos. o a sos he<re>deros. & ot<ro>/ ssi daquellas cosas que ga-/no antes que fuse rey. oq<ue>/ eran suyas proprias. puede/ delas fazer loque quisire. o/las deuen auer sos fillos.&/ se fillos no<n> ouier deuelas a-/uer sos he<re>deros si no<n> feciere<n>/ dellas manda⁋ Esta ley[135] mandam<us> gardar enllas cosas/ del princi<n>pe sola mie<n>tre.&/ mandam<us> la tener ental maner[136]a que ante que ningu<n>o/ aya el Reyno; ante p<ro>meta/ porso sac<ra>mento de guardar/ esta ley.⁋ E todo o<mne> qui qui-[137]/sier auer el reyno por grant/ roydo del puebro. opor dal-/gun enganu mantene<n>ti a-/quel que

129 "s" supraescrita.
130 Espacio de una palabra raspado en blanco.
131 Letra raspada.
132 Raspadas dos palabras.
133 Espacio de dos palabras raspadas.
134 "a" rectificada.
135 "m" raspada aquí
136 Raspada una letra.
137 "s" raspada aquí.

quisiere auer el re-/yno por esta manera sea[138]/ descomungado & todos aquellos/ que touieren conel; &sea ech-/ado dela co<n>npana de los <<christ>ianos/ & aya tan gran pena que todo <christ>iano que co<n> el ouier con-/panna aya otra tal pena co-/mo el & si dalgun o<mn>e Esta ley./ quisiere quebrantar o desfa-/zer oen escuso o en paladino./ pues q<ue> fure descubierto. sea/ echado de todala conpana/ dela corte. & p<er>da toda[139] la mea-/tat de todas s<us> cosas. & sea mitido e<n>un fuerte lugar por/ (f. 22d) sienpre & pierda la denidad/ que ouiere. & todo o<n>me ord<e>-/nado que esto ossar fazer/ otrossi pierda la meatat de/ s<us/ cosas assi como es desuso/ dicho.[140]

DELOS Q<UE> SO<N> REBELLES. O MAL/ OBEDIE<N>TES <CON>T<RA>L P<RI>NCIPE O <CON>T<RA>L POBLO. O <CON>TRA LA T<IERRA>[141]

[142] Nos que queremos tener[143] las leys/ decimos esto luego/ por sete<n>cia [!] primera mientre q<ue>/ assi cuemo las leys son paladi-/nas eprouechosas portol-/ler los peccados delos om<n>es;/ assilas scuras leys destroua<n>/ quelas no<n> pueda om<n>e/ orde-/nar; ca dalgunas cosas for-/tes son ordenadas por escuras/ palauras & nasce contienda/ porque los pleytos no<n> pue-/dam ser departidos clarami-/entre porelas & odeuien po-/ner terminu alas calonias/ ali ponen laços[144] los om<n>es entre-/ssi & dali nacen muchas diu<er>-/sidades depleytos. & dali na-/çem muchas contiendas en-/tre las partes. dalli nacen/ dubdas entrelos iuizes. Asi qui no<n> puedem poner t<er>mi-/no alos preytos; ne<n> refre-/nar las calonnias¶ Onde to./dos[!] las cosas que uienem/ en contienda n<on> pueden seer/ demostradas por pocas palauras q<ue>[145] los preytos q<ue>/ fuero<n> tractados ante nos &/ las leys. que end fueren[146] fechas/ /f.

---

138 "de" raspado aquí.

139 "p<er>da toda" escrito sobre raspadura.

140 El ms. finaliza la rúbrica aquí, como ocurre con Z_6.-III-6; Esc_8.Z-III-21 continúa con una versión más extensa. Lo compruebo en las respectivas ediciones citadas (Mencé-Casten y Orazi, respectivamente).

141 La rúbrica, que sería la siguiente, está mal situada y divide equivocadamente la anterior, como puede comprobarse fácilmente (no se trata en ella de los que se rebelan contra el rey) y en otros mss., como Z_6.-III-6; Esc_8.Z-III-21.

142 "n" corrige al margen la letrina decorada del texto.

143 "tener" escrito al margen, tras una llamada en el texto.

144 "laços" escrito sobre raspadura.

145 Hay un raspado de cinco letras antes de q<ue> y otro de dos letras después.

146 "en" supraescrito.

23a) queremos eme<n>dar enestelibro/ & ordenar /expranar las cosas/ que son dubdosas. & las que/[147]som nascibles; fazer pro-uechosas; &las cosas que son/ mortales; fazer priuadosas/ & abrirlas que som encerradas/ &e conprirlas que so<n> co<n>pezadas/ ental manera que todos los/puebros de n<ost>ro reyno entie-/dam queson bien emendadas &porende estas le-/ys que nos eme<n>damos & las q<ue>/ facemos nueua mientre/ & or-/denamos & ponemos en este/ libro cada unu sos titolos[148]/ mandamos que/ sean garda[149]das desde calendas nouenbrias deste segu<n>/do a<n>no que nos reynamos/ & q<ue> ualan por sienpre. & q<ue> las/ tiengan todos los que so<n> de/ n<ost>ro reyno assi cuemo las oy-/ron & las otorgaro<n> todoslos ob<is>pos & todos los sabios de nostra/ corte &los mayores &las leys/ que feziemos co<n>tralos iudios/ mandamos que ualan da-/quel tienpo adelantre que fo-/ron afirmadas por nos. El/ Rey don flauiu resciui<n>do.

Que n<n>gu<n> o<mn>e no<n> d<e>ue plasmar[!]/ al principe ni<n> mal dezir[150]

Qvantas pesti-/lencias son auidas en/la t<ier>ra delos godos & qua<n>tos/ aguijonamie<n>tos porla mal-/ (f. 23b)dat & porla sob<er>uia daquelos/ que son rebeldes efuen alos/ enemigos desto lu puede o<mn>e;/ mas entender porque uee/ la mingua dela tierra & demas/ los om<n>es de nostro rey no lidia<n>/ mas[151] poresto que no<n> fazem/ contra los strannios. Onde/ por toller esta crueldat & esta/ locora dela t<ier>ra. & que estos ata-/les no<n> seam sin penna; esta-/blecemos poresto ley. que to-/do om<n>e desdel tienpo del Rey/ don cintillam fastal segu<n>do a<n>-/no que nos reynamos que/ se fuyo poralos enemigos. oq<ue>/ fuyerem daqui adelantri por/ uinir contra la gente delos/ godos o co<n>tra nostra tierra; o por les fazer mal. puesque/ fuere p<re>so o descobierto[152]. o si/ dalguno de nostra gente mo-/uier/ escandalu. o mouio desdel/ p<ri>mero anno que nos regne-/mos entrella gente de n<ost>ro regno[153]/ olo prouo de lo fazer elo q<ue>/ mas cruel cosa es de decir . si/

147 Raspadas dos letras aquí.
148 Dos palabras raspadas aquí.
149 Letra raspada.
150 La rúbrica está de nuevo mal situada: se trata ahora la rebeldía contra el príncipe, no la blasfemia contra él.
151 "mas" escrito sosbre raspadura.
152 Letra raspada a la que sigue "des" escrito sobre raspadura.
153 "regno" añadido al margen derecho.

dalgunu proua de matar el p<ri>ncipe o del toll<er> el Reyno. q<ui> q<ui>/ere que proue estas cosas o dalguna dellas pues que fu-/ere fallado reciba muerte. & no<n> sea dexado para uiuir. &/ si por uentura el p<ri>ncipe por[154]/ piadat lo quisier dexar uiuir/ n<on>le dexe que no<n> saque los/ (f. 23c) oios portal que no<n> uea el mal que codicio fazer & que/ aya sienpre amar[155]gosa uida & penada. & s<us> cosas daquel q<ue>/ prendiere muerte por tal co-/sa o que es ciego por tal cosa/ sea[156] enpoder del rey. &aquel/ aquillas diere el Rey. las/ aya quita mientre & que/ ninguno delos otros reys n<on>/ uengan contra esta donacio<n>/ ninielas tuelga mas porq<ue> s/on muchos om<n>es que despo-/ es que e<n>tende<n> que son c<u>lpa-/dos deste peccado dan s<us> co-/sas por engano alas yglesias/ o as<us> mugieres. oas<us> fiyos./oa otras personas ental/[157] manera quelas puedan de-/pues demandar quando/ q<ue>sierem. &danlas por engano/ assi cuemo enprestadas/ & no<n> pierdem elos nada daq<ue>llas cosas si no<n> que fazem/ falsos scriptos porende nos/ queremos toll<er> este engano./ Establecemos por esta ley q<ue>/ aquellos sc<ri>ptos. & aq<ue>l enga-/no sea desfecho. & n<on> uala na-/da. & todas las cosas que aq<ue>l/ auia depoes que fue fallado eneste peccado todas suas/ cosas seam e<n>poder del Rey.[158] que faga d<e>llas loquese quisiere. assi co-/mo es de susu dicho. & todas las ot<ra>s cosas queso<n> estable-/ (f. 23d)cidas enllas otras leys./ sobreste engano manda<us> / que uala<n> mas aq<ue>llas p<er>son-/ as son sacadas desta ley. aquien perdonarom los re-/ys que fuero<n> antenos & si/dalguna cosa quisier dar/ el rey. alos queson culpa-/dos deste peccado nol deue/ dar daquellas cosas mismas daquel culpado; mas/ otras quales quisiere el/ principe &puedel dar tanto/ quanto ual la uiscessima/ parte delo que fu so. El Rey don flauio rescissiu<in>do.:

De toller las leys delos o<mn>es/ estranios[159].

Assi como/ nos deffendemos atodos/ que no<n> prueuen n<in>guna t<ra>-/ ycion ni<n> ni<n>gun mal ni<n> mu-/erte contrala persona del/ principe otrossi no<n> queremos[160]/ sofrir que ni<n>guno nol/ ponga ni<n>guna

154 Letra raspada.
155 "r" supraescrita.
156 Sin lineta de nasal.
157 Raspadas tres letras, y escritas dos sobre la raspadura.
158 Raspado y dejado en blanco media línea.
159 La rúbrica, una vez más, está mal situada, al haber añadido una.
160 "os" escrito sobre raspado y dos espacios raspados en blanco.

c<u>lpa falsa/ mientre nilo mal[161] diga cala s<an>cta/ script<ur>a no<n>[162] manda que ni<n>guno om<n>e diga ni<n>gu<n> mal/ contra so p<ro>ximo enotro lu-/gar diz que[163] quie<n> mal di-/xiere del principe deue ser/ culpado de todel pueblo &poresto queremos que todo om<n>e/ que apusier dalgun mal al/ principe falsa mientre.& lq<ue>lo/ no<n> amonesto ante enpori-/dat de su uida mas quiere/ (f. 24a) se leuantare contra el soberuiosa mientre e co<n> sanna &/ todo om<n>e que dize cosas uilla-/nas. o palauras torpes. o tor-/ticeras si es om<n>e de grant/ guisa. o ordenado. o lego. poes/ que fuere descobierto; pier-/ dala meatat de todas s<us> co-/sas. & el principe faga delas/ lo que quisiere / si fuere p<er>sona uil que no<n> aya ni<n>gu-/na dignidat faga el princi-/pe del lo qui quisier & de s<us>/ cosas. &esto mismo manda-/mos guardar delos que/ dixieren mal del Rey. pues/ desu muerte ca aquel q<ue> es/ uiuo en uano dize mal del/muerto q<ue> no<n> puede ya en-/tender el castigo nen se pue./ emendar. / porque semeya loco aquel q<ue> dize mal del/ muerto que no<n> siente. por-/ende aquel quelo dize de-/ue Recebir. L. azotes. & ca-/larsa desu locura mas este/ poder damos acada unu o<nm>ne/ que mientre que el princi-/ pe uiuiere. o depues que es/ muerto. q<ue> pueda rezonar/ por s<us> pleitos & por sus cosas/ & assi cuemo es derecho ca/ a atal manera queremos/ nos guardar la ondra del/ p<ri>ncipe que no<n> tollamos so de<re>-/cho acada uno.:

QUE NI<N>GU<N>/ OM<N>E NO<N> AYA OT<RO> LIB<RO> SI NO<N> ESTE Q<UE>/ ES FECHO DE NOUO[164]. (24b)

Bien sofriemos & bienq<ue>-/remos que cada un o<nm>e/ sepa las leys delos stra<n>ni-/os por su prod[165]⁋ mas quanto es dellos preytos iutgar/ defendemoslo & contradizi-/moslo. quelas no<n> usem/ que maguer q<ue> hy[166] aya buenas/ palauras; toda uia/ ay muchas grauedunbres.⁋ mas por que auonda pora/ fazer iusticia; las razo-/nes. elas palauras &las/ leys que son contenudas/ eneste libro non queremos/que daqui adelantre sea<n>/ usadas las leys romanas/ nen las stranneas. El R-/ey. don flauio recisuindo.:

161 "mal" supraescrito.
162 Raspadura de dos letras.
163 Letra raspada.
164 Una vez más, esta rúbrica, mal ubicada, da el contenido de la ley anterior.
165 "od" rectificadas.
166 "hy" supraescrito.

Q<UE> NI<N>GU<N> O<NME> NO<N> [...] SE N<ON> ESTE Q<UE> ES FECHO [...][167] DELOS DIAS & DELAS FIESTAS. Q<UE> N<ON> D<E>UE<N>/ TENER PLEYTOS

El dia del diomingo/ningunu no<n> deue s<er>/ lamado enpleytoℙ ca[168] to-/dos los preytos deuen ser/ pos[169]ados porla reuere<n>cia/ del dia. nengun o<nm>e no<n> la-/me aotre enaquel dia en/ iuzio por ningun pleyto/ nin por n<i>gu<n>a deuda pa-/garℙ & Enllos dias de pas-/cua ℙ otrossi deffendemos/ que ni<n>gun preyto no<n> sea/ tenudo fata siete[170] dias/ ante dela fiesta. e .VII. dias/ depoes dela fiestaℙ Otrossi/ mandamos que sea guar-/dado el dia dela[171]/ (f. 24c) nauidat de nostro senor/ℙ & el dia de circuncissio ℙ & el/ dia de aparicio<n>ℙ & el dia dela/ resurecciomℙ &el dia dela/acce<n>sionℙ & el dia dela cinques-./mas cada unu enso diaℙ & otro-/ssi mie<n>tre coliere<n> las mieses/quinze dias por andar da-/gosto. / qui<n>ze dias a<n>dados/ de setenbriuℙ enlla p<ro>ui<n>cia/ kartago porque desgatan las/ lagostas el pan mucho;/ mandamos gardar las fe-/rias[172] qui<n>ze dias por andar/ de iuliu & quinze dias a<n>da-dos. agosto.ℙ & otrossi ma-/damos guardar del tie<n>po delas uindimias de quin-/ze dias por andar de octu<m>b<r>o./ fata quinze dias andados[173] de noue<n>b<r>o.ℙ Esta co<n>stitucio<n> mandamos/ gardar atodos que ni<n>guno/ no<n> seallamado en p<re>itoℙ ne<n>/ sea carcerado. enestos dias/ℙ fueras se era el preyto ante[174]/ començado; deue ser costre-/nudo de responder enaq<ue>llos/ dias. & no<n> se puede ma<n>parar/ porlas feriasℙ & sies tal p<er>so-/na que deua ser creida de/xenlo yr sobre so ome-nage[175]ℙ &/ siestal p<er>sona que no deua/ ser creyda ligeramie<n>tre; d<e>/ fiador que passados aquel-/los dias que uenga al preito/ o ma<n>dar[176] el iuizℙ fueras e<n>de/ (f. 24d) aquellos que feziere<n> tales/ cosas porque deue<n> murirℙ ca/ estos atalles[177] deuelos/ prender enestos dias & meter/ en carcer fata

---

167 Llamada en el texto, y en el margen, se da finalmente, la ley que corresponde a la rúbrica. El texto está cortado en la digitalización, por lo que no lo transcribé.

168 Letra raspada dejada en blanco.

169 "pos" rectificado.

170 Espacio dejado en blanco.

171 Espacio dejado en blanco.

172 "Ferias" escrito sobre raspadura.

173 "andados" supraescrito.

174 "ante" supraescrito.

175 "so omenage", "s" y segunda "o" supraescritas.

176 "ar" escrito sobre raspadura.

177 Palabra raspada dejada en blanco.

que sea<n> passa-/dos el diomi<n>go &[178] elas/ otras ferias desusu dichas/ℙ & ostonze reciba la pena qual deue recebir ℙ elos dias de coler/ el pan. & el uinu los omres/ que facen tales cosas porque/ deuen prender muerte deue<n>/ recebir la penaℙ ne<n> aquel no<n>/ ser escussdado poresta ley. q<ue>sa-/bia quelo querien lamar/ al preyto. & los otros dias se/ ascondie quel no<n> pudiessen/ fallar & aparescia enestos di-/asℙ maguer non[179] fuesse a<n>te co<n>pe-/çado el preytoℙ & estos atales mandamos que sean co<n>stre-/nidos porsu uerdatℙ ossi por/ uent<ur>a si es om<n>e sospechoso q<ue>/ de fiador. ℙ & si no<n> pudier dar[180]/ fiador. fagalo gardar el iuiz/ que depues que aquellos di-/as fueren pasados que ue<n>ga-/al preytoℙ si dalgun om<n>e qui-/sier uinir contra esta nuestra/ ley; pues quelo sopier ℙ el iuiz/ fagal dar .L. azotesℙ Ley anti-/guaℙ El Rey. don flauio resci-/suindo.

QUELOS IUYZES N<ON> OZCA<N> NI<N>GU<N> PLEYTO. SI N<ON> AQ<UE> Q<UE> ES <CON>TENUDO E<N>LAS LEYS

Ningun iuiz n<on> osca los/ preytos que no<n> son co<n>tenudos enllas leys mas el sen-/ (f. 25a) nor dela ciudad o el iuiz porsi/ mismo o porso mandado faga/ presentar las partes antel/ rey. que el preyto sea traitado/ antel iuiz; & sea acabado mas/[181] ayna. & que fagan en-/de ley. El rey flauio recisui<n>do.

QUELOS PLEYTOS PUES UNA UEZ/ FUERE<N> ACABADOS; Q<UE> N<O> SEA<N> D<E>PUES REBUELTOS

Los principesan podere de/enader ley eneste libro/ toda uia & los preytos q<ue> son/ ya conpezados & no<n> so<n> ante a-/cabados mandamos que se-/an terminados segundo estas/leys. &los preytos que era<n> ya/ acabados ante que estas leys./ fuesen enmendadas segundo las leys que eran fechas antes/ del prim<er>ro anno que nos rena-/ssem<us>. no<n> mandamos q<ue> en/ ne<n>gu<n>a manera sea<n> decabi d<e>-/mandadas. & el p<ri>ncipe pue-/ de enader leys segundo como/ los preytos auiniere<n> deno-/uo. & deue<n> ual<er> assi como las/otras. El Rey don flauio re-/scisuindo.

178 Palabra raspada dejada en blanco.
179 "non" supraescrito.
180 "dar" escrito sobre raspadura.
181 Dos letras raspadas.

QUE NI<N>GU<N> O<MN>E NO<N> DE/-UE SEER IUYZ. SE N<NO> AQ<UE>L Q<UE> FUERE/ DE <CON>SENTIMIE<N>TO DELAS P<AR>TES. O D<E> MA<N>DADO DELOS OTROS IUYZES

Ninguno no<n> deue iutgar/ el preyto; sino<n> aquies/ mandado del principe. o quien/ es coiecto por iuiz[182]de uolu<n>-/tat delas partes co<n> testimon<n>ias/ (f. 25b) de[183] dos om<n>es bonos o co<n>tres & se/ aquel aquien es dado el pod<er>/ de iutgar demandado del rey./ o de mandando del senor dela/ ciudat ode otros iuizes die-/ren s<us> uozes aotros q<ue> entienden-/da<n> e pl<e>ito puede<n>lo fazer; &/ aquel mismo poder que aui-/am los mayores &los otros iu-/yzes de t<er>minar el p<le>yto; aq<ue>l/ mismo poder ayam. estos o-/tros de terminar el pl<e>yto. El/ Rey. don flauio rescisuindo.

QUALES PLEYTOS D<E>UE IUDGAR. & AQ<UA>-LES/ P<ER>SONAS LOS D<E>U<E>N DAR A IUDGAR[!].

Porque algunos iuizes/ pueden iutgar delos p<re>ito-/tos criminals delas mal fet<ri>as/ no<n> deue iutgar decabo los p<re>i-/tos que ya so<n> iutgados mas/ deuenlos fazer conprir & si n<on>/fueren e< n>la t<ierra> deuen meter o-/tros enso lugar que conoscan/ daquel preyto. & quelo de t<er>mi-/ne<n> segundo derecho. El/ Rey. don flauio rescisuindo.

QUELOS IUYZES/ D<E>UE<N> IUDGAR LOS P<RE>YTOS C<RI>MI<N>ALES& LOS OTROS

Los iuzes deue<n>/ ser stabrecidos ental ma-/nera que aya<n> poder de t<er>-minar/ todos los preytos assi delos ma-/los fechos cuemo delas otras/ cosas mas aquellos que so<n>/ mandadores de paz no<n> deuen iud-/gar ni<n>gun p<re>ito sino<n> q<ua>ntol/ manda el Rey. & el mand<ader>o depaz/ es aquel aquie<n> enuia el Rey./ (f. 25 c) sola mie<n>tre por meter paz entre/ las partes. el Rey don flauio/ recisuindo:.

DELA PENA Q<UE> D<E>UE<N>/ AUER AQ<UE>LLOS Q<UE> IUL[184]GA<N> & NO<N> AN PODER/ DE IULGAR

Ningun iuiz de ninguna tierra ni<n> ne<n>gu-/no que no<n> sea iuyz no<n>iudgue[185]/ en otra tierra aiena ni<n> mande ni<n> costri<n>ga por si/ ni<n>

---

182 "z" escrita sobre raspadura.
183 "de" añadido al margen.
184 "l" supraescrita.
185 Raspadura de tres letras.

por sayom fueras si fuere/ iuz de mandado del Rey. o deuoluntad delas partes o/ de mandado del iuiz dela ci-/udade. ode otros iuizes assi/ como es dicho e<n>la ley[186] desusu/Ꝑ & aquel quelo fuere sino<n> assi/ como es dicho/ & fizierre [!] dalgunas destas cosas que/ deffendemos de susu pos/ que el senor de la t<ie>rra lo sopier/ piense delo eme<n>dar porsi o/ porso om<n>e & seno<n> fezier al se-/no<n> porque asmo del fazer/ tuerto; peche una liura doro/ aaquel aquie<n> q<ue>ria faz<er>[187] el tue-/rto & si dalguna cosa le tomo/ por fuerza ole mando tomar/ entreguel aquella cosa/ eotro tanto conela & siaquel/ quese fazie iuez tomo so s<ier>uo[188]/o s<ier>ua aiena quelo fiziese q<ua><n>-/to fizo aquel s<ier>uo contra de-/recho o qua<n>to tomo todolo/ entregue el iuiz assi como/ es de susu dich<o>; & el sayon/ que obedecio atal iuiz & p<re>n-/dio dalgun om<n>e porso[189]/ (f. 25d) mandado o des iutgo o tomo/ dalguna cosa por/ so manda-/do. Reciba .C. azotes. El/ rey don flauiu rescisuindo.

Delos que son llamados por let<ra>s/ de iuiz. & por siello & n<on> q<ui>ere<n> uenir.

Se dalgun om<n>e se quere-/llar al iuiz dotro el iuiz/ deue llamar aquel porsu ca-/rta o porso siello; quel uenga/ responder ental manera que/ aquel mandadero que lie-/uala carta oel siello queie-/la de ante bonos om<n>es [!]; & de-/pues que fore lamado ental/ manera quisiere alongar/ el preyto ono<n> quisiere uinir/ al preyto porquese asco<n>di so-/lamientre peche. V. s<ueldos> doro/ aquel aquise querella./ & por no<n> querer uinir peche ot<ro>s[190]/ .V. s<ueldos> doro al iuiz. & si no<n> oui/-er onde los peche. Reciba .L./ azotes antel iuiz ental ma-/nera que por aquestos azo-/tes que non sea[191] famado &/ si sola mientre no<n> quisiere/ uinir & no<n> ouier onde[192]/ pague los .V. s<ueldos> .reciba. XXX./ azotes. si<n> otra pena & si aq<ue>l ques lamado al preyto dixi-/ere que no<n> se ascondio por/ q<ue> no<n> recebio el mandado del/ iuiz oquelo no<n> desp<re>cio & n<on>/ le podier ser prouado por ni<n>-/guna testimonia si se qui-/sier saluar porso iuramie<n>to/ (f. 26) que nolo fizo por ninguna/ calo<n>na ni<n> por ni<n>gun des-/preciamiento no<n> deue re-/

186 "la ley" escrito sobre raspadura.
187 "quería fazer" escrito sobre raspadura.
188 "uo" escrito sobre corrección.
189 Dos letras raspadas.
190 "otros" escrito al margen.
191 Raspadura de una letra dejada en blanco. El sentido es "difamado".
192 Dos espacios raspados y dejados en blanco.

cebir la pena de susu dicha./ ni<n>los azotes & si dalgu<n> obis-/po no<n> quier uinir por man-/dado del iuiz.& no<n> quisier/ dar p<er>sonero que respo<n>da por/ el el iuiz dela tierra ol senor/ dela prouincia le costringa/ que peche .L. s<ueldos> daquellos./ cinque<n>ta soldos ayalos .XX./ el iuiz porel despreciamie<n>to/ & aya los .XXX. el quese q<ue>rello/ del & sidalgun sacerdote oel/ diacono o subdiacono/ o otro cl<er>igo[193] regl<ur>ar. no<n> qui-/ siere uinir porel mandado/ del iuiz & despreciar la su/ carta oel so siello & no< n> que-/siere uinir ne<n> enuiar q<ui>em/ responda porel. ossi se ascon-/ de por no<n> recebir el manda-/do[194] dellos cada uno aya la/ pena que es de susu dicha/ delos legos. & se no<n> ouier o<n->/delos paguen deuello decir/ alo ob<is>po que faga emie<n>da/ porellos si quisiere & seno<n> que-/siere deue iurar el bispo q<ue>los/ costringa que ieiunen por/ .XX. dias & que no<n> ayam mas/ cada dia dun bocado de pam/ & de agua cercala ora delas/ uiespras p<or>que sea<n> penados./ porque foron rebelles mas/ esto deue gardar el iuiz. que/ (f. 26b) si dalgu<n>o fuere mui flaco o/ mui doliente que no<n> poda/ sofrir esta pena si es cl<er>igo o/ lego el iuiz nolo deue penar/ tan duramie<n>tre mas deue/lo castigar segundo la fraq<ue>-/za o segundo la dolor que/ no<n> aya porende grant enfer-/medat o muerte e todo o<nm>e/ que no<n> quier uinir por/ mandado del iuiz ose asco<n>de/ quelo no<n> pueda fallar el/ iuiz; sino<n> uiniere ata q<ua>tro/ dias daquel dia q<ue>le[195] fu po/-esto el plazio & uiniere enel/qui<n>to dia no<n> deue recebir/ ninguna pena desta ley. ℙ si dalgunu fuere alo<n>gado por/ ciento millas si uiniere/ fata doze dias daquel dia del/ prazio no<n> abra ninguna/ pena deta ley.ℙ otrossi aquel q<ue>s/ p<er>[196]longado por dicie<n>tas mil-/las sise presentar antel iuiz/ fata .XX. dia del plazio otro-/ssi nonaya ninguna pena/ desta ley. ℙ otrossi deue om<n>e guardar qua<n>to mas fuere/ perlo<n>gado ℙ aq<ue>llos que/ fuerem lamados por el iuiz/ como deue<n> sise asco<n>diere<n> o/ no<n> uiniere<n> alplazio el iuiz/ deue meter aaquel enlla/ cosa que demanda saluo el/ de<re>-cho del queno<n> aparecio. & pos que uinier aquel q<ue>se/ ascondiera si fuere<n> pasados. (f. 26c) los .XXI. dia[197] peche .XXX. s<ueldos>/ doro. & aquel ques alongado/ por ciento millas si pasare .XI./ dias depues del plaçio ante/ quel uiniese; peche .X. s<ueldos>. doro/ & desta pe[198]na deue auer la/ meatat el iuiz.

---

193 Letra raspada en blanco.
194 "mandadado", duplografía.
195 Letra en blanco.
196 Raspadura de una letra dejada en blanco.
197 Letra raspada.
198 Letra raspada.

& la metat/ el quese querella & esto se e<n>tie<n>de/ se no<n> pod<e>[199] uenir por enfermedat opor/ xena de rios que no<n> pudo pa-/sar; o por nieues o por otra co/-yta que sean apparecie<n>tes q<ue>/lo puedan p<ro>uar por testimo-/ nias. opor so sacramie<n>to. El rey don flauiu recisui<n>do.

3.2. Manuscrito RAE$_1$.49, leonés (libro III, tit. I-II)

Códice escrito a dos columnas. No dispongo de una datación paleográfica precisa de él[200]. El copista utiliza para auxiliarse en los problemas de copia el sistema de puntos descrito para Oxford. En su escritura, destaca el uso abrumador de abreviaturas. Entiendo que con ellas ahorraba esfuerzo al escribir y pergamino, un material caro.

Transcripción
(f. 38c) O L<iber> Tercius [!]

Primo. t<i>t<ul>º. Delos ordenam<ie>ntos/delas uodas.

Iº Quela m<u>ll<er>/ romana pode casar co<n> om<ne> godo/ & la m<u>-ll<e>r goda pode casar co<n> o<mn>e romano.
IIº. Sila nina <con>tra/ la uelu<n>tat del padre se casa co<n>/ otro. & no<n> co<n> q<ui>en ye esposada.
IIIº. E [!] las arras pois q<ue> so<n> dadas q<ue>/ las n<o> poden demandar.
IIIIº. Que las m<u>ll<e>res de gran edat/ no<n> se deue<n> casar <con>nos o<mn>es de/ pequenna edat.
Vº. Delas arras q<ue> so<n> dadas.
VIº. Qua<n>to deue dar el marido ala/ m<u>ll<e>r por arras d<e> suas cosas.
VIIº. Que el padre d<e>ue d<e>ma<n>dar las/ arras dela filla & gardallas
VIIIº. Que el padre morto. El casa-/mento delos fillos & delas fillas[253] fiq<ue> em /poder dela madre.
VIIII. Silos h<er>manos tarda<n> el casa-/(fol. 38d)m<e>nto dela h<er>mana. Osila ma<n>ceba/ se casa p<or>si s[201]en <con>sello delos her-/manos.

---

199 "entiende se non pode" escrito sobre raspadura y al margen.
200 Hizo inspección personal Charles B. Faulhaber, que califica la letra de gótica minúscula libraria (Philobiblon:< https://bancroft.berkeley.edu/philobiblon/beta _en.html>), 10/10/ 2023..
201 "s" sopuntada.

X. Quelas arras/ q<ue> so<n> dadas p<or> esc<ri>pto[202]. Enq<ua>l cosa q<ui>er q<ue> sea<n>/ dadas; deue<n> seer estaules.

I. Q<UE>LA/ M<U>LL<E>R ROMANA PODE CASAR CO<N> EL/ OM<N>E GODO. & LA M<U>LL<E>R GODA PODE/ CASAR CO<N> EL OM<N>E ROMANO

El cuidado/ delos p<ri>nci-/pes ye esto<n>/-cia <con>plido/ q<ua>ndo ellos/ pie<n>sa<n>t del p<ro>uecho del poblo.& ellos n<on>se/ deue<n> poco alegrar. q<u>ando ela se<n>-/te<n>cia dela lee antigua ye q<ue>bra<n>-/tada. la q<ua>l q<ui>er de partir el casa-/m<en>to delas p<er>sonas q<ue> so<n> yg<ua>les./ por dignidat. & por/ esto tollemos nos la lee a<n>tigua./ & ponemos otra mellor.ꝑ Et/ esto estaublecemos p<or> esta lee q<ue> a/ de ualer sie<n>pre. q<ue>la m<u>-ll<e>r roma-/na; pode casar co<n> el om<n>e godo. &/ la m<u>ll<e>r goda; pode casar co<n> el o<mn>e ro-/mano. & toda uia q<ue> se dema<n>den/ ante <com>mo deuia q<ue> el om<n>e li-/ure pode casar co<n>na m<u>ll<e>r liure./ q<ua>l q<ui>er q<ue> sea <con>ueniule. p<or> <con>sello/ (f. 39a) o p<or> otor-gam<en>to de sos parie<n>tes.

II. SI LA MA<N>CEBA <CON>TRALA UEL<U>NTAT D<E>L/ SE CASAR CO<N> OTRI; SI N<O> C<ON> Q<UI>EN YE ESPOSADA

Si alguno esposar la man-/ceba de uelu<n>tat de so pad<re>/ & la ma<n>ceba <con>trala uelu<n>tat del/ padre quisier casar co<n> otri.& n<on>/ co<n> aq<ue>l aq<ui>en la p<ro>meteo so padre/ aq<ue>sto nolo soffrimos p<or> ne<n>guna/ ma<n>era. q<ue> ella lo poda faz<er>ꝑ Ond<e>/ si ela ma<n>ceba <con>trala uelu<n>tat/ del padre quisier casar.co<n> otro/ q<ue>la cobdicia; por ue<n>turia. & la osar tomar por m<u>ll<er>; a<n>bos sean metidos empoder[203]; de a q<ue>l co<n>[204] q<ue>la/ espo<n>sara<n>; de uelu<n>tat de so pad<re>. & silos h<er>manos. ola madre.olos/ otros parie<n>tes della. <con>se<n>tieren/ q<ue> ella sea dada aaq<ue>l q<ue>ella cob-/dicia <con>tra uelu<n>tat de so padre/ & esto <con>plire<n> aq<ue>llos q<ue>lo feziere<n>/ pechen una liura de oro; aq<ui>en/ el Rey ma<n>dar. & toda uia[205] la uelun-/tat de aq<ue>llos

202 "p<er> esc<ri>pto", añadido al margen, tras llamada.

203 "ambos sean metidos empoder" escrito al margen, tras indicar el lugar de inserción.

204 "con" supraescrito.

205 "uia" supraescrito.

no<n> sea firme. & a<n>bos/ sea<n> dados assi <com>mo ye dicho d<e>/ suso <con>todas suas cosas; empo-/der de aq<ue>l; q<ue>la auia a<n>te esposada. & esta lee ma<n>damos gar-/dar.⁋ Otro si; si el padre dela ma<n>ceba fezier el casam<en>to ye/ (f. 39b). pleitear las arras. & despois se pa-/ssar el padre ante q<ue>lli feziesse/ las uodas. la ma<n>ceba sea da-/da aaq<ue>l q<ue>la p<ro>-metiera el padre/ ola madre. esta lee fezo el rey/ do<n> flauio rescindo.

III. Delas arras/ pois q<ue> so<n> dadas; q<ue>las no<n> poden/ d<e>ma<n>dar.

Qua<n>do nos/ acordamos delos fechos/ q<ue> so<n> passados; damos t<er>-mino. & co<n>-/sello alos q<ue>[206] an deuenir. Onde por/ q<ue> so<n> algunos q<ue> no<n> se ne<n>brant del p<ro>metim<en>to q<ue> an fecho; q<ue> no<n>/ q<ui>eren allegar el casam<en>to q<ue> pro-/metiero<n>. <con>uiene atoller esto./ assi q<ue> ne<n>gu<n> no<n> poda allo<n>gar el/ casam<en>to al otro; q<ua>nto quisier./ ⁋ Epore<n>de. desti dia adel[207]a<n>tre/ estaulece-mos q<ue> depois q<ue> a<n>dar/ el pleite[208]am<en>to delas uodas[209]/ a<n>te testem<n>nas. entre aq<ue>llos/ q<ue> se ouiere<n> a esposar. o entre[210] sos/ p<ar>ie<n>tes. o entre sos[211] p<ro>pi<n>quos. & la sortilla/ f[212]or dada & reci-bida por no<n> pne/ darras. magar otro esc<ri>pto. n<o> sea end<e> fecho; p<or> ne<n>guna man<er>ra/ el p<ro>metim<en>to no<n> sea q<ue>bra<n>-tado./ ne<n> ne<n>guna delas p<ar>-tes n<o> pode/ mudar el pleito; si la otra p<ar>te/ n<on> quisier. mais las uodas sea<n>/ (f. 39c) fechas.& las arras sea<n>t <con>-plidas sego<n>do <com>mo ye el pleiteado.

IIII. Delas m<u>ll<er>es de gran edat q<ue> no<n>/ case<n> <co>nos om<n>es[213] de peq<ue>nna edat

El derecho de natura a fiu-/zia de bona cria<n>cia. & es[214]-/to<n>cia q<ua>ndo el casam<en>to. ye fecho/ ord<e>nada m<en>tre. <com>mo deue. mas/ q<ua>do

206 "que" supraescrito.
207 "l" sopuntada.
208 "e" que rectifica una "o".
209 "e<n>tre" sopuntado, que secluyo.
210 "entre" corregido sobre algo escrito previamente.
211 "entre sos" escrito al margen, tras llamada en texto.
212 "f" rectificada.
213 "o<m>nes" sobreescrito en negro.
214 El sentido pide "es estoncia quando": posible omisión por repetición de sílaba.

el casam<en>to ye fecho e<n>tre/ tales p<er>sonas q<ue> no<n> so<n> d<e> una/ edat. q<ua>l cosa esp<er>amos dela c<ri>-/a<n>cia. foras q<ue> aq<ue>-llo q<ue> a d<e> nacer./ o no<n> semellara al padre; ne<n>/ ala madre; o sera de duas/ formas. & aq<ue>lla cosa n<o> pode/ nacer empaz; q<ua>l ye fecha / p<or> discordia. ca ia nos uimos/ algunos q<ue> eran enga<n>nados/ por gran cobdicia. q<ue> casauant/ sos fillos tan deso<n>rada m<e>tre; q<ue> so casam<en>to no<n> se acordaua/ en edat; ne<n> en costumnes. ca/ los om<n>es an nomne barones;/porq<ue> deue<n> auer poder sobrelas/ m<u>lle<er>es. & ellos q<ui>ere<n> anteponer/ las m<u>ll<er>es alos barones <con>tra/ natura[215] q<ua>ndo casa<n> las m<u>ll<er>es de gran/ edat; <con>nos ninos[216] peq<ue>nnos de edat[217] & assi a<n>-/tepone<n> la edat q<ue>[218] deuia<n> pus-poner./ & <con>strinne<n> la edat a uenir;/ (f. 39d) aloq<ue> no<n> deue<n> q<ua>ndo la edat/ gran delas m<u>ll<e>res & cobdicio-/sa no<n> q<uie>re<n> esperar los baro-/nes q<ue> so<n> tardineros.[219]¶ Onde q<ue>/ la cria<n>cia dela gen<er>cio<n> q<ue> hie/ mal ordenada; sea tornada/ a so d<er>cho. nos estaulecemos/ p<or> esta lee q<ue> sie<n>pre la<s m<u>ll<e>res/ de menor edat; se case<n> <con>nos/ om<n>es de may[220]or edat. & el ca-/sam<en>to[221] fecho dotra guisa;/ n<on> deue estar p<or> ne<n>guna man<er>a. Si alguna delas p<ar>tes q<ui>sier/ <con>tra diz<er>. & d<e>[222]l dia delas esposa-/llas; ata el dia delas uodas./ no<n> deue esperar el uno al ot<ro>;/ mais de dos a<n>nos. si no<n> deue-/lu<n>tat delos padres o delos parientes[223] odelos es-/posados; se fore<n> de edat co<n>pli-/da. mais si enestos dos a<n>nos/ a<n>bas las p<ar>-tes q<ui>siere<n> mudar/ los pleitos; por allogar las/ uodas. o si por alguna cuita/ alguna delas p<ar>tes n<on> for en-/na t<ie>ra no<n> pode<n> allo<n>-gar mas/ de dos a<n>nos. & si se aueniere<n>/ de cabo. o muchas uezes q<ue> el uno espere al otro ata .ii./ annos sola m<en>tre; el pleito/ sea firme. mas en otra guisa/ (f. 40a) ne<n> arras. ne<n> esc<ri>pura del ca-/sam<en>to no<n> deue ualer. ¶ Si/ alguno p<or> ue<n>tura esti tie<n>po d<e>/ suso numinado q<ue>sier passar./ d<e> sua uelu<n>tat sen otra cuita./ & mudar sua uelu<n>tat

---

215 "natura" añadido al margen, tras llamada en texto.
216 "ninos" supraescrito.
217 "de edat" supraescrito.
218 "q<ue>" supraescrito.
219 "la edat — son tardineros" no hace pleno sentido.
220 "y" escrito sobre raspadura.
221 "de" sopuntado que secluyo.
222 "d" que rectifica una "e" previa.
223 "o delos parie<n>tes" escrito al margen, tras llamada.

del pro-/metim<en>to q<ue> an fecho. peche la/ pena q<ue> fo posta e<n>no pleito. & ne<n>guna cosa no<n> poda ende del/ pleito mudar. mais la m<u>-ll<e>r/ q<ue> ouo otro marido; pode casar/ liure m<en>tre co<n> aq<ue>l marido si q<ui>/sier; q<ue> sea de edat <con>plida & sea/ <con>uenible.

V. Delas arras q<ue> son/ dadas

Si algu<n> es-/poso morir p<or> ue<n>turia/ fechas las esposallas. & el beso dado & las arras dadas esto<n>cias/ la esposa q<ue> fica d<e>ue auer la/[224] meetad de todas las cosas/q<ue>lli diera el esposo. & ela otra/ meetat d<e>ue<n> auer sos h<er>ed<er>os d<e>l/ esposo. q<ua>les q<ui>er q<ue> deue<n> auer/ sua bona[225]. & si el beso n<on> era dado; & el esposo morre. la ma<n>ce-/ba no<n> deue auer[226] nada daq<ue>llas cosas./ & si el esposo recibio loq<ue>a-lli da/ la esposa; & morre la esposa. se/ q<uie>er sea dado el beso. si q<ui>er no<n>./ todo aq<ue>llo d<e>ue seer tornado alos/ (f. 40b) h<er>ed<er>os dela esposa. esta lee fezo/ el rey do<n> flauio rescindo.

VI. Q<ua>nto/ deue el marido dar ala m<u>ll<e>r/ por arras de suas cosas.

Porq<ue> muchas uezes nace/ <con>tienda entrelos q<ue>q<ui>ere<n>/ casar sobrelas arras. p<ro>uecho/ & <con>sello sera de muchos. si p<or> esta n<os>-tra <con>stitucion n<on>[227] ficar ne<n>gu-/na dobda. ℙ Ond<e> nos estaule-/cemos p<or> esta lee. q<ue> q<ua>l q<ui>er delos/ principes de n<ost>ra corte. o delos/ mayores dela ge<n>te goda. q<ue> d<e>ma<n>-/de la filla del otro por m<u>ll<e>r[228] por-/a so fillo. aun q<ue> ella ouiesse es-/tada m<u>-ll<e>r otri. si q<ui>er sea u<ir>ge<n>/ si q<ui>er uilua. n<on> li pode darmas/ por arras; dela decima p<ar>te d<e>/ todas suas cosas. ℙ Et si p<or> ue<n>-/turia el padre q<ue>sier dar arras/ por so fillo a sua nora. otrassi/ podelli dar la d<e>cima p<ar>te de todas suas cosas[229]. q<ue> h<er>edar al fillo; depois d<e> sua;/ morte del padre; & aq<ue>lla deci-/ma p<ar>te[230] deuela auer la

224 "la" segundo tras cambio de línea, que secluyo.
225 "sua bona" escrito sobre raspadura.
226 "auer" supraescrito.
227 "non" supraescrito.
228 "m<u>ll<e>r por", corregido con índices supraescritos.
229 "de todas suas cosas", al margen tras llamada. Secluyo "daq<ue>llo" del texto.
230 "p<ar>te" supraescrito.

esposa. & d<e>/-mais .X. ma<n>cebas. & .X. ma<n>ce-/bos. & .XX. cauallos. & endonas/ q<ua>nto deue seer aesmado. q<ue> uala/ mil .s<oldos> assi q<ue> de todas estas co-/sas la m<u>ll<e>r pode faz<er> loq<ue> quisier/ (f. 40c) si fillos no<n> ouier. ℙ Mais sila/ m<u>ll<e>r morir sen faula; esto de-/ue tornar al marido. o alos pa-/rie<n>tes mais p<ro>pi<n>q<uo>s del marido./ ne<n>nos padres de la ma<n>ceba. ne<n>-/na ma<n>ceba. no<n> pode<n> dema<n>-dar/ mais por arras ne<n> al esposo;/ ne<n> alos padres del sposo. si no<n>/ q<ua>nto diz esta lee. o p<or> ue<n>turia a-/si <com>mo ye <con>tenudo ennas lees/ romanas. q<ua>nto d<e>ue dar la mu-/ller al marido. o q<ua>nto da el ma-/rido a ella de suas cosas. ℙ Mas/ si p<or> ue<n>turia el esposo p<ro>-metier/ p<or> esc<i>pto o p<or> iuram<en>to. dar mas/ que no<n> diz esta lee. aq<ue>ll[231]o q<ue> ye de-/mas; podelo toller & tornallo en/sua parte.ℙ Mais si p<or> ue<n>turia p<or>/ miedo de iuram<en>to. o p<or> neglige<n>-/cia nolo[232] q<ue>sier dema<n>dar aq<ue>llo q<ue>/ ye de mais; o no<n> podier. n<on> <con>uie<n>/ q<ue> por miedo de uno; muchos a-/yan gran da<n>no. mas pois q<ue> sos/ padres. o sos parie<n>tes lo sobie-/ren; poden dema<n>/ dar todas aq<ue>llas/ cosas q<ue> foro<n> de mas dadas. ℙ Onde si el marido de pois q<ue> un a<n>no/ ouier q<ue> ye casado; por amor. o/ por grado. q<ue>sier dar alguna co-/sa ala m<u>ll<er>. podelo faz<er> liure m<e>tre/ (f. 40d) mais ante q<ue> el a<n>no sea passado./ ne<n> el marido ala m<u>ll<er>. nela mu./ller al marido; n<on> pode dar mas/ delas arras. asi <com>mo ye de suso/ dicho. foras ende silo fezieren/ p<or> gran enfermedat co<n> pauor d<e>/ morte. ℙ Mais delos otros om<n>es q<ue> no<n> so<n> de n<ost>ra corte q<ue> an uelun-/tat de casar. assi ponemos q<ue>a q<ue>l-/los q<ue> an ualia de .X. mil. s<oldos>. p<or> to-/das suas cosas; en suas bonas./ dian .Mil. <soldos>. ala esposa en las arras/ & aq<ue>l q<ue> a bona de mil. de mil .<sol-dos> dia .c. <soldos>. por arras.[233] ental man<er>a las ar-/ras dela peq<ue>nna cosa ata enna/ grand; podran seer dadas. sen co<n>-/tienda ne<n>guna. Esta lee fo da-/da & <con>firmada otro[234] de dia de idos; jen<er>o./ en t<er>cero an<no> q<ue> regno el rey don/ rescindo. en era de .VII. cie<n>tos & LXXXª .&. VIIII. a<n>nos. Lee a<n>tigua.

---

231 "ll" escrito sobre raspadura.

232 "o" rectificada.

233 "que aq<ue>llos q<ue> — .C. <soldos> por arras": pasaje deturpado por salto de igual a igual. Mismo error en Esc$_8$.Z-III-21.

234 "otro" supraescrito.

VII. Q<UE> EL PADRE PODE DEMA<N>DAR LAS AR-/RAS DELA FILLA; & GARDALLAS.

El padre aya poder de d<e>ma<n>-/dar las arras de sua filla./ & delas gardar. & si el padre ola/ madre no<n> fore<n> p<re>se<n>tes; los h<er>ma-/nos. olos parie<n>tes mais p<ropi<n>q<u>os; reciba<n> las arras. & entregue<n> las/ a sua h<er>mana.

VIII. QUE EL PADRE MORTO/ (f. 41a) EL CASAM<EN>TO DELOS FILLOS & DELAS/ FILLAS FIQ<UE> EN PODER DELA MADRE

Si el padre ye mor-/to la madre pode casar los/ fillos olas fillas. & sila madre/ ye[235] morta. o se casar co<n> ot<ro>/ marido; los h<er>manos deue<n> casar/ la h<er>mana. si so<n> de edat <com>plida./ mais si no<n> so<n> de edat. el tio los/ deue casar. ¶ Mas si el h<er>mano/ ye de edat <com>plida; & no<n> se q<ue>sier/ casar p<or>[236] cosello de sos parie<n>tes./ podesse casar p<or> si. ¶ Mas la h<er>ma-/na si algu<n> om<n>e <con>ueniule la de-/ma<n>da. el tio; o los h<er>manos. faule<n>/ co<n> sos parie<n>tes. mas p<ro>pi<n>q<uo>s. asi/ q<ue> comunal m<en>tre lo reciba<n>; o lo/ lexen.

IX. SI LOS H<ER>MANOS TARDAN/ EL CASAM<EN>TO DELA H<ER>MANA. O SI EL-/LA CASA P<OR>SI; SE<N> <CON>SELLO DELOS H<ER>MANOS

Silos h<er>manos/ tardan el casam<en>to dela/ h<er>mana; por tal q<ue> ella se case/ p<or>si. o por tal q<ue> n<on> aya p<ar>te enna/ bona de so padre; co<n> sos h<er>manos./ & si ellos refugare<n> aq<ue>l q<ue>la de-/ma<n>/ dar duas uezes; o tres. & la/ h<er>mana dellos[237] pois q<ue> entie<n>de el enga<n>-/no delos h<er>manos. & busca ca-/sam<en>to co<n> razo<n>. aya. so de<re>cho; en-/ (f. 41 c) trega m<en>tre. dela bona[238] del padre co<n> sos/ h<er>manos. ¶ Et silos h<er>manos no/ lo feziere<n> por algu<n> enga<n>no dela/ ma<n>ceba. mas tarda<n> por tal q<ue>la/ poda<n> mellor casar. & ella n<on> cata<n>-/do sua onra. & tomar marido de/ menor guisa q<ue>

---

235 "m<u>ll<er>" sopuntado aquí, que secluyo.
236 "si" sopuntado aquí, que secluyo.
237 "dellos" supraescrito.
238 "bona" supraescrito.

n<on>deue. p<er>da todo/ el de<re>cho q<ue> deuia auer dela bona d<e> sos padres. si q<ui>er sea p<ar>tida la he<re>dat; si q<ui>er no<n>. ⁋ Mais e<n>na he<re>dat/ delos h<er>manos. &delas h<er>manas. &/ delos otros parie<n>tes; aya so de<re>cho./ aq<ue>sta lee[239] fezo el rey don flauio rescindo.

X. Q<ue>las arras q<ue> so<n> da-/das; enq<ua>l cosa q<uie>er q<ue> sea<n> dadas;/ deuen seer estaules.

Qua<n>do alguno q<ui>er casar a/ si mismo; o a so fillo. o a/ so p<ro>pinq<uo>. pode dar arras de suas /p<ro>p<ri>as cosas. delas cosas q<ue> gano/ del sennor. ode q<ua>les cosas q<ui>er cosas q<ue>/ gane leal m<en>tre q<ua>l cosa q<ui>er q<ue>/dia por arras. deue<n> seer firmes/ en todas man<er>as.

Sego<n>do t<i>t<o>lo Delas uodas q<ue> no<n> so<n> fechas lealm<en>tre

.I. Si la m<u>ll<er> se casa d<e> pos morte de so marido a<n>te/ q<ue> cumpla el anno.
.II. Sila m<u>ller se casa co<n> so sieruo/ ocon el sieruo alleno. o el om<n>e/ (f. 41c) liure co<n> sierua allena.
.III. Dela m<u>ll<er> q<ue> fo sierua & ye liure/ & casa co<n> sieruo alleno. o el o<mn>e/ q<ue> fo sieruo; & ye liure & casa co<n>-/na sierua allena.
.IIII. Si alguno casa sua[240] sier-/ua co<n> sieruo alleno. o so sieruo/ co<n> sierua allena.
.V. Sila m<u>ll<er> casa co<n> otro mari-/do; q<ua>ndo el so no<n> ye e<n>na t<ie>ra.
.VI. Siel se<n>nor casa sos sieruos/ los q<ue> dize q<ue> eran liubrs co<n> mu-/lleres liures.
.VII. Sila m<u>ll<er> casa sen uelu<n>tat del padre.

I. Sila m<u>ll<er> casa[241] depus/ morte de so marido ante que/ cumpla el anno

Sila m<u>ll<er> de pus morte/ del marido se casa co<n>[242] ot<ri>/ ante q<ue> cu<n>pla el a<n>no/ o fezier adult<er>io. la meetat de/ todas suas cosas reciban los fil-/los della; & del p<ri>mero marido. &/ si no<n> an fillos los parie<n>tes

---

239 "el" sopuntado aquí, que secluyo.
240 "sua" sopuntado aquí, que secluyo.
241 "sa" supraescrito.
242 "con" supraescrito.

mas/ p<ro>pinquo>s del marido morto aya<n>/ la meetat. & poresto q<ue>remos q<ue>/ aya la m<u>ll<e>r esta pena. q<ue> aq<ue>lla aq<ui>en el marido lexa[243] p<re>nnada. q<ua>ndo/ se cuita mucho de se casar. o/ de faz<er> adult<er>io. q<ue> no<n> mate el/ (f. 41d) fillo ante q<ue> sea nacido. ⁋Toda uia ma<n>damos q<ue> aq<ue>llas m<u>ll<er>es/ sean pena desta lee[244]. las q<ua>les se casan ante del anno <con>plido p<or>/ ma<n>dado del p<ri>ncipe.

II. Sila m<u>ll<e>r/ liure casa co<n> so sieruo. o co<n> el/ que fo sieruo & ye liure

Sila m<u>ll<e>r liure faz adult<er>io/ co<n> so sieruo. o co<n> el q<ue> fo si-/eruo et ye liure. o se casa co<n> el./ & esto ye p<ro>uado deue morir a-/ssi q<ue> el; & la m<u>ll<e>r. deue<n>[245] seer afo-/stigados antel iuiz.; & q<ue>mados/ enno fogo. / depois q<ue> el iuiz e<n>-/te<n>dier q<ue>la se<n>nora casa co<n> el sier-/uo. o co<n> el que fo sieruo. & ye li-/ure. deuelos logo departir. assi/ q<ue>los fillos del otro marido. deue<n>/ auer la bona desta sua madre./ & si no<n> ouier fillos deue<n>no auer/ los parie<n>tes mas p<ro>pinq<uo>s d<e>lla./ & si no<n> ouier h<er>ed<er>o ata el ter[246]cero/ grado. esto<n>cia so se<n>nor lo deue/ auer todo. calos fillos q<ue> so<n> fechos/ de tal casam<en>to; no<n> deue<n> h<er>edar./ & la m<u>ll<e>r si ye uirgo; o si ye uilua q<ue> esto fezier. suffra la pe-/na; q<ue> ye de suso decha. & si fogir/ ala yglesa por ue<n>turia sea sier-/ua de q<ui>en ma<n>dar el rey.

III. Sila/ (f. 42a) m<u>ll<er> liure casa co<n> el sieruo alleno el om<n> liure casa/ conna sierua allena

Sila m<u>ll<e>r liure casa co<n>/ el sieruo aleno; aun q<ue>/ sea el sieruo del Rey. o fezier co<n> el adult<er>io. pois q<ue>lo sobier/ el iuiz logo los deue de partir/ & los dia pena q<ua>l merece<n>. q<ue> ca-/da uno dellos reciba. c. azotes. / & si depois se aiuntare<n> de cabo/ ma<n>delos el iuiz p<re>nder. & p<re>se<n>-/tar ante si. & ma<n>dellos dar de/ cabo a cada uno .c. azotes. &/ sila t<er>cera uez no<n> se q<ue>ieren p<ar>-/tir; otro si ma<n>dellos dar .c. a-/zotes. & metala m<u>ll<e>r empoder/ de sos parie<n>tes. & silos parie<n>tes/ la dexare<n> tornar otra uez. al/ sieruo de cabo sea fecha serua del

243 "lexa" supraescrito.
244 "sean pena desta lee", "sean sin pena de esta ley" en Esc$_8$.Z-III-21.
245 "deue<n>", con evidcnte error.
246 "r" suparescrita.

se<nn>or[247]/ daq<ue>l sieruo.& los fillos q<ua>les q<ui>er/ q<ue> sean nados daq<ue>lla aiu<n>ta<n>cia./ sea<n> sieruos <com>mo so padre; & la/ bona dela m<u>ll<e>r aya<n>la sos pari-/e<n>tes mais p<ro>pinq<uo>s. ℙ Et silos fillos mostrare<n> p<or> bonas testi-/guas q<ue> por .XXXª. a<n>nos esteuie-/ ro<n> liures; sea<n> quitos de serui-/dumne. toda uia si enaq<ue>llos/ .XXXª a<n>nos; sos padres delos;/ (f. 42b) fillos no<n> diero<n> nada a sos sen-/nores por <con>uene<n>cia de seruidu<m>-/ne ℙ Esta lee misma ma<n>da/mos gardar delos barones li-/ures q<ue> casa<n> <con>nas sieruas del re./o dotri qui quier. El rey do<n> res-/cindo fezo esta lee.

IIII. Sila[248] m<u>ll<er> q<ue> fo/ sierua & ye liure casa co<n> el sie-/ruo alleno o el q<ue> fo sieruo & ye/ liure/ casa <co n> sierua allena

Sila m<u>ll<e>r q<ue>fo sier-/ua & ye liure se aiu<n>tar/ co<n> sieruo alleno. o si casar. el se<n>-/nor de sieruo; mostrelo tres ue-/zes; a<n>te tres testemu<n>-nas q<ue> se-/parta<n> dende.& de pois si se no<n> q<ui>-/siere<n> p<ar>-tir; sea sierua del se<n>nor/ del sieruo. ℙ Et si no<n> lilo afro<n>-/tar ante q<ue> aya fillos la m<u>ll<er>fi-/q<ue> liure. & los fillos sea<n> sieruos del se<n>nor. calos fillos n<on> deue<n> seer/ liures q<ue> nace<n> de tal iu<n>-ta<n>cia. o-/tro si dizemos delos q<ue> foro<n> sier-/uos; & son liures. q<ue> casa<n> <con>nas/ sieruas allenas. <con>trala uelu<n>-/tat del se<n>nor. mais si <con>uelu<n>-/tat del se<n>nor la m<u>ll<e>r q<ue> fo serua/ & ye liure. se casa co<n> el sieruo./ & si co<n> el se<n>nor del fezier algu<n>/ pleito ma<n>-damos q<ue> uala. a<n>tig<ua> (f. 42c) lee.

V. Si alguno casa sua[249] sierua/ co<n> sieruo alleno. o so sieruo/ co<n> sierua allena

Se casa so sierua co<n> sieruo/ alleno sen uelu<n>tad de so/ se<n>nor. & esto for p<ro>uado <por> bonas/ p<ro>uas. el se<n>nor del sieruo deue/ auer m<u>ll<e>r por sierua; co<n> to-/dos sos fillos. otro si ma<n>damos/ daq<ue>l q<ue> casa so sieruo; <con> sierua/ allena.

---

247 "del sennor" añadido al margen.
248 "la" supraescrito en tinta negra.
249 "sua" supraescrito en tinta negra.

VI. Sila m<u>ll<e>r casa co<n> otro/ marido. q<ua>ndo el so; n<on> ye enna/ t<e>rra

Nenguna m<u>ll<e>r/ no<n> se case co<n> otro marido/ q<ua>ndo el so no<n> ye e<n>na t<ier>ra. ata q<ue>/ saba la u<er>dat del so si ye morto./ & otro si lo deue saber aq<ue>l q<ue> q<ui>er/ casar co<n> ella.⁋ Et si esto n<on> fezi-/eren & se aiuntare<n>; & de pois ue-/nier el p<ri>mero marido. a<n>bos[250] sea<n>/ metudos[251] empoder del. q<ue>los/ poda ue<n>der o faz<er> dellos loq<ue> q<ui>ser.

VII. Siel se<n>nor casa los sieruos/ q<ue> dize<n> q<ue> era<n>[252] liures co<n> mulleres liures

Acontrastar/ deuemos alos malos q<ue> no<n>/ podant mais mal faz<er>; & algu-/nos q<ue>rra<n> enga<n>nar por cobdicia./ suele<n> muchas uegadas engan-/nar alas m<u>ll<er>es liures; & alas/ ma<n>cebas. & dexan andar sos si-/eruos <com>mo liures. & amones-/tan las m<u>ll<er>es q<ue>los tome<n> por/ maridos. por tal q<ue>los fillos q<ue>[253] de<n>/de ouiere<n>; q<ue>los poda el se<n>nor/ faz<er> sos sieruos. ⁋ Et por toll<er>/ esti enga<n>no estaulecemos en/ esta lee q<ue> tales enga<n>andores/ pos q<ue> foren descubertos. q<ue> sean/ diffamados por malos. &aq<ue>llos/ sieruos q<ue> ellos casaro<n> en tal/ man<er>a por liures co<n> tales m<u>ll<er>es./ sean fechos liures co<n> sos fillos./ assi <com>mo sos se<n>nores los fazia<n>/ a<n>te liures. & la m<u>ll<er> pode auer/ todas las cosas q<ue>lli foro<n> dadas/ & p<ro>metidas e<n>nas uodas. si po-/dier p<ro>uar. q<ue>aq<ue>l marido li fo/ dado por liure.⁋ Mas sila mu-/ller o sos parie<n>tes nolo podie-/ren p<ro>uar; el se<n>nor del sieruo/ aura estos por sieruos; & todas/ suas cosas. ⁋ otro si esto mi-/mo ma<n>damos gardar aaq<ue>llas/ q<ue> casan suas[254] sieruas; p<or>/ tal enga<n>no; co<n> om<n>es liures.⁋ Otro si deue seer gardada/ esta lee en aq<ue>llos q<ue> foro<n> sieruos/ & so<n> liures. los q<ua>les casaro<n> <con>nas/ sieruas; allenas. oco<n>los seruos./

---

250 "abos" en el ms.

251 "e metudos", con "e" sopuntada, que secluyo.

252 "ante" aquí sopuntado, que secluyo.

253 "que" supraescrito.

254 "fillas" sopuntado aquí, que secluyo.

(f. 43a). VIIIª. Sila m<u>ll<e>r liure casa sen ue-lu<n>-/tat de sos parie<n>tes.

Sila m<u>ll<e>r liure quier ca-/sar co<n> om<n>e liure. el mari-/do della deue faular primera-/m<en>tre co<n> so padre. & sila podier/ auer por muller; dialas arras/ al padre. assi <com>mo ye decho. & silas no<n> podier auer; fiq<ue> la mu-/ller empoder del padre.⁋ Et si/ ella casar sen uelu<n>tat del padre/ o dela nadre. &ellos nola q<ui>si-/eren recibir de g<ra>cia. ella ne<n> sos/ fillos no<n> deue<n> h<er>edar ne<n> enna/ bona de sos padres. porq<ue> se ca-/so sen uelu<n>tat dellos. mes silli-/ quisiere<n> dar los padres algu-/na cosa bie<n>no poden faz<er>. & da-/q<ue>llo pode ella faz<er> sua uelu<n>tat.

Tercero. T<ito>lo.Delas m<u>ll<er>es liures/ q<ue> lieua<n> per forcia.

.I. Si el om<n>e liure lieua la m<u>ll<er>/ liure p<or> forcia. magar p<er>r-dala/ u<ir>ginidat. el forciador n<on> d<e>ue/ casar con ella.
.II. Silos padres pode<n> sacar/ la ma<n>ceba del poder del q<ue>la leuo/
.III. Silos padres p<or> forcia/ <con>corda<n> co<n> aq<ue>l q<ue> lieuo la ma<n>ceba/ p<or> forcia; q<ue> era co<n> otro esposada. (f. 43b)
.IIII. Silos h<er>manos co<n>corda<n> co<n> aq<ue>l/ q<ue> leuo sua h<er>mana p<or> forcia. en/uida del padre; o de pois de/ sua morte.
.V. Qui lieua p<or> forcia la esposa allena.
.VI. Si alguno da-/q<ue>llos q<ue> lieua la m<u>ll<er> p<or> forcia silo mata<n>.
.VII. Ata q<ua>to tie<m>-/po poden seer acusados los q<ue> lie-/uan las m<u>ll<er>es p<or> forcia.
.VIII. Siel sier-/uo lieua la m<u>ll<er>liure p<or> forcia
.IX. Si el sier-uo lieua p<or> forcia la m<u>ll<er> q<ue> fo si./erua & ye liure.
.X. Si el sier-/uo lieua p<or> forcia la sierua alle-/na.
.XI. Delos q<ue> enga<n>na<n>/las fillas olas m<u>ll<er>es allenas. &las uiluas.
.XII. Delos om<n>es liures & delos sieruos q<ue> aiudaro<n>/aleuar la m<u>-ll<er> p<or> forcia.

.Iª. Si el/ om<n>e liure lieua la m<u>ll<er> p<or> for-/cia. magar p<er>da la u<ir>ginidat. el/ forciador n<on> deue casar co<n> ella.

Si algun om<n>e/ liure lieua p<or> forcia/ la m<u>ll<er u<ir>gine<n>/ oui-lua./ ella p<or> ue<n>turia ye torna-/da ante q<ue> p<er>da la u<ir>ginidat;

o/ las castidat a<que>l q<ue>la lieua p<or> for-/cia deue p<er>der la meetat deloq<ue>a./ (f. 43c) & deuelo auer esta m<u>ll<er>.⁋ Mas/ sila m<u>ll<er> perdeo la u<ir>ginidat;/ ola castidat. aq<ue>l q<ue>la leuo no<n>/ deue casar co<n> ella p<or> ne<n>guna/ man<er>a. & esti forciador sea me-/tudo co<n> q<ua>nto ouier; empoder/ de aq<ue>llos aq<ui>en fezo la forcia./ & reciba .CC. azotes a<n>te todo/ el poblo. & sea dado por sieruo/ al padre dela m<u>-ll<er> u<ir>gen. o[255] a/ la uilua q<ue> leuo p<or> forcia.⁋ Mas/ en tal man<er>a sea esto fecho. q<ue> nu<n>q<ua> poda casar; <con>na m<u>ll<er> q<ue>/ leuo p<or> forcia. / & si p<or> ue<n>turia tor-/nar en ella; ella deue p<er>der q<ua>n-/to deue auer de suas cosas; da<que>l q<ue>la forciara[256] & deue<n>o/ auer sos parie<n>tes; q<ue> esti plei-/to <con>seguire<n>.⁋ Et si alguno/ des-q<ue> ouier fillos legitimos;/ dotra m<u>ll<er>. & leuar p<or> forcia; m<u>-ll<er> alguna. el solo sea sier-/uo daq<ue>lla m<u>ll<e>r q<ue> leuo p<or> for-/cia. & los fillos desti legitimos/ ayan la bona de so padre.

.IIª. Silos padres pode<n> sacar la ma<n>ce-/ba de poder daq<ue>l q<ue>la lieua per/ forcia.

Silos padres/ sacan la m<u>ll<e>r de poder/ (f. 43d) daq<ue>l q<ue>la leuo p<or> focia. aq<ue>l for-/ciador sea empoder daq<ue>llos pa-/dres desta m<u>ll<e>r; o della misma.⁋ Et ella n<on> se pode casar co<n>/ el. & silo fezier ambos deuen/ morir. & si foguren al obispo/ o ala iglesa; sea<n> de p<ar>tidos & d<e>-/xados uiuer. & sea<n> sieruos delos/ padres dela m<u>ll<er>; q<ue> fo leuada/ p<or> forcia. el Rey do<n> flauio resci<n>-/do.

.IIIª. Silos padres se co<n>corda<n>/ co<n> aq<ue>l q<ue> lieua la ma<n>ceba que/ era esposada co<n> otri.

Silos padres se <con>corda<n> co<n>/ aq<ue>l q<ue> leuo la filla p<or> for-/cia; q<ue> era esposada co<n> otro. pe-/che[257] al esposo en q<ua>tro dublos/ q<ua>ntolli p<ro>metiero<n>; <con>na esposa./ & aq<ue>l q<ue>la leuo p<or> forcia sea si-/eruo del esposo.

---

255 "o" rectificada.

256 "forciaria", con la segunda "i" sopuntada.

257 Lineta de la nasal omitida.

.IIIIª. Silos h<er>manos <con>coda<n> co<n> aq<ue>l q<ue> leuo sua h<er>ma-/na p<or> forcia. enuida del padre; o de pus sua morte.

Silos h<er>manos <con>se<n>tiren/ leuar sua h<er>mana p<or> for-/cia. el padre uiuo; o no<n>. o selo/ saben. todala pena; & todo el da<m>-/no q<ue> deue auer el forciador;/ todo lo deue<n> auer los h<er>manos./ foras morte.⁋ Mais si ye el/ (f. 44a) padre morto. & los h<er>manos da<n>/ sua h<er>mana aalgu<n> q<ue>la lieue p<or>/ forcia. o la <con>sie<n>ten q<ue>la lieuen;/ por q<ua>nto la casaro<n> co<n> uil om<n>e./ <con>trala ue<n>lu<n> tat dela ma<n>ceba;/ elos q<ue>la deuia<n> onrar. deue<n> p<er>der/ la meetat de q<ua>nto an. & deuelo/ auer la ma<n>ceba. & aq<ue>llos q<ue> esto/ feziere<n> reciba<n>. L. azotes cada/ uno dela<n>tre; los otros h<er>manos/ q<ue> los otros h<er>-manos tema<n> esta/ pena.⁋ Et todos los otros aiu-/dades q<ue> fore<n> enesta forcia; a-/yan tal pena <com>mo ye posta en/na otra lee postremera del tito-/lo. & el forciador sea sieruo con/ todas suas cosas assy <com>mo ye/ de suso dicho.

.Vª. Qui lieua p<or> for-/cia esposa allena.

Si algu<n> om<n>e lieua p<or> forcia/ esposa allena. el esposo/ & la esposa deue<n> auer p<or> m<e>dio/ q<ua>nto a el forciador. & p<ar>tir lo p<or>/ medio. & si no<n> ouier nada; o/ mui poco. sea dado por sieruo/ a estos. & q<ue>lo poda<n> ue<n>der. & q<ue>/ partia<n> p<or> medio aq<ue>l p<re>cio. & si/ esti forciador[258] ouo paria [sic] co<n> ella;/ deue seer torm<en>tado. lee a<n>tigua.

.VIª. Si algunos daq<ue>llos q<ue> lieua la/ (f. 44 b) m<u>ll<e>r p<or> forcia; silo mata<n>.

Si alguno matar aaq<ue>l q<ue>/ lieua la m<u>ll<e>r p<or> forcia n<on> deue pechar omezio. calo fezo/ por d<e>fender castidat

.VIIª. Ata q<ua>nto te<n>-/po; poden seer acusados aq<ue>llos q<ue>/ lieua<n> las m<u>ll<e>es p<or> forcia.

Losq<ue> forcia<n> las m<u>ll<er>es poden/ seer acusados ata. XXXᵘᵃ. a<n>-nos. &/ si p<or> auenturia se aueniere<n> <con>nos/padres dela ma<n>ceba

258 "r" supraescrita.

de casar co<n>/ ella. pode<n>no faz<er> si q<ui>siere<n>.⁋ Et de pois d<e> XXX^{ua}. a<n>nos; nolo pode/ n<e>gun acusar. el Rey do<n> flauio.

.VIII^{a}. Siel seruo lieua la m<u>ll<e>r liure/ p<or> forcia.

Conueniule cosa/ ye de faz<er> lee; alos q<ue>/ so<n> de uenir. Sobre aq<ue>-llas cosas/ q<ue> dobda<n>; los q<ue> son p<re>se<n>tes.⁋ Et pore<n>de silos siruos leuare<n> m<u>ll<e>r/ p<or> forcia; sabie<n>do el se<n>nor. ollo/ ma<n>do so se<n>nor. ye tenu<n>do [!] d<e> fa<er> toda enm<en>da por ellos; assi co-/mo ma<n>da la lee. ⁋ Mais silo/ faze<n> se<n> uelu<n>tat del se<n>nor;/ deue/ los p<re>nder[259] el iuiz. & sinalallos e<n>na/ fro<n>te. & reciba<n> de mais .CCC. azo-/tes; cada uno.⁋ Et el sieruo q<ue>/ se aiu<n>-tar <con>na m<u>ll<e>r q<ue> leuo p<or> for-/cia deue seer escabezado. Lee a<n>tig<ua>./ (f. 44c)

.IX. Si el sieruo lieua p<or> forcia la/ m<u>ll<e>r q<ue> fo sierua & ye/ liure.

Si el sieruo lieua p<or> forcia/ la muller q<ue> fo sierua & ye/ liure. porq<ue> no<n> so<n> ambos d<e> un esta-/do. si fore<n> ambos <con>uenibles. si/ quisier el se<n>nor del sieruo peche[260] por/ el .C. <soldos>. & si no<n> quisier. dia el/ sieruo ala m<u>ll<e>r q<ue> no<n> podan casar. & si p<or> aue<n>-tura/ se aiu<n>tare< n> & feziere<n> fillos. el se<n>nor del sieruo; deue auer el sie-/ruo; & sos fillos por sieruos. ⁋ Et/ si el sieruo for muy laydo. o muy/ uil. & la m<u>ll<e>r for otra atal; el se<n>-/nor del sieruo deue dar ta<n>to aa-/q<ue>-lla mull<e>r liure q<ua>nto ualier/ el sieruo. & el sieruo deue seer ba/-tudo de .C. azotes. & estollalli[261]/ muy laida m<en>tre[262] toda la/ fro<n>te. & fiq<ue> por sie<n>pre e<m>poder d<e> so/ se<n>nor por sieruo.

.X^{a}. Si el sieruo li/eua p<or> forcia la sierua allena

Si el sieruo li/eua p<or> forcia la/ sierua allena. reciba .CC./ azotes. & esto-lle<n>li la fro<n>te layda/ m<en>tre. & sea de p<ar>tido de la sierua./ si el se<n>nor dela sierua q<ui>sier. el/ rey don flauio rescindo.

---

259 "pre" escrito sobre raspadura.

260 "sieruo" rectificado y "peche" supraescrito.

261 "el" sopuntado aquí, que secluyo.

262 "m<en>tre" repetido, que secluyo.

.XIª. Delos q<ue> enga<n>a<n> las fillas olas m<u>ll<er>es al-/ (f. 44d)lenas; ouiluas.

Toda cosa porq<ue> ual menos/ n<ost>ra uida d<e>ue seer defen-/duda p<or>. lee. & pore<n>de losq<ue> engan<n>an/ las m<u>ll<er>es olas fillas alle-/nas; o las uiluas. olas esposas./ p<or> om<n>ne liure; o p<or> m<u>ll<er> liure. o p<or>/ sieruo. o p<or> otro q<ui> q<ui>er. ma<n>tine<n>ti q<ue> fore<n> p<ro>uados desti mal./ fecho; el iuiz los deue p<re>nder a/ ellos. & alos q<ue>los enuiaro<n>. & metellos empoder daq<ue>l cuia filla/ ye. o cuia esposa. o cuia m<u>ll<e>r e<n>-/ga<n>naro<n>; q<ue> faga dellos loq<ue> q<ui>sier.⁋ Et a<que>llos q<ue> casaro<n> alguna/ m<u>ll<e>r p<or> forcia; sen ma<n>da-/do del Rey. peche .V. liuras doro/ ala m<u>ll<er> aq<ui>en feziero<n> la forcia. & el casam<en>to sea desfecho; sila m<u>ll<e>r nolo quisier <con>sentir. el rey/ do<n> flauio rescindo.

.XIIª. Delos om<nes> liures & delos sieruos q<ue> aiuda<n>/ aleuar las m<u>ll<er>es p<or> forcia.

Todo o<m>ne q<ue> aiudar aleuar/ p<or> forcia la m<u>ll<e>r; si ye om<n>e/ liure>; peche .VI. onzas doro. & re-/ciba .L. azotes. & si for siruo &/ lo fezier <con>uelu<n>tat del se<n>nor; el/ se<n>nor peche por el q<ua>nto deue pechar el om<n>e liure. assi <com>mo ye/ (f. 45a) de suso dicho.

3.3. Manuscrito Esc$_3$.M-III-5, castellano (libro IV, títulos I-II)

Transcribiré el ms. Esc$_3$.M-III-5 por ser buen exponente de los que han sido considerados lingüísticamente castellanos. Zarco Cuevas[263] dice de él que está escrito en gótica francesa, y lo data a finales del siglo XIII o principios del XIV. A dos columnas. Como queda dicho, este códie, al igual que el de Murcia, copia en sus últimos folios las ordenanzas que da Alfonso X a los hombres buenos de Toledo[264]. En la sección transcrita, las ruedas y algunas secciones de la capitulación del título no se completaron en un primer momento. Esta se ha escrito sin cambiar de renglón tras la línea, lo que es claro indicio de que se copió tras el texto, reservando para ella el espacio a ojo. También los calderones, señalados en espera, han quedado sin ejecutar en color. El copista no comete demasiados errores al trasladar una obra tan difícil. Para ayudarse en su tarea, marca el final

263 *Catálogo…*, tom. 2, p. 287.

264 Romero, "Estudio introductorio…", § 2.2., en este volumen, p. 30, y más arriba, § 1.1.

de la perícopa con un pequeño trazo vertical de fino. El número de abreviaturas empleado es mucho menor que el de RAE$_1$.49.

Transcripción

F. 68b O

Aqui comienca [sic]/ el q<uar>to libro

P<ri>m<er>o titol delos grados.

.I. El primero grado.
.II. Del segundo grado.
.III. Del t<er>cero/ grado
.IIII. Del quarto grado.
.V. Del quinto grado.
.VI. Del sexto grado.
.VII. Del septimo grado.

Del pr<i>m<er>o g<ra>do[265]

En<e> l primero grado de su-/so ye contado el <con>te-/nido el padre & la madre/ de yuso el fiyo / la fiya/ et a estos son ayu<n>tados otras mill personas.[266].

I.[267] Del segundo grado (f. 68c)

En la linna de suso del segu<n>-/do grado es contenudo el/ auuelo y el auuela. En la lin-/na de iuso el nieto ela nieta/ de trauiesso el h<er>mano y el h<er>ma-/na las quales p<er>sonas son dob-/ladas. el auuelo y el auuela/ de parte del padre e de parte/ dela madre. el nieto ela nieta de/ parte del fijo el h<er>mano y el/ h<er>mana. assi de parte del pa-/dre cuemo dela madre. y estas/ p<er>sonas son dobladas otrosi/ en los otros grados siguientes/ estas p<er>sonas del segundo grado/ son dichas dobladas por <ue> son/ dos auuelos por parte del padre/ e dos de parte dela madre. e dos/ nietos de parte del fijo. e dos/ de la fija. & de trauiesso uiene/ el h<er>mano dela padre yel h<er>ma-/no y el h<er>mana dela madre q<ue>/ son lamados tios. y ellos otro-/si son doblados. Ley antigua.

265 En cursiva, letra en espera de la rúbrica que no ha llegado a ejecutarse.
266 "Enel — mill personas" escrito en letra que imita la antigua, muy posterior.
267 Núm. de rúbrica equivocado.

.III. Del t<er>cero grado (f. 68d)

En el t<er>cero grado uiene de su-/so el uisauuelo ela uisau-/uela de iuso el uis-nieto ela/ uisnieta de trauiesso el fijo e/ la fija del h<er>mano e del h<er>mana/ y el h<er>mana/ y el h<er>mano y el h<er>mana dela/ madre.

.IIII. Del q<ua>rto grado.

En el quarto grado uiene/ de suso el tres auuelo ela/ tres auuela de yuso el tresnie-/to ela tresnieta. det[268]rauiesso el/ nieto ela nieta del h<er>mano e/ del h<er>mana y el fijo del/ tio e dela tia. y el h<er>mano y el/ h<er>mana del auuelo e del auu-/ela assi de parte del padre cu-/emo dela madre. aqui no<n> pode-/mos nos mas desplanar de/ cuemo auemos dicho.

.IIII[269]. Del quinto grado.

El quinto grado uiene de/ suso el quarto auuelo ela qu-/arta auuela e de yuso uiene/ el quadrinieto ela quadrinie-/ta de trauiesso el bisnieto ela-/ bisnieta del tio e dela tia de/ parte del padre e de parte /dela madre aqui no<n> podemos nos[270] ni por esc<ri>p-/to ni por uozes mas decla-/rar.

.VI. Del sexto grado.

En el sexto grado uiene de/ suso el quinto auuelo e/ la quinta auuela de yuso el/ quinto nieto ela quinta nie-/ta. de trauiesso el tresnieto/ ela tresnieta. y el h<er>mano y el/ h<er>mana del tres auuelo. e de/ la tres auuela assi de parte./ del padre cuemo dela madre/ esto no<n> podemos mas despla-/nar de cuemo auemos dicho.

[271]Del septimo grado.

En el septimo grado uiene de/ suso el sexauuelo ela sexauu-/ela de parte del padre e de par-/te dela madre. e de yuso el/ sexnieto ela sexnieta de tra-/uiesso el quadrinieto ela qua-/drinieta del tio e dela tia de/ (f. 69b) parte del padre e de parte de/ la madre. y el h<er>mano y el h<er>-/mana del quadrauuelo e de/ la quadrauuela de parte del/ padre e de parte dela madre./ e por ende fueron

268 "t" escrita sobre raspadura.
269 Núm. de rúbrica errado.
270 "ni por esc<ri>pto" reiterado, que se tacha en tinta roja.
271 Omitido el núm. de rúbrica.

fallados .VII./ grados e no mas por ende daq<ui>/adelantre no<n> puede omne fallar/ nombres. ni los om<n>es no<n> son/ de tan luenga uida.

Segu<n>do titol delos he<re>dadores.

.I. Que las h<er>manas deue<n> uenir/ egual mientre con los h<er>ma-/ nos ala buena del padre.

.II. Que/ los fijos deuen h<er>edar p<ri>mera/ mie<n>tre en la buena del padre.

.III. Que si non fuere alguno/ del linnage q<ue> uiene de suso o/ delos q<ue> uienen de yuso. los q<ue>/ uienen de trauiesso deuen auer/ la heredat.

.IIII. Quien deue auer/ la buena daq<ue>llos q<ue> non fazen/ testamento ni por esc<ri>pto ni por/ testimonios.

.V. Delos herede-/ros e delos h<er>manos e delas h<er>-/ (f. 69c) manas e de aq<ue>llos q<ue> non so<n> dun padre o duna madre e/ non an herederos fueras los/ h<er>manos e las h<er>manas.

.VI. Si aq<ue>l q<ue> muere dexo auu-/elo e auuela.

.VII. Si aq<ue>l q<ue> mu-/ere a tio o tia de parte del pa-/dre o dela madre.

.VIII. Si aq<ue>l q<ue>/ muere auie sobrinos de so h<er>-/mano o de so h<er>mana.

.IX. Que la mugier puede auer parte/ en toda la heredat.

.X. Que la mugier puede heredar &[272] aq<ue>l q<ue> es en/ grado mas p<ro>pinco deue auer la/ heredat.

.XI. Del heredamiento/ del marido e dela mugier.

.XII. Dela heredat delos cl<er>igos e/ delos monges.

.XIII. Que los fi-/jos deuen fincar empoder del/ padre depues dela muerte de/ la madre.

.XIIII. Que los fijos de-/uen fincar empoder del padre/ depues dela muerte dela madre/ maguer q<ue> ayan madrastra e q<ue>/ deue fazer elpa-dre delas cosas/ de los fijos.

.XV. Sila madre fi<n>-/care bibda deue uenir egual-/ mientre con los fijos ala buena/ del padre.

.XVI. Que la mu-/gier non deue[273]nada delo q<ue> ga-/na el marido con los sieruos de-/ella

.XVII. Delo q<ue> ganan el marido/ ela mugier casados en uno.

---

272 "&" supraescrito.

273 "auer" omitido, como se comprueba en la rúbrica.

.XVIII. Del ninno cuemo pue-/de auer la heredat del padre./
.XIX. Cuemo los padres deuen/ ganar la heredat delos ni<n>nos.
.XX. Delos q<ue> nascen depues de/ la muerte del padre.
.XXI. Que el om<n>e q<ue> non a fijos deue faz<er>/ de so he<re>dat lo q<ue> quisiere.

I. QUE/ LOS H<ER>MANOS DEUE<N> UENIR EGUAL/ MIENTRE CO<N> LOS H<ER>MANOS ALA BU-/ENA DEL PADRE.

Si el padre ola madre/ mueren sin fabla las h<er>-/manas deuen auer egual mien-/tre la buena del padre con los/ h<er>manos.

II. Q<UE> LOS FIJOS DEUEN/ EREDAR P<RI>MERA MIE<N>TRE ENLA/ (f. 70a) BUENA DEL PADRE.

En la h<er>edat del padre uiene<n>/ los fijos primera mientre./ e si non ouieren fijos deuen/ lo auer los nietos. e si no<n> oui-/eren<n> nietos deue<n> lo auer los bi-/snietos. e si no<n> ouiere<n> fijos/ ni nietos. ni padre ni madre de-/uen lo auer los auuelos.

III. Q<UE> SI NO<N> FUERE ALGUNO DELINNAGE/ DELOS Q<UE> UIENE<N> DESUSO O DELOS/ Q<UE> UIENE< N> DE YUSO LOS Q<UE> UIENE<N>/ DE TRAUIESSO DEUE<N> HER<E>DAR.

Qvando no<n> es/ ninguna p<er>sona del linna-/ge q<ue> uenga derecha mientre/ de suso o de yuso deue<n> lo auer/ los q<ue> uienen de trauiesso mas/ p<ro>pincos. e si muere sin fabla/ los q<ue> son mas de lue<n>ne non deuen auer nada. El rey don flauio rescindo fizo esta ley./

IIII. QUIE<N> DEUE AU<ER> LA BUENA DA-/QUELLOS Q<UE> NO<N> FAZE<N> TESTAMIENTO NI POR ESC<RI>PTO NI POR TESTIMO-/(f. 70b) NIOS

La buena daq<ue>llos q<ue> mueren/ q<ue> no<n> fazen testam<en>to ni/ an-te testimonio[274]s ni por esc<ri>pto los/ q<ue> fueren mas p<ro<pincos deuen/ auer la buena.

274 "o" rectificada.

V. DELOS H<ER>EDEROS DE LOS H<ER>MANOS E DELAS H<ER>-/MANAS E DAQ<UE>LLOS Q<UE> NO<N> SO<N> DU<N>/ PADRE E DUNA MADRE E NO<N> AN EREDEROS FUERAS LOS H<ER>MANOS. ELAS H<ER>MANAS.

Aq<ue>l q<ue> non a otro heredero si no<n>/ h<er>manos y h<er>manas estos de-/uen auer egual mientre su bu-/ena si fueren dun padre o du-/na madre. mas si fue<r>e<n> dotro/ padre o dotra madre. los q<ue> son dun padre o duna madre ue<n>ga<n>/ ala buena de so h<er>mano elos h<er>manos dotro padre e son duna/ madre deuen uenir egual mi-/entre ala buena dela madre. e/ los q<ue> son dun padre e non duna madre deuen auer egual-/mientre la buena del padre.

VI. SI AQ<UE>L Q<UE> MUERE DEXA AUU-/ELO (f. 69c) O AUUELA

Qvando el om<n>e muere si/ dexa auuelo de parte del/ padre[275] e/ de parte dela madre. amos de-/uen auer egual mientre la/ buena del nieto e si dexa auu-/elo de parte del padre o auue-/la del parte dela madre amos/ uengan egual mientre a su/ buena. e ot[276]ro si si[277] dexa auuela de parte del padre o de parte de/ la madre uengan[278] ala/ buena egual mientre. y esto/ es dee[279]tender de las cosas q<ue> gano/ el muerto. mas de las q<ue> el ouo/ de parte de sus padres o de sus/ auuelos deuen tornar alos pa-/dres o alos auuelos cuemo ielas/ dieran.

VII. SI AQ<UE>L Q<UE> MUERE A TIO/ DE PARTE DEL PADRE O DELA MADRE.

Si aquel q<ue> muere dexa tios[280]/de parte del padre o de parte de/ la madre estos deuen auer egu-/al mientre su buena. El rey do<n>/ (f. 69d) cindo [!]fizo esta ley.

---

275 "e de parte del padre" tachado con una raya roja.
276 "e o" rectificado
277 "si" supraescrito.
278 "egual" sopuntado, que secluyo.
279 "e" supraescrita.
280 "s" supraescrita.

VIII. Si aq<ue>l q<ue>/ muere auei sobrinos de so her-/mano o de su h<er>mana.

Si aq<ue>l q<ue> muere no<n> a h<er>manos/ ni h<er>manas. mas a dun her-/mano un sobrino. e dotros/ h<er>manos e dotras h<er>manas a/ muchos todos los sobrinos de-/uen partir egual mientre su/ buena por cabeças. el rey flauio resçindo fizo esta ley.

IX. q<ue> la mug<er> deue au<er> parte en toda eredat.

La mugier deue uenir egu-/al mientre con sus h<er>manos/ ala buena del padre e dela/ madre e delos auuelos e delas/ auuelas de parte del padre. e/ de parte dela madre. e otrosi/ ala buena delos h<er>manos e de/ las h<er>manas e otrosi deue ue-/nir delos tios e delas tias/ e de sos fijos. ca derecho es q<ue> aq<ue>l-/los q<ue> natura fizo egual mien-tre/ parie<n>tes. egual mientre/ (f. 71a) uengan ala buena.

X. Q<ue> la mug<er>/ puede eredar e aq<ue>l q<ue> fuere en/ grado mas p<ro>pinquo/ deue au<er>/ la heredat

Las heredades/ de parte del padre e de la ma-/dre o delos tios o delas tias o de/ sus fijos las mugieres deue<n>/ partir egual mientre co<n> aq<ue>llos/ q<ue> son tan p<ro>pinquos cuemo ellas./ e toda heredat deuen auer aq<ue>l/los q<ue> son mas p<ro>pinquos en el/ grado.

XI. Del eredamiento del/ marido e dela mug<er>

El marido deue auer la bue-/na dela mugier. ela mugi-/<e>r buena del marido q<ua>ndo no<n>/ ay otro pariente fasta septimo/ grado.

XII. Dela h<er>edat delos cl<er>igos/ e delos monges

Los cl<er>igos elos monges q<ue> non/ an h<er>edero fasta feptimo grado/ e non mandan nada de sus co-/sas la yglesia a quien seruian/ lo deue auer todo.

XIII. Q<ue> los fijos/ deue<n> fincar en pod<er> del padre (f. 71b) depues de la muerte dela mad<re>

La madre muerta/ los fijos deuen fincar en po-/der del padre si son daq<ue>l casa-/miento e deue tener su bue-/na delos fijos si se no<n> casare co<n>/ otra.

mas no<n> puede ende nada/ uender ni aienar.[281]/ mas tot el fructo deue auer e/ despender comunal mientre/ con sos fijos. e si el padre se casa/ con otra mugier por q<ue> non es/ derecho q<ue>los fijos sean empoder/ dotri sino de su padre. el padre/ tenga las sus cosas elos fijos en/ guarda assi cuemo es de suso/ dicho toda uia. q<ue> meta en esc<ri>p-/to todas las cosas antel iuez/ o ante los parientes dela madre/ e deue dar tal recabdo aaq<ue>llos parientes dela madre q<ue> deuie<n>/ auer los fijos en guarda si el pa-/dre fuesse muerto por q<ue> non pa-/re mal ninguna daq<ue>llas cosas./ (f. 71c) e si el padre pues q<ue> casare con/ otra non quisiere auer en gu-/arda los fijos estonçe el iuez/ deue escoier alguno delos/ parientes de la madre q<ue>los gu-/arde. e qua<n>do el fijo o la fija d<e>l/ padre se quisiere casar luego/ le de su parte de la buena de/ su madre. e retenga pora si la/ t<er>cia parte daq<ue>llo q<ue>l diere por/ la lazeria q<ue> tomo con ello. y/ el padre deue dar al fijo o ala/ fija pues q<ue> ouiere .xx. a<n>nos/ complidos maguer q<ue> se no<n> ca-/se la meetat de q<ua>nto p<er>tenes-/ce a cadauno de la buena de la/ madre. y el otra meetat ten-/ga el padre en su uida. e depu-/es de so muerte finq<ue> a los fijos/ y el padre q<ue> se casare deue mos-/trar e destremar todas las co-/sas delos fijos de parte de su/madre q<ue> por ue<n>tura q<ua>ndo los/ fijos entraren en la casa dela/ madrastra q<ue> no<n> les faga tuer-/ (f. 71d) to. e otro si mandamos delos/ nietos. e si el padre enagena-/re alguna cosa destas cosas. o/ si las quisiere tener de mas/ del tiempo q<ue> no<n> deue todo ielo/ deue dar y entergar des<us> cosas/ alos fijos q<ue> pertenecien aq<ue>llas cosas de parte de su madre.

XIIII. QUE LOS FIJOS DEUEN FINCAR EN/ PODER DEL PADRE DEPUES DELA/ MUERTE DELA MADRE MAGUER/ Q<UE> AYAN MADRASTRA. E Q<UE> DEUE FA-/ZER EL PADRE DE LAS COSA DE/ LOS FIJOS.

En la ley de suso es dicho q<ue>si/ el padre non casa depues/ dela muerte dela mugier q<ue>/ los fijos finq<ue>n en so poder co<n>/ todas sus cosas fasta q<ue> casen. e/ que el padre deue auer los fru-/ctos e despender con sus fijos/ comunal mientre e q<ue> depues/ q<ue>los fijos casaren o compliere<n> .xx. annos q<ue> el padre les deue/ dar la meetat dela buena./ (f. 72a) e q<ue> el aya la otra meetat dela/ buena de q<ua>nto les p<er>tenecia/ de la buena de la madre. e q<ue>/ el aya la otra meetat en su ui-/da. e q<ue> non la pueda uender/ ni dar e q<ue>los fijos dela mu-/gier lo deuen auer depues de/ la muerte del

281 "mas no<n> puede ende nada uender ni aienar" tachado en tinta negra, que secluyo.

padre. e si el pa-/dre se casare los fijos tomen/ la buena dela madre e q<ue>sean empoder dotri co<n> toda su bue-/na[282] e no<n> empoder del pa-/dre y esto nos semeia anos. muy desguysada cosa q<ue> non/ les mienbra de lo q<ue> dize sala-/mon. el mio fijo por q<ue> eres en-/ga<n>nado q<ue> quieres mas seer en/ otra guarda q<ue> en la mia. y en/ otro logar dize salamon el/ fijo q<ue> tuelle alguna cosa alpa-/dre o ala madre e dize q<ue> no<n>/ es peccado tal es cuemo aq<ue>l q<ue>/ mata o<m>ne. y en otro logar di-/ze qui escarne[283]ce so padre o q<ui>e<n>/ (f. 72b) escarneçe so madre saquen le/ los oios cueruos. e comanle/ las aguilas e dize en otro logar meior es q<ue> te rueguen tos fijos/ q<ue> tu tengas manos dellas[284]. epor/ esto tenemos nos muy sin ra-/zon q<ue> aq<ue>llos ayan ganancia de/ la buena delos fijos q<ue> no<n> leua-/ron pena por los criar et por ende[285]. doncas/ segundo esta ley podemos nos/ retraher adios lo q<ue> fallamos/ en la s<an>c<t>a sc<ri>ptura del igno. assi/ cuemo el padre a piedat d<e>l fijo/ assi el n<uest>ro se<n>nor a piedat daq<ue>llos q<ue>/ lo teme<n>. e salomo<n> dize el fijo q<ue> es sabio es el ense<n>na-mie<n>to d<e>l pad<re> e dize en/ otro logar mio fijo entiende/ tu la ueiez de tu padre e non/ lo fagas ensannar en su ui-/da. esile desfaleciere el seso p<er>-/ donaielo e no<n> lo desp<re>cies mie<n>-/tre q<ue> fueres mancebo e dizeen otro logar quien ama so fi-/jo firierelo amenudo e quien/ a muestra so fijo sera laudado/ (f. 72c) por ello en medio de sus ene-/migos. e dizran assi muerto/ es so padre daquel e semeia/ q<ue> non es muerto ca dexo pues/ de si so fijo quel semeia uio-/lo en su uida. y alegrose con el/ y en la muerte no<n> fue co<n>trista-/do co<n> miedo de sus enemigos. ca dexo pues si tal fijo q<ue> defie<n>-/de la casa de sos enemigos e a/ uida a sos amigos e por ende/ mientra nos acordamos destas/ cosas e dotras q<ue> fuero<n> dichas/ por las p<ro>ph<e>tas de n<uest>ro se<n>nor q<ue>re-/mos e ennader a esta ley. e toller las cosas q<ue> non[286] son bien puestas e/ poner otras q<ue> el n<uest>ro se<n>nor orde-/no bien. Ende ma<n>damos ato-/dos los q<ue> son de n<uest>ro regno q<ue>da-/qui adelantre assi cuemo es de-/recho e manda la s<an>c<t>a sc<ri>ptura/ sea guardada esta ley en tal/ manera q<ue> el marido

282 "e no<n> empoder dotri co<n> toda su buena" tachado, que secluyo.

283 "ce" supraescrito.

284 "meior es q<ue> — manos dellas" es pasaje deturpado. Orazi, utilizando Esc$_8$.Z-III-21 como texto principal y como subsidiarios Esc$_4$.P-II-17 y Esc$_2$.M-II-18: "Meyor ye que te rueguen tos fiyos, que tú tengas oio a las manos d'elos"; Esc$_8$. omite "oio a las manos".

285 "allos" supraescrito, tachado; "& por ende", supraescrito.

286 "non" supraescrito.

q<ue> se casa-/re depues dela muerte dela/ mugier si ouiere fijos della./ (f. 72d) sean empoder del padre co<n>/ to-/das sus cosas[287] q<ue>les per-/tenescen de parte dela madre/ assi cue<m>o es dicho en la ley de su-/so e mandamos q<ue> faga esc<ri>pto/ por su mano delas cosas delos/ fijos antel iuez o ante los pa-/rientes de la madre e de re-/caudo en mano delos he<re>deros/ q<ue> auien auer los fijos en guar-/da si el padre fuesse muerto/ q<ue> ninguna cosa no<n> pare mal. e/ si el padre q<ue>se casa non quisie-/re auer los fijos en guarda./ el iuez deue dar aq<ue>llos al mas p<ro>pi<n>-/co del linnage dela madre e si/ alguno de los fijos se casare de<n>/le su parte de la buena de la/ madre. assi q<ue> el padre retenga porasi la t<er>cia parte por uso del/ fructo. e si el fijo o la fija ouie-/re .xx. annos complidos ma-/guer q<ue> se no<n> case aya la meetat/ de q<ua>ntol p<er>tenesce dela buena/ (f. 73a) de la madre. y el otra meetat/ tenga el padre en su uida e de-/ pues de so muerte deue fincar/ alos fijos entera mientre. otro-/si mandamos guardar delos ni-/etos. e si el padre para mal algu-/na cosa alos fijos[288] o no<n> les q<ui>siere/ dar lo so fasta aquel tiempo q<ue>/ es de suso dicho deuegelo enter-/gar el iuez de las cosas del pa-/dre alos fijos. antigua ley. Esta manda q<ue>si la mugier/ muriere y el marido casare/ con otra q<ue> tenga toda la buena/ delos fijos en sopoder.

XV. Sila ma-/dre fincare bibda deue uenir/ egual mientre con los fijos/ ala buena del padre.

La madre sise no<n> casare depu-/es[289] dela muerte del/ marido deue partir egual mi-/entre en todos los fructos dela/ buena deso marido co<n>sos fijos/ mientra uisquiere. mas nilo/ puede uender ni dar a ningu-/no delos fijos. e silos fijos ente<n>-/dieren q<ue>la madre lo quiere e-/nagenar o por mal q<ue>rencia o/ por otra cosa diganlo al se<n>nor/ de la cibdat o al iuez q<ue>ielo de-/fiendan q<ue> aq<ue>llas cosas no<n> pa-/ren mal. mas el fructo q<ue> ella de/ue auer puede dar aquien qui-/siere delos fijos o delas fijas. e/ aq<ue>llo q<ue> ella ganare del fructo/ puede dar aquien quisiere. e/ si daq<ue>lla parte dela madre algu-/na cosa fuere aienada todo de-/ue seer ent<re>gado depues dela/ muerte dela madre de la bue-/na dela madre alos fijos. e de-/pues dela muerte dela madre/ el quinnon dela madre deue<n>/ lo auer los fijos egual mientre/ e si la madre se casare depues/ dela muerte del marido desde/ aq<ue>l

287 "dela muerte dela madre con las cosas", tachado en tinta diferente a las anteriores cancelaciones.
288 "a los fijos" escrito sobre raspadura.
289 "depues" reiterado tachado.

dia adela<n>tre deuen auer los/ fijos la parte q<ue> ella deuie auer/ dela buena del marido si se no<n>/ casasse. Ley antigua. (f. 73c)

XVIª. Q<UE> LA MUG<ER> NO<N> DEUE AU<ER> NADA D<E>LO/ Q<UE> GANA EL MARIDO CO<N> S<US> SIERUOS

Si el marido/ gana alguna cosa co<n>los si-/eruos de la mugier en ueste/ la mugier no<n> puede deman-/dar nada daq<ue>llo ni en uida/ del marido ni depues de so mu-/erte ca el marido q<ue>a la mugi-/er en so poder segunt la s<an>c<t>a/ sc<ri>ptura. otrosi deue auer los/ sieruos della enso poder. e otro-/ si todas las cosas q<ue> con ellos ga-/nare seyendo en hueste por tal razon/ ca silos sieruos mien-/tre so<n> enhueste/ co<n>so se<n>nor faze<n> algu<n> da<n>no aq<ue>l se<n>/nor d<e>ue por ellos respo<n>der. o<n>de de-/<re>-cho es q<ue> assi cue<m>o a[290] el da<n>no q<ue> aya la ga-/na<n>cia. el rey do<n> flauio resci<n>do fizo esta/ ley.

XVII. DELO Q<UE> GANA EL MARIDO/ E LA MUG<ER> SEYENDO CASADOS EN/ UNO/

Quando q<ue>/ quiere q<ue> el marido sea no-/ble sise casa con la mugier/ (f. 73d) cuemo deue e biuiendo de so/ uno ganan alguna cosa o a-/crescen si alguno dellos sea mas/ rico q<ue> el otro de so buena de todas las cosas q<ue> acrescie-ron e ga-/naron en uno. tanto deue auer/ de mas en aq<ue>llo q<ue> ganaro<n> en/ uno q<ua>nto auie de mas el otro/ en su buena. e assi q<ue> si las bu-/enas damos semeian egua-/les por poca cosa non tomen en-/tenc<i>on ca de duro puede seer/ q<ue> sean asmadas tan egual-/ mientre[291] q<ue> no<n> semeie q<ue> el una/ es mayor del otra en alguna/ cosa. mas si el una es mayor/ del otra co<n>noscida mientre q<ua>n-/to fuere mayor. tanto deue a-/uer mayor par-tida en la gana<n>-/cia assi cuemo es de suso dicho/ cadauno pues dela muerte/ del otro. e puede dexar asos/ fijos o asos p<ro>pincos o a otri q<ui>en quisiere. e assi lo dezimos de/ los uarones cuemo delas mu-/gieres (f. 74a) e delas cosas q<ue> ganare<n>/ de q<ue> fizieren amos esc<ri>pto[292] aya cadauno tal partida cuemo lo/ dixiere el escripto. e si el ma-/rido ganare alguna cosa de al-/gun

290 "a" supraescrita.

291 "e" supraescrita.

292 Llamada aquí en el texto que se completa al margen, del copista o de mano coetánea, que no leo en la digitalización.

om<n>e estra<n>no o en hueste/ o q<ue>l de el Rey. o so se<n>nor osos/ amigos deuen lo auer sos fijos/ o sos herederos depues de su/ muerte. o puede fazer lo q<ue> quisiere. e otrosi dezimos de/ las mugieres.

[XVIIIª] Del ni<n>no cu/emo puede auer la eredat.

La cosa q<ue> es dubdosa si no<n> fu-/ere departida por razon/ muchas uezes caya en yerro/ ca muchos om<n>es suelen co<n>ten-/der si el ni<n>no q<ue> es nado e mue-/re ayna si puede auer la bue-/na del padre. e a esta entenci-/on q<ue>remos poner tal t<er>mino/ la razon de natura atal es q<ue> a-/que>l q<ue> nasce no<n> puede p<re>nder ningu-/na cosa en el mundo ante q<ue> si mismo q<ue> es fecho de tiniebras./ (f. 74b) doncas en qual manera puede/ prender heredat sobre tierra/ qui no<n> pudo prender el comen-/zamiento de la luz deste mu<n>-/do. e quien no<n> pudo usar delos/ elementos de qui era fecho cu-/emo podra auer las cosas q<ue> nol/ dexaron ueer e cuemo aura par-/tida de las cosas deste mundo/ enso muerte quilo deuia auer/ si uisquiesse e aqual fue mas/ legada la muerte q<ue>la uida. e/ assi enmedio dela luz es lue-/go muerto. y es entrado enlas tiniebras. e por q<u>e los padres/ pueda<n> auer la buena de tal fi-jo/ e q<ue>la uida del ninno sea tal/ q<ue> cuemo puede auer la uida ce-/lestial assi aya la vida terrenal[293] estableçemos q<ue> aq<ue> q<ue>/ nasce no<n> deue auer la buena/ delos padres fuera si depues/ q<ue> fuer nascido rescibiere ba-/btismo. e uisq<ui>ere .X. dias q<ue> todo o<mn>e ganar la buena del/ padre e dela madre por este ni<n>-/ (f. 74c) no se esfuerçe este de ganarle/ ante la uida celestial por el bap-/tismo e assi aquel q<ue> finca pues/ el aya la buena e q<ua>ndo el nin<no>/ ha la tierra por he<re>dat elas cosas/ celestiales q<ue>l son appareiadas/ sos herederos ayan las terrena-/les. y este gane las q<ue> desfalen./ e q<ue> si el muerto no<n> pudo usar/ las cosas terrenales derecho es/ q<ue> si al q<ue> non q<ue> pueda ganar las/ cosas celestiales [!].

XIXª. Cuemo lod pa-/dres deue<n> ganar la h<er>edat de/ los ninnos.

El padre/ muerto si el fijo ola fija uis-/quiere .X. dias o mas o menos/ o fuere babtizado q<ua>nto q<ue>l p<er>te-/nescie dela buena del padre to-/do lo deue auer la madre. e sila/ madre muriere otrosi el padre/ non puede auer la buena q<ue> a-/uia aauer del fijo o dela fija de/ parte dela madre fueras si/ mostrare

293 "assi aya la vida terrenal" escrito al margen, tras llamada en el texto.

q<ue> el fijo ola fija uisco/ .X. dias o mas o menos e fue-/ (f- 74d) baptizado. e si el padre ola ma-/dre q<ue> an de auer la buena de/ los fijos si no<n> ouieren otros fi-/jos toda la he<er>dat ayan los nie-/tos. e ni el padre ni la madre/ non ayan poder de meiorar en/ esta h<er>edat al un nieto de mas/ q<ue> al otro. si no<n> de la t<er>cia parte./ e si quisieren dar alguna cosa/ ala yglesia puedenlo fazer de/ la quinta parte daq<ue>llas cosas/ sola mientre segu<n>do q<ue> es en otra ley q<ue> es de yuso. e si non/ an fijos ni nietos ni bisnietos/ pueden fazer desta h<er>edat lo q<ue>/ quisieren. e si non fizieren/ ninguna manda deuenla a-/uer los parientes mas p<ro>pin-/cos del padre o del madre. as-/si q<ue> si el fijo ola fija muere si el/ padre q<ue> auie auer su buena/ si non fiziere manda deuen/ la auer los herederos mas p<ro>pi<n>-/cos del padre e otro si dezimos/ delos herederos dela madre/ (f. 75a) ental manera que si el fijo o la/ fija muriere seyendo el padre/ ola madre biuos los nietos da-/quel fijo o daq<ue>lla fija q<ue>son mu-/ertos si dexan fijos deuen auer/ entera mientre su partida enla/ buena del auuelo o del auuela/ q<ua>nto deuia auer so padre o su ma-/dre si uisquiesse e si el fijo era ca-/sado e murio biuiendo el padre/ ante q<ue> el padre le diesse su par-/tida q<ue>l p<er>-tenescie. e si mueren/ sos fijos biuiendo el auuelo la-/ mugier del fijo deue auer aq<ue>llo/ q<ue> el padre auie dado al fijo ante/ q<ue> muriesse. y ella no<n> puede mas/ demandar daq<ue>llo e si el fijo bi-/uiendo con el padre no<n> recibi-/era nada del padre estonce su/ mugier del fijo no<n> puede nada demandar daq<ue>llas cosas si no<n>/ q<ua>ntol diera so marido en arras/ e si el fijo no<n> quisiere seer obedi-/ent al padre dexe tener alpadre/ la buena de su madre y el fijo si-/ (f. 75b) la diere depues de su muerte/ a su mugier o a otri atal donacio<n>/ puede ualer si fijos no<n> ouiere en/ aq<ue>lla mugier e si fijos ouiere los/ fijos lo[294] deuen auer. El rey don flauio rescindo.

XXª. Delos q<ue> nasce<n>/ depues dela muerte del pa-/dre

Nos fazemos/ seruicio adios q<ua>ndo conseiamos/ aq<ue>llos q<ue> an de naçer e por ende/ estableçemos q<ue> si el marido mu-/ere e dexa la mugier prennada/ el fijo q<ue> nasciere depues sea he-/redado egual mientre en la bu-/ena del padre conlos otros fijos./ e si no<n> dexare ningun fijo e die-/re so buena a quien quisiere/ mandamos q<ue> pueda dar la q<ua>rta parte e las

294 “lo” supraescrito.

tres partes deue/ auer aq<ue>l q<ue> nascio depues dela/ muerte del padre. e si el ma-/rido o la mugier seyendo casados/ ante q<ue> ayan fijos el marido ala/ mugier o la mugier al marido/ el uno al otro dieron de su bue-/(f. 75c)na. e depues ouieron fijos a-/q<ue>lla donac<i>on no<n> uala. mas los/ fijos ayan toda su buena de su/ padre fueras ende la quinta/ parte q<ue> puede dar por su alma/ a quien quisiere. mas si el u-/no dellos o el marido ola mugier antes q<ue> fuessen en uno di-/ere el uno al otro alguna cosa de su buena aq<ue>llo deue ua-/ler e tal donac<i>on no<n> deue seer/ desfecha por los fijos q<ue> nascen depues. flauio resçindo rey.

XXIª. Q<UE> EL Q<UE> NO<N> A FIJOS PUEDE FAZ<ER>/ DE SU HEREDAT LO Q<UE> QUISIERE

Todo om<n>e/ libre e toda mugier q<ue> non/ a fijos ni nietos ni bisnietos/ faga de sus cosas lo q<ue> quisiere./ ni otro om<n>e de su linnage q<ue>/ uenga de suso ni de trauiesso/ no<n> pueda desfazer este ordena-/miento. ca aq<ue>l q<ue> uiene en/ el linage del parentesco de su-/so derecha mientre non es/ (f. 75d) fecho en tal man<er>a q<ue> por natu-/ra deua auer la heredat. mas/ si moriere sin fabla los q<ue> son/ mas p<ro>pincos deuen auer su bu-/ena cuemo manda la ley.

4. La lengua de los manuscritos del Fuero Juzgo

A lo largo del presente capítulo se ha transcrito, de manera fragmentaria, un total de seis manuscritos: Esc$_3$.M-III-5, T$_1$.15-37, T$_2$.43-9, RAE$_1$.49, RAE$_3$.51, RAE$_6$.293. Estas transcipciones han ido apareciendo al tratar de las rúbricas (§ 1.3.), del FJ como traducción (§ 2.) y, de forma más extensa, en el epígrafe precedente (§ 3.). Tenemos, pues, una pequeña antología lo suficientemente amplia como para poder delinear algunas consideraciones sobre la lengua del viejo fuero tomándola como base. Desde luego, las siguientes notas distan mucho de ser exhaustivas. Los tres primeros testimonios citados (Esc$_3$.M-III-5, T$_1$.15-37, T$_2$.43-9) son castellanos, en tanto que los tres últimos (RAE$_1$.49, RAE$_3$.51, RAE$_6$.293) es inscriben dentro del leonés, aunque muestran notable diversad de rasgos entre sí, tal como veremos muy sintéticamente más abajo. Me ocuparé de distintos aspectos en la siguiente exposición: el FJ como modelo para la lengua jurídica (§ 4.1.); los códices leoneses y los códices castellanos (§ 4.2.); y, finalmente, las repercusiones de la diversidad lingüística en la edición del fuero (§ 4.3.).

4.1. El *Fuero Juzgo* como modelo de lengua jurídica

4.1.1. La redacción y estructura de las leyes

Juan Ramón Lodares[295] dedica un iluminador trabajo a estudiar las circunstancias en las que Alfonso X impulsó el desarrollo del castellano como lengua jurídica (siguiendo en ello la postura de Fernado III). En primer lugar, el autor subraya que el uso del romance como lengua del Derecho es una vertiente más de la autoafirmación del poder real; en segundo lugar, que en este romance ahora convertido en lengua jurídica debían converger (en terminología y también en conceptos) las disposiciones de los viejos fueros con las obras de Derecho común provenientes de Bolonia, escritas en latín. En tales circunstancias históricas, se comprende la posición central de la que debieron disfrutar tanto el LI como el FJ, ya traducido.

El código de los reyes godos tenía una estructura dispositiva que podía ser tomada como modelo en futuras redacciones de cuerpos legales, cuestión esta ya bien observada por Perona[296]. Veámolos en esquema:

1º) Justificación de la ley (moral, práctica)
2º) Enumeración de todos los supuestos posibles de manera exhaustiva.
3º) Penas aplicables, por estamentos, con agravantes y atenuantes.
4º) Quien tiene facultad para legislar es el rey. Su nombre aparece explícito al final de la disposición.

En cuanto a la justificación de la ley, es un elemento imprescindible, y puede adquirir gran peso en el inicio de su redacción. La justificación de una ley se asienta bien en razones de orden práctico, bien en razones de orden moral. En las segundas, el rey legislador busca fundamento en la "natura", lo que es "derecho", citando, si es preciso, las Sagradas Escrituras, u otras fuentes de doctrina. Así, por referirnos solo un ejemplo de los fragmentos transcritos, en Esc_3.M-III-5 arriba, se justifica la ley que ordena que los hijos deben permanecer bajo la custodia o el poder del padre tras la muerte de su madre con varias sentencias de Salomón (IV.2.14):

> Dize Salamon: "El mio fijo, por qué eres engannado que quieres mas seer en otra guarda que en la mia". Y en otro logar dize Salamon: "El fijo que tuelle alguna cosa al padre o a la madre e dize que non es peccado tal es cuemo aquel que mata omne" (f. 72a).

---

295 Juan Ramón Lodares, "Alfonso el Sabio y la lengua de Toledo (un motivo político-jurídico en la promoción del castellano medieval)", RFE, 75-1 (1995), pp. 35-56, en p. 44 y p. 54.

296 José Perona, "La estructura textual del Fuero Juzgo…", p. 94.

Un buen ejemplo de la exhaustividad en el exposición de supuestos y penas lo hallamos en la ley II.1.17, relativa a la incomparencia del que es citado por el juez (RAE_6.293, ff. 25d-26a). En el plano ideológico, tanto en el LI como en el FJ la potestad legislativa recaía exclusivamente en el rey, por lo que se prestaban perfectamente al propósito de Alfonso X de unificar el Derecho en todos sus reinos bajo su autoridad. Pero este punto nos interesa aquí de un modo muy tangencial[297].

4.1.2. Sintaxis y léxico

Mucho más relevante es para los lingüistas, dejando ya de lado el análisis del armazón constructivo de una ley, adentrarse en el de las características mismas de la prosa del FJ. La primera de las normas que se impone el legislador a la hora redactar es la de huir de toda ambigüedad; una ley no puede dar lugar a interpretaciones diferentes. Esta máxima de claridad se hace explícita en la rúbrica contra los rebeldes (II.1.8):

> Nos, que queremos tener las leys, decimos esto luego por setencia primera mientre que, assi cuemo las leys son *paladinas* e prouechosas por toller los peccados delos omnes, assi las scuras leys destrouan que las non pueda omne ordenar; ca dalgunas cosas fortes son ordenadas por *escuras palauras* & nasce contienda porque los pleytos non puedam ser departidos *claramientre* por elas & o deuien poner terminu alas calonias ali ponen laços los omnes entressi & dali nacen muchas diuersidades de pleytos (f. 22d, RAE_6.293; subrayado nuestro).

Las leyes se redactan en frases claras y cortas. Cabe subrayar otra propiedad aún más singular: la cerrada trabazón lógica de justificación y argumentación, considerandos, disposiciones, penas… Sobre dicho particular llamó la atención muy certeramente José Perona en un estudio ya citado en el que vincula esa aspiración a la cohesión de ideas con el avance coetáneo de la escolástica[298]. Junto a los nexos lógicos, había que reforzar la cohesión textual: conectores, marcadores de discurso[299]. En la vertiente lingüística, el romance alcanza la madurez absoluta como vehículo legal, con la adopción de nuevos nexos y la subordinación en sintaxis. Se expresa la condicional potencial ("si ouier"), la causa ("por ende"), la

---

297 Para una aproximación muy acertada a la cuestión, véase Estelle Maintier-Vermorel: "*Fuero Juzgo:* una traducción al servicio de la génesis del estado moderno", Mónica Castillo/Marta López Izquierdo, *Modelos latinos en la Castilla medieval* (Madrid y Fráncfort del Meno: Iberoamericana-Vervuert, 2010), pp. 271-288.

298 José Perona, ibídem, p. 94.

299 José Perona, ibídem, p. 85.

consecuencia ("onde", "en tal manera")… En el fondo está siempre la traducción del latín. Perona proporciona una lista muy completa de las traducciones de los conectores: *ergo* > "doncas"; *ergo* > "e por ende"; *ergo idcirco* > "e por ende; *unde* > onde….[300]

Junto a la sintaxis, el uso como lengua jurídica del romance hacía preciso la ampliación del léxico, muy especialmente, de los tecnicismo. En la selección de arriba podemos hallar "pregonero" (procurador"), "prouar" ("demostrar con pruebas en un juicio") o "sayón" ("verdugo"). Es muy evidente el esfuerzo realizado por volver al romance los términos del parentesco, a veces adoptando el término del vernáculo, otras conservando el latino: "linage de suso", por "ascendiente"; "bisuauelo"; "de traviesso", por "colateral"; "propincuo", por "próximo" (RAE_1.49, lín. 435 y ss). Entre los tecnicismos se han perpetuado algún latinismo sintáctico, como la construcción absoluta: "Que *el padre morto* el casamento delos fillos & delas fillas fique empoder dela madre" (RAE_1.49, lín. 21); "Si algun esposo morir por uenturia *fechas las esposallas. & el beso dado*" (RAE_1.49, lín. 114).

4.2. Manuscritos leoneses y manuscritos castellanos

Menéndez Pidal, en 1906, considera al FJ como el principal testimonio literario del leonés antiguo[301]. Entre los argumentos para pensar así, esgrime los de índole histórica: la mayor implantación de las leyes de los godos en tierras de León, con alguna otra anécdota o noticia, como la que extrae del canciller Ayala en la *Crónica del rey don Pedro*, que no se detiene a revisar: se llama castellano en Toledo a todo aquel que es de tierra del señorío del rey de Castilla "do non se juzga por el *Fuero Juzgo*". Se refiere, asimismo, a la edición de la Academia; y sí, es cierto, que esta utilizó diversos códices leoneses, de gran interés para el conocimiento del dialecto, pero Menéndez Pidal pasa en silencio que también desfrutó otros castellanos. Sobre todo, se abstiene de formular una pregunta incómoda: ¿por qué, si la traducción del LI al romance la encarga Fernando III para otorgarla a Córdoba, tal como se ha venido asumiendo sin fisuras tradicionalmente entre los filólogos, lo hace al leonés? En el territorio del antiguo reino se habían fundado universidades como la de Palencia (1212) o la de Salamanca (1218): allí estudiaban la vanguardia de los juristas. Los datos históricos son indiciarios, pero, para establecer la adscripción dialectal del texto, lo

300 José Perona, ibídem, pp. 86-91.
301 *El dialecto leonés…*, p. 35.

concluyente son los datos lingüísticos: lo son por lo que se refiere a la de traducción (o de sus primeros ensayos o de sus refacciones, si se acepta la postura que he intentado defender en § 2 arriba); lo son también para el de cada copia.

Volvamos a los ejemplares transcritos. De los leoneses, repasemos en primer término las características lingüísticas más sobresalientes de RAE_6.293[302]:

1) Diptongación de las breves tónicas: mayoritariamente, hallamos el diptongo, aunque es preciso interpratar las grafías para establecer el uso del copista. Este suele escribir el posesivo de primera del plural sin diptongar; en cambio, otras palabras, como "pueblo", aparecen con diptongo: "nostro pueblo" (f. 21a). Asimismo, hallamos grafías, de modo ocasional, como "poeblo" (f. 20d, en rúbrica; f. 21d), "poes" (f. 21d). Entre las palatales, siempre "mientre" en el adverbio de modo.
2) Pl- en posición inicial: se da tanto "pleito" (*passim*) como "preito" (*passim*), "pueblo" (*passim*), como "puebro".
3) Falta de apócope tras dental y nasal: "salude" (ff. 20d, 21b), aunque "salut" es la forma predominante.
4) Cierre de las vocales finales: constante en "susu": cuento, para este adverbio, que esta es solución en todas las ocurrencias sin excepción. También, entre las palatales, "firmi" (20d y 21b).
5) El resultado de LYOD es mayoritariamente la palatal central ("fiyo"), con dos casos de la lateral "fillo" (20d y 21b).
6) Palatalización del artículo y del pronombre personal de tercera persona (8 ocurrencias): "*enlla* sua sancta ley" (f. 20d); "comolos principes ayan estado mui cobdiciosus de robar el poeblo *enllos* tienpos que son pasados" (f. 21d).
7) Falta de un estándar gráfico: encontramos grafías imperfectas para la palatal lateral: "co*lier*en las mieses" (f. 24c); también para la nasal palatal: "senor" (lín. 4); "enganu" (*passim*, v. gr. lín. 77).
8) En los posesivos, la forma general para el femenino es "sua" (38 ocurrencias); ahora bien, tenemos dos "suyas" (ff. 21d y 22c), la forma originaria del oriente peninsular y extendida ya por Castilla a mediados del siglo XIII[303].

---

302 Para la caracterización del dialecto, me atengo a Orazi, *El dialecto leonés…;* Cristina Egido Fernández, *El sistema verbal en el romance medieval leonés* (León: Universidad de León, 1996); y José Ramón Morala Rodríguez/ Cristina Egido Fernández, "El leonés", *Manual de lingüística española,* Emilio Ridruejo, ed. (Berlín/Boston: De Gruyte, 2019), pp. 506-531.

303 Ángeles Romero Cambrón, "Sobre el origen de los posesivos *tuyo* y *suyo*", *Cahiers d'Études Hispaniques Médiévales* 32 (2009), pp. 83-100.

9) Alguna nota más en morfosintaxis: es general el empleo del indefinido "dalgun" (*passim*); tenemos formas propias del leonés en el verbo documentadas en el pasaje, como el perfecto "dioron" (22b).
10) En léxico, hallamos un provenzalismo como "ensenbre (f. 20d) ", que sin duda estaba en la traducción inicial.

Para poder valorar la variedad lingüística de RAE_6.293 con justeza, habría que subrayar que sí presenta leonesismos (todos los consignados en los diez apartados de arriba); sin embargo, hay otros muy significativos que no presenta: "ye" como tercera persona del singular del verbo "seer" o "ye" conjunción copulativa. Este paso se pudo dar en su modelo, que ya se hubiera aproximado en este punto al uso castellano; igual cabría decir de la apócope de "e" final. La alternancia indiscriminada entre "preyto"- "pleyto" sí corresponderían al copista, familiarizado con la solución castellana, lo mismo que el cierre de las vocales finales, correspondiente a su propio uso. Se mueve en un ámbito del antiguo reino de León. Entre el leonés y el castellano se da plena inteligebilidad. Como puede verse en la transcripción, al autor de la copia no le importan lo que nosotros llamaríamos "variantes formales o lingüísticas", sino las de asunto, las "variantes textuales". Para él lo transcendente es, por ejemplo, saber qué significa un provenzalismo que tiene en su modelo y que no entiende, como "meige": ahí corrige en "meystre": "los *meys (< meystres)* que son sabios ante an cura del mal de la cabeça [...] porende la milizinan enante porque entiende el *meystre (meytre)* que ha hy maor peligro".

Atendamos ahora al otro manuscrito leonés transcrito en el apartado anterior (§ 3.2.), el RAE_1.49. Entre los rasgos lingüísticos que presenta, tienen particular significación:

1) Sin diptongación románica: "morto" (7 ocurrencias), "poda" (12 ocurrencias), "foras" (4 ocurrencias), "bona" (16 ocurrencias), "forcia" (32 ocurrencias). Solución "oi" para la vocal velar "pois" (15 ocurrencias). En el lado palatal, en cambio, hay diptongación: "tiene", "viene", "lieva", "nietos", "siervo".
2) Se da vacilación entre las soluciones de MAGIS: "mais" (21 ocurrencias), pero también, esporádicamente, "mas", "mes".
3) Apócope sistemática ante dental: "ueluntat" (*passim*)
4) LYOD da palatal lateral, sin yeísmo: "muller", "fillo" (soluciones exclusivas).
5) En el artículo, es regular la asimilación con la preposición ("ennos", "conno"), con diferente solución por tanto que la que encontramos en RAE_6.293 ("conllo"). El pronombre personal palataliza. He aquí los dos rasgos ejemplificados: "mes si *lli* quisieren dar los padres alguna cosa *bienno* poden fazer" (f. 43a);

"ante que*lli* feziesse las uodas" (f. 39b). Cabe también la asimilación a una nasal precedente ("bienno").

6) En el posesivo, se mantiene la forma "sua" en el femenino (43 ocurrencias).
7) En el verbo se documentan las formas leonesas "saba" (f. 42c) y "sobier" (42a) o arcaísmos como el mantenimiento de la dental, en la desinencia "-nt" de la tercera persona del plural, v. gr., "podant" (f. 42c).
8) El dato más relevante es la utilización de "ye" < EST para la tercera persona de singular del verbo "seer", así como la forma homónima "ye"< ET para la conjunción copulativa. Como ya se ha adentado, RAE_6.293 ignora estos dos "ye", aunque no RAE_3.51 (vid. 2. arriba).
9) En el léxico, se mantiene la solución leonesa: "vilva" (7 ocurrencias en el RAE_1.49).

Resta por analizar el manuscrito castellano transcrito arriba, Esc_3.M-III-5 (§ 3.3.), para lo que contemplaremos también las secciones presentadas cuando discutíamos los sistemas de rúbricas (§ 1.3.), T_1.15-37 y T_2.43-9. En relación al primero de ellos, su adscripción castellana es muy clara: dipontagación románica, sin apócope, solución de LYOD, forma sin asimilación para el artículo y el clítico de tercera persona… Leemos "bibda", no "vilva" (f. 69c). Se sigue un estándar de lengua: se ha elegido "cuemo" frente a "como"; no hay vacilación en cuento a la forma del perfecto del verbo "seer" ("fue")… Otro tanto sucede con la grafía: se utiliza Z para la sonora y la Ç para la sorda entre las predorsodentales. El resultado lingüístico de Esc_3.M-III-5 responde (en él o en alguno de sus antecedentes) al propósito deliberado de escribir en castellano, en un castellano "normalizado".

No obstante, se arrastran en el mencionado estimonio algunos de los rasgos lingüísticos de la primitiva traducción: leonesismos y provenzalismos. Al cambiar de dialecto, resulta fácil identificar y sustituir formas tan terruñeras, claramente leonesas: "ye" (verbo o conjunción), las asimilaciones del artículo o el clítico, desdeñar "vilvas". Aun así, en Esc_3.M-III-5 tenemos el leonesismo gráfico "desfalen" ("l" como grafía de la palatal, "desfallecen, perecen"). Asimismo, en la capitulación de T_2.43-9 (1.3. Tabla I), manuscrito también castellano, aparece "ye" conjunción: "De toier la cobdicia de los principes ye como deuen seer fechos los escriptos…". En Ox., gemelo de este último, hallamos formas no diptongas y grafías leonesas no estandarizadas: "forcia", "fuerçia", "batalia"…[304]. Formas como "toier" de la capitulación de T_2.43-9 o de "bataia"

304 Romero, "El ms. Holkham misc…", p. 223.

en la T_1.15-37 se explican como ultrarrecciones dentro de variedades del leonés: para un hablante que dice "fillo" y cree que debe decir "fiyo", juzga como incorrectos "toller" o "batalla". Ya en las últimas décadas del siglo XIII, muchos provenzalismos del texto inicial eran ya incomprensibles. Me he referido ya a "meie" a propósito del RAE_6.293; "meie" tenemos en la capitulación de T_2.43-9. En Esc_3.M-III-5 se conserva "doncas" (lín. 193). En T_2.43-9 y Ox., tal como ya se ha dicho, aparece "forfachosos", "malhechores": "Libro VI. De los forfachosos". A influjo del provenzal se debe el cierre de las átonas en "livores", "levores, comienzo": "De los denuestos et amortigamientos & delos liuores delas plagas" (rúbrica en Tabla I); también una forma como "curazon" (con grafía leonesa) que igualmente documenté en Ox.

4.3. Dificultades en la edición del FJ

Mis indagaciones se han limitado a un número muy reducido de manuscritos. A partir de ellas, puedo esbozar algunas conclusiones. Existen códices que están escritos en leonés y otros en castellano. En este caso, solo cabe la solución adoptada por la Academia en su día: optar lingüísticamente por los segundos, por lo que se refiere a las variantes formales, entre otras razones porque son más homogéneos en esta vertiente. En su edición la ilustre institución ya dejó establecido que Esc_3.M-III-5 coincidía con Murcia. Si esto es así, podría hacerse una edición con los dos manuscritos. Sabemos, asimismo, aunque no hayamos logrado establecer exactamente los lazos filiales entre ellos, que Ox.,T_2.43-9 y Esc_1.d-III-18 están emparentados: también entre los tres se podría hacer una edición que con variantes formales y textuales. Entre los testimonios pertenecientes al leonés, por lo que he podido ver en mis calas, las diferencias lingüísticas son muy acusadas. Las razones de esta diversidad son varias: se trata de una obra muy copiada, el dialecto no alcanzó una norma estandarizada y los traslados que estos ejemplares contienen estaban destinados al propio entorno geográfico leonés. En tales circunstancias, la labor editorial se vuelve muy compleja.

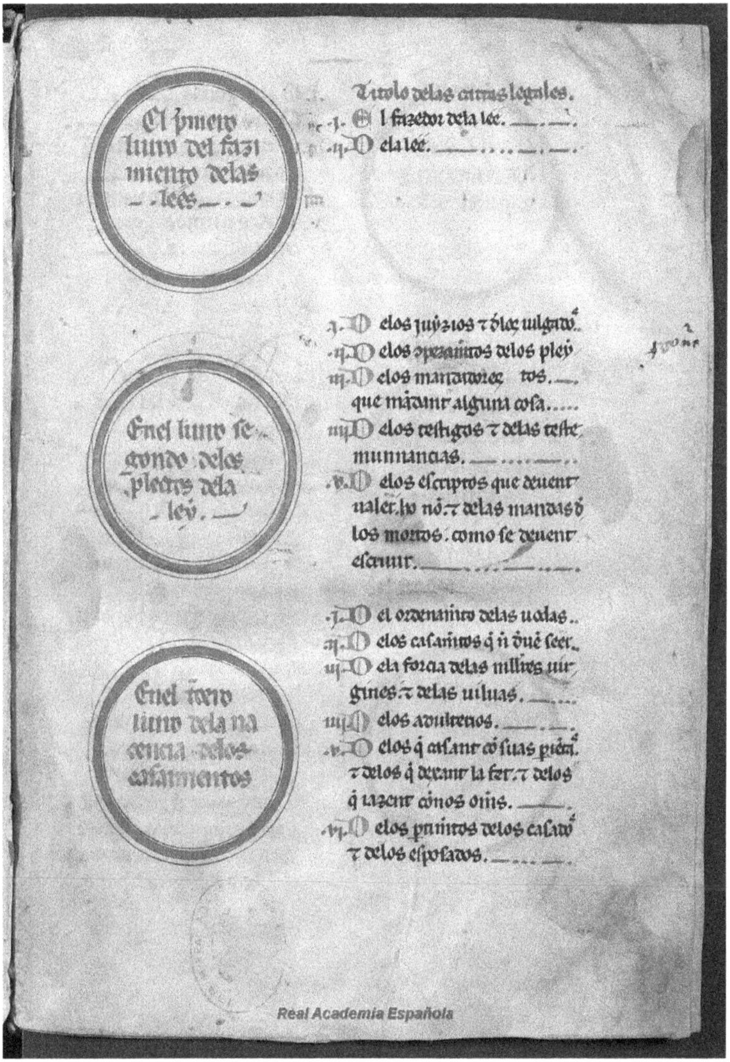

Manuscrito RAE 49, f. 1r (Biblioteca Digital de la Comunidad de Madrid)

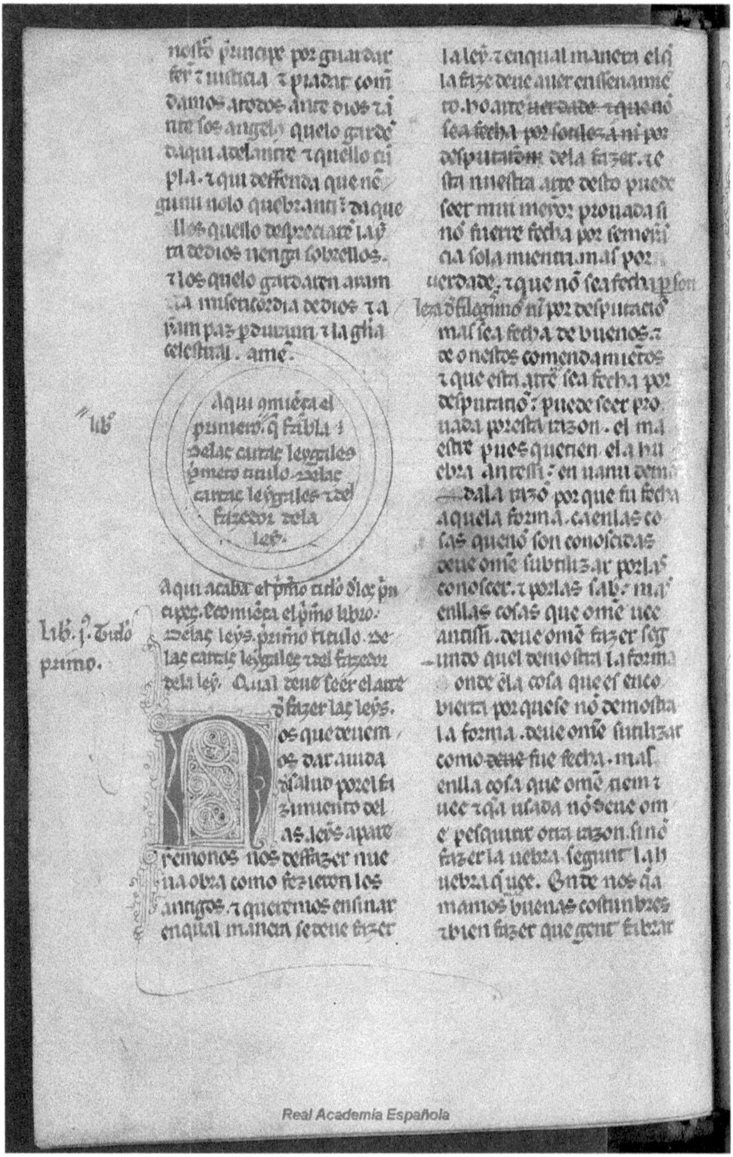

Ms. RAE 293, f. 19v (Biblioteca Digital de la Comunidad de Madrid)

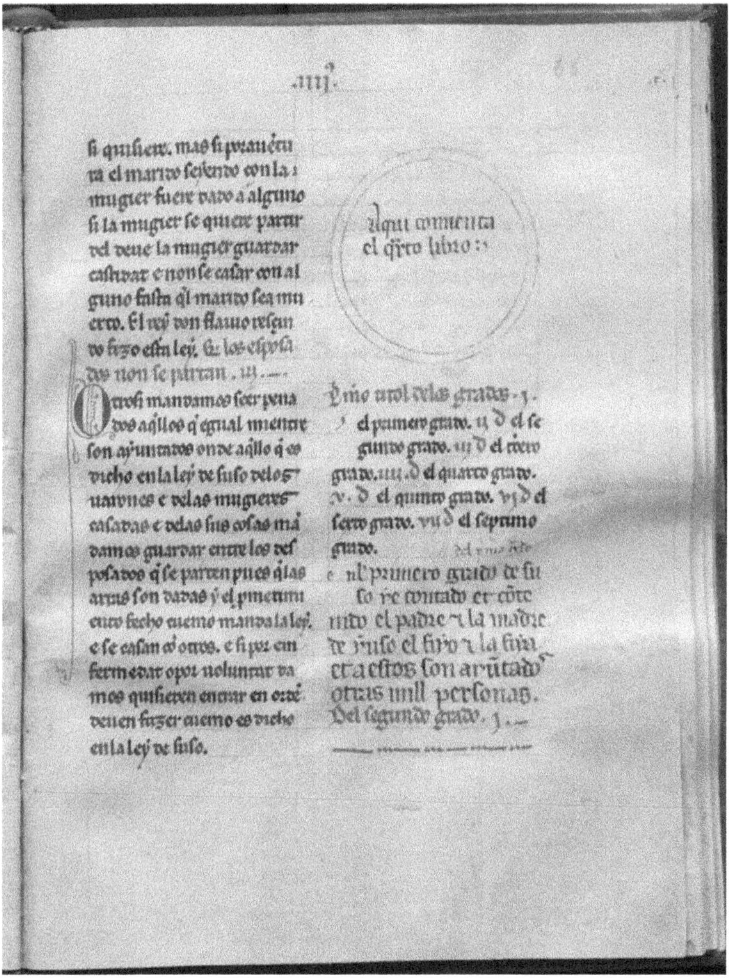

Ms. M-III-5, f. 68r. Patrimonio Nacional. Real Biblioteca de El Escorial

Carmen del Camino Martínez

*Universidad de Sevilla**

LOS CÓDICES DEL *FUERO JUZGO* Y SU MATERIALIDAD: ENTRE TRADICIÓN E INNOVACIÓN

RESUMEN: Aproximación a las características materiales y formales que presentan los códices medievales conservados del *Fuero Juzgo*, con especial atención, por una parte, a aquellos componentes que derivan de la tradición latina del *Liber iudiciorum*, y, por otra, a los que reflejan los cambios que tienen lugar en la confección del libro a partir del siglo XIII y que ayudarían a datar aquellos más tempranos.

PALABRAS CLAVE: *Fuero Juzgo*, códices medievales, paleografía, codicología.

ABSTRACT: The Manuscripts of the Fuero Juzgo and their materiality: between tradition and innovation.

Approach to the material and formal characteristics presented by the medieval codices preserved from the *Fuero Juzgo*, focusing, on the one hand, on those components that derive from the Latin tradition of the *Liber iudiciorum*, and, on the other hand, on those that reflect the changes that took place in the preparation of the book from the thirteenth century onwards and that would help to date the earliest ones.

KEYWORDS: *Fuero Juzgo*, medieval manuscripts, palaeography, codicology.

Manuel C. Díaz y Díaz dedicó especial atención al análisis codicológico y paleográfico de los códices portadores del texto de la *Lex Visigothorum*[1], desde el

* La presente investigación se ha realizado en el marco del Proyecto de Investigación Científica "Los manuscritos toledanos del *Liber iudicum* y del *Fuero juzgo*: edición paleográfica y estudio interdisciplinar" (SBPLY/19/18501/000129), Junta de Comunidades de Castilla-La Mancha, Fondos-Feder, así como de los Proyectos I+D HAR2017-85025P y PGC2018-093495-B-I00, financiados por el Ministerio de Economía y Competitividad, y del Grupo del Plan Andaluz de Investigación HUM131. Presentamos una primera aproximación al tema, bajo el título "De la *Lex Visigothorum* al *Fuero juzgo*: aspectos materiales, formales y gráficos", en el *XXe Colloque international de paléographie latine, Scribes and the presentation of texts* (Beinecke Rare Book and Manuscript Library, Yale University, New Haven, 6-8 septiembre 2017).

1 Manuel C. Díaz y Díaz, "La *Lex Visigothorum* y sus manuscritos. Un ensayo de reinterpretación", *Anuario de Historia del Derecho,* 46 (1976), pp. 163-224.

ejemplar más antiguo conservado, del siglo VII, a las copias eruditas de la Edad Moderna, convencido de la posibilidad de descubrir relaciones entre determinadas categorías de textos y su elaboración y presentación formal. Se trataba de los veintitrés manuscritos conocidos por Zeumer y utilizados para su edición de la *Lex* en los *Monumenta Germaniae Historica*, más, con el número veinticuatro, el manuscrito preparatorio de la edición de Covarrubias y otros diez desconocidos por el editor alemán, hasta un total de treinta y cuatro manuscritos, completos o fragmentarios. De este modo, consiguió poner de relieve el papel de los modelos en la transmisión y consiguiente pervivencia de determinadas características materiales y formales de los manuscritos que la contenían y que podrían remontarse a la propia época visigoda. La comparación de los caracteres externos, en especial aquellos relacionados con la presentación del texto, de los códices y fragmentos conservados con el único ejemplar existente atribuible a época visigoda[2] y con lo establecido en una conocida *lex* ervigiana[3], le llevó a distinguir entre aquellos que habrían seguido en su confección material las directrices de un patrón oficial y otros que, provenientes de centros o escritorios privados, se habrían alejado del mismo en diverso grado.

En efecto, Díaz parte de la hipótesis de que, en la referida *lex*, al fijarse el precio máximo de venta de este código jurídico, se hace referencia a un modelo establecido en cuanto a contenido y forma, es decir, en cuanto a sus caracteres internos y externos[4]. Y es a estos últimos a los que dedica el tercer apartado de su estudio[5]. En este sentido, estos códices de contenido jurídico no harían más que seguir una tendencia general en la Alta Edad Media a mantener "unos rasgos externos peculiares para cada género de manuscritos", en la que se debería profundizar[6]. No obstante, Díaz, siempre precavido, pone en guardia al lector,

2 BAV Reg.lat.1024, cuya reproducción digital íntegra puede verse en <https://digi.vatlib.it/view/MSS_Reg.lat.1024>.

3 Se trataría de la ley 5, 4, 22 que recoge Manuel C. Díaz y Díaz, "La *Lex Visigothorum*...", pp. 202-203, nota 101.

4 "... *Hunc codicem ad instar huius operis interioris exteriorisque editum*...", *Ibidem*, pp. 202-203. Sobre el alcance de esta frase y su posible aplicación sólo al códice *albeldense* en el que figura, Yolanda García López, *Estudios críticos y literarios de la "Lex Wisigothorum"* (Alcalá de Henares: Universidad de Alcalá, 1996), p. 36.

5 "III. Rasgos externos atribuibles a los modelos", Manuel C. Díaz y Díaz, "La *Lex Visigothorum*...", pp. 202-209.

6 En cierto modo, así lo hicieron después propuestas como las plasmadas en *Mise en page, mise en texte du livre manuscrit*, Henri-Jean Martin y Jean Vezin, eds. (Paris: Éditions du Cercle de la Librairie, 1990) donde se analiza la disposición y presentación de los textos en función de las distintas tipologías textuales.

ya que esta frase de la *lex* ervigiana no la recoge la edición de Zeumer y sí la de la Real Academia Española de 1815, extrayéndola de una serie de manuscritos "que no figuran entre los que podemos tener por más antiguos, mejor dicho, por descender de modelos más antiguos"[7].

Opina Díaz, basándose en el análisis codicológico de estos manuscritos, que podrían reconstruirse las características de los mismos al final de la época visigoda y que "las exigencias reales respecto al aspecto exterior [...] se siguieron exactamente en los primeros tiempos, aunque luego la relajación normal invadió la técnica de copia hasta identificarla más o menos con los libros ordinarios"[8]. Aunque aquí cabe preguntarse si no podría coincidir, y hasta qué punto lo hace, la norma regia, en algunos de sus aspectos, con las características de otros libros ordinarios de diverso contenido. No obstante, desde el primer momento Díaz observa que ya en los manuscritos más antiguos, existe una "diferencia de tratamiento" que atribuye a una posible "diversidad de producción: cuando los códices eran preparados para venta o distribución se ajustaban a las normas establecidas; cuando se preparaban para uso privado y sin salir de un centro industrial, por decirlo así, podían asimilarse a los códices normales"[9]. Vuelve más adelante sobre la posible existencia de "talleres especializados en la copia de códices jurídicos"[10].

¿Cuáles serían entonces estas características fijadas en época temprana y que Díaz cree poder distinguir?

En primer lugar, *la guarda*, es decir, dejar en blanco el folio 1r, que funcionaría como guarda y protección del texto que comenzaría en el 1v[11]. En segundo lugar, *la capitulatio*[12], que ocuparía el f. 1v y sucesivos y que incluiría "los epígrafes de libros y los títulos", apareciendo los primeros dentro de ruedas

7 Díaz y Díaz, "La *Lex Visigothorum*...", p. 209.

8 Díaz y Díaz, "La *Lex Visigothorum*...", pp. 202-203.

9 Díaz y Díaz, "La *Lex Visigothorum*...", p. 203.

10 Díaz y Díaz, "La *Lex Visigothorum*...", p. 213 y nota 116.

11 *Ibidem*, p. 203. Elemento que no tendremos aquí en cuenta, ya que estaba generalizado en todo tipo de libros y mudará en todos ellos con el tiempo, cuando empiece a predominar el inicio de los textos en el recto del primer folio. No obstante, señalamos que aún pervive esta práctica tradicional en algunos códices del *Fuero juzgo* como RAE 54 y RBME M-III-5. Los códices de la Biblioteca de la Real Academia Española están disponibles a través de la Biblioteca Digital de la Comunidad de Madrid, <https://bibliotecavirtualmadrid.comunidad.madrid/> y los de la Real Biblioteca del Monasterio de San Lorenzo del Escorial se encuentran en <https://rbme.patrimonionacional.es/>

12 *Ibidem*, pp. 203-204.

o círculos concéntricos rellenos de color y con dibujos geométricos. Estas ruedas tendrían además una disposición especial, unas tres, máximo cuatro, por página y siempre a la izquierda de la misma y el espacio restante lo ocuparían los títulos. Apunta la posibilidad de que estos últimos en los modelos originarios se trazaran en capitales. En tercer lugar, la presencia del *libro I*, que, según Díaz, debió ocupar los folios 3v-4 del primer cuaderno con la *capitulatio*, probablemente un binión[13]. Tiene Díaz asimismo en cuenta la presencia de círculos o ruedas para introducir el inicio de cada libro, haciendo referencia al lugar que ocupan en la página y a su tamaño. Los títulos al menos "irían rubricados o alternando, quizás, el color rojo con el verde que son los dos más usados para estos fines"[14]. A continuación, la *presentación del texto* que, "en todos los manuscritos antiguos o que dependen inmediatamente de un modelo antiguo", sería a línea tirada, oscilando el número de líneas rectrices trazadas entre 26 y 30. La medida de estas líneas iría entre las 30/35 letras por cada una[15]. Sólo se altera esta disposición en los casos de los manuscritos que incorporan más de un texto. E igualmente la aparición de la advertencia *Antiqua*, para señalar las leyes anteriores a Recaredo, encuadrada en el texto.

A esta hipótesis de Díaz se le han hecho matizaciones, entre las que destacan las realizadas a partir de una tesis doctoral dirigida por él mismo. En ella, se admite lo atractivo de la hipótesis y la imposibilidad de demostrarla, aunque resultaría verosímil en ciertos aspectos[16]. Pero, sobre todo, se subraya algo que él había puesto de relieve: la importancia que adquieren los manuscritos portadores de los textos, en especial la posibilidad de conocer su origen o procedencia, la "geografía de los manuscritos", para comprender mejor las relaciones textuales, y el "significado de las formas" para poder establecer comparaciones formales que ayuden a reconstruir posibles vinculaciones que apoyen lo que indican los textos[17].

---

13 *Ibidem*, pp. 204-206. No entramos aquí en las disquisiciones de Díaz acerca de la tardía incorporación de la *capitulatio* y el *libro I* y los desajustes observables en ciertos códices.

14 *Ibidem*, p. 207.

15 *Ibidem*.

16 Así, Yolanda García López, *Estudios críticos y literarios…*, p. 36 nota 1, hace referencia a "las atractivas pero no tan seguras conclusiones de Diaz", mientras en pp. 36-37 trata sobre las pautas comunes de formato de códices antiguos y recientes que justifican la reconstrucción de Díaz.

17 Yolanda García López, *Estudios críticos y literarios…*, p. 19, resalta la importancia de las formas en la recepción de un texto y la existencia de formatos en la Alta Edad Media para cada tipo de texto, de ahí el interés de tener en cuenta también los caracteres externos de los arquetipos.

Es este último enfoque el que hemos adoptado y son estas relaciones o vinculaciones formales las que pretendemos observar aquí en los códices que contienen el *Fuero juzgo* para ayudar a establecer, junto a tradicionales o actuales filiaciones textuales, posibles filiaciones materiales o formales[18].

Pero el también llamado *Liber iudicum*, *Liber iudiciorum* o *Forum iudicum* fue traducido a partir del siglo XIII al romance pasando a ser conocido como *Fuero juzgo*[19]. No abordaremos en este lugar la problemática relativa a la posible fecha de traducción al castellano, atribuida generalmente al reinado de Fernando III con motivo de la concesión a la ciudad de Córdoba, recién conquistada al dominio musulmán, del FJ como norma local, y la posible

18 En este sentido, la reciente tesina de licenciatura de Charles Mabille, *La tecnología al servicio de la collatio codicum: el caso del Fuero juzgo, Mémoire de Maîtrise universitaire ès lettres en Espagnol, sous la direction de la Professeure Mónica Castillo Lluch*, (Université de Lausanne, Faculté des Lettres, 2022; <https://serval.unil.ch/resource/serval:BIB_S_33415.P001/REF.pdf>) ya ha demostrado las vinculaciones textuales entre tres manuscritos (Oxford, Bodleian Library, Holkham, misc. 46, BCTO 43-9 y RBME d-III-18) cuya estrecha relación ya habíamos detectado por otras vías. Además de llevar el mismo peculiar colofón, en latín, en opinión de Romero Cambrón mal entendido, Ángeles Romero Cambrón, "El ms. Holkham misc. 46 de la Bodleian, testimonio del *Fuero Juzgo*: notas para su estudio y propuesta de edición parcial", *El Fuero Juzgo: historia y lengua*, José María García Martín, Ángeles Romero Cambrón, eds. (Madrid: Iberoamericana, Frankfurt: Vervuert, 2016), pp. 209-275 (222), idéntico en los dos primeros códices y con alguna variante en el tercero, lo que desde un primer momento delataba su estrecha vinculación o posibles dependencias, los tres sitúan en el mismo lugar, entre los libros 7 y 8, los mismos pasajes evangélicos, como puede verse en Carmen del Camino Martínez, Elena E. Rodríguez Díaz, "Notas sobre textos evangélicos en códices normativos", en este libro, pp. 149-162. Sobre otras similitudes entre, al menos, los dos primeros —ambos manuscritos con glosas e igual disposición de la página, aunque en el toledano no se terminó la decoración, dejando en blanco los espacios que debían albergar las iniciales— véase más adelante. Hemos intentado rastrear la presencia de este colofón entre los códices medievales conservados del *Liber iudiciorum*, sin éxito hasta ahora, pero su derivación de un ejemplar latino quedaría demostrada por su presencia en el manuscrito del siglo XVI que contiene la edición de Diego de Covarrubias, BNE 12909, f. 268v. Dejamos para un ulterior trabajo profundizar en este tema.

19 Sobre una versión catalana ya en el siglo XII, Mónica Castillo Lluch, "Las lenguas del *Fuero juzgo*: avatares históricos e historiográficos de las versiones romances de la Ley visigótica (I)", *e-Spania*, 13, <http://journals.openedition.org/e-spania/20994>.

derivación o dependencia de esta traducción respecto a una preexistente versión al dialecto leonés. Son aspectos ampliamente tratados por los filólogos a algunos de cuyos recientes estados de la cuestión remitimos[20]. Tampoco podemos detenernos ahora en las cuestiones jurídicas acerca de la implantación territorial, vigencia o alcance de este texto legal a lo largo de la Edad Media e incluso hasta la Edad Contemporánea[21]. Lo que nos proponemos es analizar en qué medida los manuscritos medievales de estas traducciones, además de reflejar los lógicos cambios relacionados con la evolución de la escritura o con los procesos de confección del códice, incluyendo la paulatina introducción del papel como soporte, aspectos en los que podrían coincidir con la evolución observable en los propios manuscritos tardíos del *Liber*, conservan ciertos elementos formales, relacionados sobre todo con la construcción de la página y la disposición del texto en la misma o la pervivencia de las rúbricas envueltas en ruedas, presentes en sus posibles modelos de la tradición latina, o, por el contrario, los modifican adaptándolos a las nuevas tendencias en la producción de códices.

Vamos a tener en cuenta, por tanto, en nuestro análisis fundamentalmente los códices medievales, aunque si es necesario haremos alguna incursión en copias posteriores. De los actualmente conocidos, casi todos incluidos en la base de datos Philobiblon, la mayoría de ellos en BETA, tres en BITAGAP, hemos contabilizado treinta y nueve manuscritos, o fragmentos, atribuibles

---

20 Véase, por ejemplo, Mónica Castillo Lluch, "Las fechas del *Fuero juzgo*: avatares históricos e historiográficos de la versión romance de la ley visigótica (II)", en *El español a través del tiempo: estudios ofrecidos a Rafael Cano Aguilar*, Araceli López Serena, Antonio Narbona Jiménez, Santiago del Rey Quesada, eds. (Sevilla: Universidad de Sevilla, 2016), vol. 1, pp. 49-70.

21 Para ello remitimos a los especialistas en historia del derecho citados en Mónica Castillo, Ricardo Pichel, "El Códice López Ferreiro del *Fuero juzgo*: revisión filológica y escriptológica y nueva edición", *Revue de Linguistique Romane*, n.º 313-314 (Janvier-Juin 2015), pp. 123-168. Y véanse las conclusiones, p. 147, para comprender por qué, además de a los filólogos, nos interesa establecer las relaciones observables a través de los caracteres externos de los códices, no solo entre asturleoneses y castellanos, sino entre los latinos y las diferentes versiones romances.

al periodo que nos interesa, de los que veintinueve conservados en bibliotecas españolas[22] y diez en centros extranjeros[23].

Si observamos sus características materiales y las ponemos en relación con ese supuesto patrón oficial idealmente reconstruido por Díaz veremos que muy pocos de ellos cumplen ya con el conjunto de los criterios por él establecidos, ni siquiera con la mayoría, o al menos con los que podríamos considerar principales o más llamativos desde el punto de vista formal. Nos centraremos en estos últimos, especialmente en el recurso a las ruedas para contener el epígrafe correspondiente a cada uno de los doce libros, en la *capitulatio* y/o al inicio de cada libro, y en la disposición del texto en la página, a línea tirada o a dos columnas.

Comenzamos con la presencia de círculos, ruedas o medallones, que envuelven los títulos de los libros tanto en la *capitulatio* como al comienzo de cada libro. Estos aparecen en el ejemplar más antiguo conservado, confeccionado todavía en época visigoda, el códice de la Biblioteca Apostólica Vaticana, Reg. lat 1024. Díaz hace referencia a aquellos manuscritos de la *Lex* que los presentan. Si nos centramos en los escritos en visigótica, se encuentran en todos, ya sea en disposición a línea tirada, como a dos columnas. Aparecen, por tanto,

22 Ocho en la Biblioteca del Real Monasterio de El Escorial (RBME d-III-18, M-II-18, M-III-5, P-II-17, Z-II-9, Z-III-6, Z-III-18, Z-III-21), seis en la Biblioteca Nacional (BNE MSS 244, 2978, 5774, 5814, 5975 y Vitr. 17/10) y otros tantos en la de la Real Academia Española (RAE cód. 49, 50, 51, 53, 54, 293), tres en la Biblioteca Capitular de Toledo (BCTO 15-37, 43-9, 43-10), uno en el Archivo Municipal de Murcia ser. 3, 53, en la Biblioteca de la Fundación Lázaro Galdiano de Madrid (Mss. R14423), en la Fundación March en Palma de Mallorca (20/5/4), y, por último, los tres fragmentos conservados, uno en el Museo do Pobo Galego, en Santiago de Compostela, y dos en el Archivo de la Real Chancillería de Valladolid (carp. 116,8 y 118,2).

23 Dos en la Bayerische Staatsbibliothek en Munich (BSB Hisp. 6, Hisp. 28), uno en la Bibliothèque Nationale de France en París (BNF esp. 256), en la Biblioteca Nacional de Portugal en Lisboa (BNP Ill. 111), en la Bodleian Library en Oxford (Holkham misc. 46), en la Kunglika Bibliothekek en Estocolmo (KB B693), en la Kongelige Bibliothek en Copenhague (KB GKS 1942), en el Arnamagnaean Institut en la Universidad de Copenhague (AI 806 4to), en la Hispanic Society of America en Nueva York (HSA B2567) y, por último, en la Library of Congress en Washington (Law Library Ms F8).

desde el datable más antiguo, BNF lat. 4667[24] de la primera mitad del siglo IX, o atribuidos a dicho siglo como BRAH 34[25], señalando Díaz que alterna esta presentación con cartelas rectangulares[26] que él relaciona con los códices de las *Etimologías* de Isidoro de Sevilla, señalando uno de ellos que también las utiliza[27]. Asimismo, se utilizaron en BNE 10064, atribuido al siglo X, a dos columnas, pero con varios folios al inicio a línea tirada y preparado como tal según Díaz, y en los datados en el siglo X. El códice Albeldense de 976 (RBME d-I-2) presenta ruedas en la *capitulatio*, aunque no en la disposición habitual descrita por Díaz, sino todas las ruedas en la misma página (f. 358v) y al inicio de cada libro, mientras en el Emilianense de 992 (RBME d-I-1), copiado directamente del anterior, la *capitulatio* está diseñada siguiendo el modelo del Albeldense pero no se llegó a introducir el texto correspondiente; por otra parte, el epígrafe del primer libro se inscribe en una cartela rectangular ornamentada, mientras a partir del segundo libro encontramos ruedas cuya decoración ha permanecido inacabada, salvo en el libro XII donde sí se han rellenado de color. También se encuentran en los manuscritos del siglo XI, como BNE Vitr. 14-5, copiado en 1058, al inicio de cada libro, porque para la *capitulatio* prefiere unas arcadas, situando el epígrafe de cada libro en el arco y la relación de títulos entre las columnas que los sostienen.

Este intento de asociar estos elementos decorativos, que combinan la doble función de organizar el texto y servir de ornamentación, con unos determinados contenidos textuales, demuestra que su uso, aunque puede ser preferente en estos códices jurídicos, no fue exclusivo de ellos. Y, aunque se atribuyan a

---

24 Anterior o coetáneo a la fecha que recoge una anotación, que sería el año 828 si reducimos lo expresado por la era hispánica, o el 827 según el año del reinado de Ludovico. Sobre esta aparente incongruencia, Jesús Alturo i Perucho, "El "*Liber iudicum*" manuscrito latino 4667 de la biblioteca nacional de Francia. Análisis paleográfico", *Historia. Instituciones. Documentos*, 30 (2003), pp. 9-54 (p. 13). Reproducción digital accesible en <https://gallica.bnf.fr>.

25 Manuel C. Díaz y Díaz, "La *Lex Visigothorum*...", pp. 192 y 193 recoge que la del libro 4 es circular y las de los libros 5, 6 y 7 "rectangulares, con adornos diversos en los ángulos que se repetirán luego mucho en códices riojanos". Los códices de la Biblioteca de la Real Academia de la Historia están disponibles a través de su Biblioteca Digital.

26 Manuel C. Díaz y Díaz, "La *Lex Visigothorum*...", p. 203, "menos frecuentemente y quizá por otros influjos, como puede ser de las *Etimologías* isidorianas o libros análogos, entre los que no son de excluir las colecciones canónicas, tan íntimamente relacionadas con la *Lex* en esta época, aparecen cartelas rectangulares adornadas."

27 Se refiere al códice emilianense BRAH 25.

una tradición hispana, tampoco parecen haber sido utilizados por primera vez en la Hispania visigoda. Con la misma función y carácter marcadamente ornamental, se encuentran en un lujoso códice purpúreo griego del siglo VI, que contiene los Evangelios de san Mateo y san Marcos[28]. Otros famosos manuscritos de contenido bíblico también los utilizan para contener los epígrafes que marcan el inicio o el fin de las distintas divisiones del texto. Uno de ellos es el ejemplar de la llamada Biblia de Teodulfo[29], datable entre 800-818, conservado en la Biblioteca Nacional de Francia. En la descripción que el catálogo hace de su contenido se subraya su derivación de las biblias hispanas, en especial para el Antiguo Testamento, y el recurso a los medallones para acoger los *explicit* e *incipit* que marcan las divisiones mayores del texto, recurso que también se considera español[30]. Por ello, no es de extrañar que también aparezcan estas ruedas en otra lujosa Biblia de origen peninsular, en escritura visigótica, la conocida como Biblia de Danila[31], donde los círculos alternan con cartelas cuadradas y rectangulares que parecen predominantes[32].

---

28 Rossano Calabro, Museo Diocesano e del Codex, *Codex Purpureus Rossanensis*. Para una reciente revisión de las hipótesis planteadas en torno a su confección, Marilena Maniaci, Pasquale Orsini, "Il *Codex Purpureus Rossanensis*: *status quaestionis* e problemi aperti", *Scrineum Rivista* 15 (2018), <http://dx.doi.org/10.13128/Scrineum-23918>. Agradecemos a la profesora Elena E. Rodríguez Díaz el habernos señalado su presencia en este códice.

29 París, BNF, lat. 9380, f. 46v o fol. 246v, digitalizado en <http://gallica.bnf.fr/>.

30 "Une table (nommée breviculus) explicite la structure en six parties (ordines) du volume et leur contenu, à l'exception des textes annexés. Cette division, proche de celle adoptée par Saint Jérôme et qui remonte au Canon Hébreu, est héritée directement des bibles espagnoles (cf. la préface tirée des Etymologies d'Isidore de Séville, f. 3r). Le découpage en sections est répercuté dans le texte au moyen de médaillons peints dans lesquels sont notés les incipits et explicits, suivant l'usage espagnol". Esta descripción, que acompaña a la digitalización, remite a la que realizó M. P. Lafitte en el catálogo de la exposición *Trésors carolingiens. Livres manuscrits de Charlemagne à Charles le Chauve*, (Paris: Bibliothèque nationale, 2007) [Notice n.° 38, M.-P. Laffitte]

31 Cava de'Tirreni, Biblioteca Statale del Monumento nazionale della Abbazia Benedettina della Ss. Trinità, Codices Cavenses, Cod. 1. Para un detallado análisis codicológico y paleográfico, independientemente de la validez de sus conclusiones, Paolo Cherubini, "La Bibbia di Danila: un monumento trionfale per Alfonso II di Asturie", *Scrittura e Civiltà*, 23 (1986), pp. 75-131.

32 También se usan círculos, junto a otras figuras ornamentales, para envolver las signaturas de cuaderno.

Otros códices visigóticos que las llevan son de diverso contenido, así las *Etimologías*, copiadas en el año 946 por Jimeno[33] en el monasterio de San Millán de la Cogolla, donde se emplean de forma similar a los manuscritos del *Fuero juzgo*, es decir, en la *capitulatio* de los primeros folios para inscribir en ellos el título de cada libro, por lo que aparecen varias ruedas por página, y, más adelante, en el lugar correspondiente al inicio de algunos de los libros (f. 121r, libro VIIII) o al comienzo de la segunda parte de las Etimologías, donde no sólo se copia el título del primer libro de la misma, que sería el duodécimo de toda la obra, sino que el copista aprovecha el círculo exterior de la rueda para dejar constancia de su nombre y status: *Aeximino archipresbiter scribsit ob honorem sancti Aemiliani*; en otros casos, como en el comienzo del libro XXI se recurre a una cartela rectangular (f. 287v). Otros ejemplares de las Etimologías donde las encontramos son el custodiado en la RBME P-I-7, atribuido al reinado de Alfonso III, aunque solo en la relación inicial de todos los libros que componen la obra, que van enmarcados por círculos y otras figuras, y el también perteneciente a la BRAH *Caradignensis* 76, copiado en Cardeña el año 954 por Endura y Didaco.

Por otra parte, parece lógica su aparición en otros manuscritos de contenido legal, como los códices conciliares, BNE 10041, terminado por Iulianus en 1034, donde se emplean para contener los títulos de los libros en los *Excerpta canonum*[34], y en el conservado en la catedral de Toledo, suscrito por otro Julianus en Alcalá de Henares en 1095[35].

Esta presencia de las ruedas también se extiende a la época que nos interesa, cuando el FJ ya se ha traducido al romance, y es un elemento que se ha destacado en algunas de las descripciones codicológicas de los mismos. Así, Romero Cambrón, en su trabajo sobre el códice Oxoniense, afirmaba que, de veintiocho manuscritos considerados por ella, diez las llevaban y dieciocho no. Por nuestra parte, las hemos localizado en diecisiete de treinta y seis manuscritos revisados[36], aunque en algunos casos parece que se añadieron

33 BRAH 25.

34 En la referente al libro segundo, f. 13v, al ser el título del libro muy largo no se aprovecha solo el interior de la rueda, sino que se escribe también en el primer círculo en el sentido de las agujas del reloj. Los códices citados de la Biblioteca Nacional son accesibles en la Biblioteca Digital Hispánica, <http://bdh-rd.bne.es/>.

35 Biblioteca Capitular de Toledo, 15-17.

36 A los treinta y cuatro que mencionamos en Carmen del Camino Martínez, "En torno al Libro de Nuño González y algunos manuscritos toledanos del *Fuero Juzgo*", *Libro homenaje al profesor don Ángel Riesco Terrero*, Juan Carlos Galende Díaz (dir.) y Nicolás Ávila Seoane (coord.) (Madrid: ANABAD Federación y Universidad Complutense

después[37], mientras en otros no llegaron a realizarse, pero la disposición de los epígrafes, en el centro del hueco dejado en blanco y formando las palabras que lo componen líneas irregulares, evidencia que estaban previstas desde el principio. Asimismo, pensamos que se calculó su inclusión en otros, donde ha quedado en blanco hasta hoy el espacio para epígrafes y ruedas, por ejemplo, en BCTO 43-9, íntimamente relacionado con Holkham misc. 46[38] no sólo desde el punto de vista textual, sino también formal, como hemos señalado[39]. Algo similar sucede con BCTO 15-37, donde el espacio dejado en blanco se ocupó, con los títulos de los libros o solo con la indicación del ordinal correspondiente, en un momento más tardío, quizás cuando se añadieron los folios 94–95. Sin iluminación contemporánea y sin añadidos posteriores, pero con espacios adaptados probablemente para estos epígrafes con ruedas, consideramos a RBME Z-III-18 y el ejemplar de Washington.

En esta etapa bajomedieval también encontramos las ruedas tanto en códices jurídicos como de otros contenidos, si bien es cierto que relacionados con las obras surgidas de la empresa historiográfica y legislativa alfonsí[40], ya se trate de códices salidos con certeza de su *scriptorium* o atribuidos a él, ya de copias tardías que mantienen aquellos modelos. Entre los de contenido histórico, aparecen en los ejemplares de la *General Estoria*[41] y la *Estoria de*

de Madrid, 2021), pp. 65-74 (p. 68 nota 17), añadimos ahora el códice conservado en Copenhague, Arnamagnaean Institut 806 4to y el de Palma de Mallorca, en la Fundación March. En ninguno de los dos casos se utilizan ruedas. Agradecemos a la profesora Mónica Castillo Lluch la comunicación de este dato respecto a este último códice. De los treinta y nueve considerados quedan excluidos, lógicamente, los tres fragmentos, el de López Ferreiro y los dos del Archivo de la Real Chancillería de Valladolid.

37 Como en RBME Z-III-6 y Z-III-21. En este último las ruedas se hicieron después por la mano que intervino en muchos lugares añadiendo rúbricas, notas e iniciales muy toscas. En cambio, en Copenhague KB GKS 1942 tanto los epígrafes, realizados por una mano distinta a la del texto, como las ruedas, parecen añadidos posteriores, al menos en la *capitulatio*.

38 Donde sí se realizaron y se colorearon los círculos con especial cuidado.

39 Véase supra nota 18.

40 Lo considera "una constante de los códices realizados para Alfonso X, como la *General Estoria*" (BAV, Urb. Lat. 539, fol. 1r) o la *Estoria de España* (RBME, Y-I-2, f. 8r), Rosa M.ª Rodríguez Porto, *Thesaurum. La Crónica Troyana de Alfonso XI (Escorial, h.I.6) y los libros iluminados de la monarquía castellana (1284-1369)* (tesis doctoral. Universidad de Santiago de Compostela, 2012), p. 174, nota 3.

41 BAV, Urb. Lat. 539, digitalizado en <https://digi.vatlib.it/view/MSS_Urb.lat.539>. Las ruedas presentan una nueva estructura al enmarcarse en un cuadrado.

España[42] procedentes del *scriptorium* alfonsí. A ellos habría que sumar al menos otros tres ejemplares de la General Estoria, todos en la Biblioteca Nacional en Madrid, uno de ellos atribuido al escritorio real y, por tanto, a la segunda mitad del siglo XIII[43], el segundo al siglo XIV[44] y el último al siglo XV[45]. Entre los códices de contenido legal las hallamos en el ejemplar de la Primera Partida conservado en Londres[46] o en algunos ejemplares del Fuero Real de la Biblioteca Nacional[47]. También el ejemplar del Fuero Real otorgado por Alfonso X a Sahagún[48], de la Biblioteca de la UCM, BH MSS 345, presenta

---

42 RBME, Y-I-2. De este último, hacemos notar la similitud formal de la rueda enmarcada en un cuadrado, con decoración de filigranas, con la que aparece en el ejemplar del FJ custodiado en la biblioteca Lázaro Galdiano de Madrid —excepción hecha de las efigies de los monarcas que no figuran en el escurialense—, <http://www.bibliotecalazarogaldiano.es/mss>, que Rodríguez Porto, *Thesaurum*, p. 184, considera del reinado de Alfonso XI, y, como veremos, en otros manuscritos de la *General estoria*.

43 BNE, Mss. 816. Vid. *Inventario general de manuscritos de la Biblioteca Nacional*, t. II, p. 417. Corresponde a la primera parte desde el inicio, pero está incompleto. En el inventario se señala que contiene "epígrafes en rojo, algunos encerrados en dibujos lineales circulares por dentro y cuadrangulares por fuera", todos ellos con decoración de filigranas.

44 BNE, Mss. 10237, contiene la segunda parte, incompleta, de la *General Estoria* y tiene la misma estructura en la presentación del epígrafe inicial, f. 2r, dentro de círculos insertos en un cuadrado con decoración de filigrana. En este códice solo aparece una vez.

45 BNE, Mss. 10236, que contiene la segunda mitad de la primera parte, y recoge los títulos de los libros envueltos por simples círculos, sin más componente decorativo que el color de los mismos.

46 British Library, Add. 20787, imágenes digitales en <http://www.bibliotecalazarogaldiano.es/mss/>.

47 BNE, Mss. 10166, donde aparecen en el encabezamiento de los libros segundo, tercero y cuarto, y BNE, Mss. 7798 encabezando cada una de las páginas del índice inicial, ff. 1v, 2r y 2v (Libro primero, libro segundo, libro tercero), pero luego no se reproducen en el lugar correspondiente del texto, donde sólo se recurre a iniciales afiligranadas de mayor tamaño. También en BNE, Mss. 17809, M.ª Luz Alonso Martín, "Nuevos datos sobre el Fuero o Libro castellano: Notas para su estudio", *Anuario de Historia del Derecho Español,* LIII (1983), pp. 423-445 (425).

48 Hasta hace poco catalogado como Fuero de Sahagún, Mónica Castillo Lluch, "Fuero parece, Real lo es: BH MSS 345 de la Biblioteca Histórica Marqués de Valdecilla", *post* de PhiloBiblon 2023 n. 2 (marzo), <https://update.lib.berkeley.edu/2023/03/18/fuero-parece-real-lo-es-bh-mss-345-de-la-biblioteca-historica-marques-de>.

los títulos de cada libro rodeados por tres círculos en la *capitulatio* inicial, pero no así en el inicio de cada libro, donde se ejecutaron capitulares taraceadas y afiligranadas.

Ahora bien, este elemento de la *ordinatio*, que adquiere en algunos casos un mayor relieve decorativo, va siendo sustituido paulatinamente por otros con los que puede o no convivir. Así, ya en determinados códices latinos las ruedas son eliminadas en la *capitulatio* y en el encabezamiento de cada libro, sustituidas por letras capitales decoradas con distintas figuras geométricas, acompañadas en ocasiones de algún elemento vegetal o animal, como en BCTO 43-7, sin relación con el texto. Esquemas decorativos que encontramos también en códices del FJ. Así, aparecen capitales ornamentadas en RAE 51, BCTO 15-37 o 43-10. Pero relativamente pronto, en la tradición romance, se incorporan elementos figurados que guardan mayor o menor vinculación con el contenido. Este sería el caso de las iniciales suplidas por representaciones de monarcas acompañados de obispos que encontramos en BP Ill. 111 y RAE 53[49]. Otro caso, más tardío, es el del manuscrito de la Biblioteca Lázaro Galdiano, donde el interior de las ruedas, enmarcadas en un cuadrado, a comienzo de cada libro, alberga la figura de un monarca acompañado de la leyenda con su nombre, mientras el epígrafe *Liber* y el ordinal correspondiente a cada libro se desplaza a las esquinas superiores, derecha e izquierda, del marco cuadrado[50]. En otros códices

49 Al tratar sobre el códice legionense del *Liber iudiciorum*, BNE Vitr. 14-5, en referencia al cuaderno que contiene una recopilación de cánones, Yolanda García López, *Estudios críticos*, pp, 182-183, afirma: "Dando, por ejemplo, unidad a las dos secciones jurídicas del ms., el *Liber* y el Canon, late en el legionense la idea de que reyes y obispos son autores conjuntamente de los dos cuerpos legislativos". Y más adelante: "En las fuentes documentales leonesas hay de hecho afirmaciones rotundas —como en Cataluña— de que el *Liber* fue también escrito por los obispos visigodos".

50 Dedica un amplio apartado a las ilustraciones de los manuscritos del *Fuero juzgo*, con especial incidencia en BNE, Vitr. 17-10, pero prestando también atención al códice de Murcia, al de Estocolmo, al de Lisboa y al de la Fundación Lázaro Galdiano, y recordando al que poseyó el marqués de Montealegre, hoy desaparecido, que habría llevado también imágenes de los reyes visigodos, Rosa M.ª Rodríguez Porto, *Thesaurum*, pp. 182 y ss. No había visto entonces los ejemplares de la RAE, pero los ha estudiado luego y presentado sus resultados: "Ilustrar el *Fuero juzgo*: tradición e innovación", Workshop, *Los manuscritos del Fuero juzgo: abordaje interdisciplinar*, Universidad de Lausana, 10 y 11 de noviembre de 2022. Y últimamente, sobre los ejemplares conservados en Copenhague, "*Fuero juzgo* and the Spanish manuscripts of the Arnamagnæan collection", Workshop, *"Memoria delos libros que son" Spanish*

estas capitales encierran escenas relacionadas con lo tratado en cada uno de los libros, cuyo inicio encabezan. Buenos ejemplos de ello son las que se encuentran, con distinto tratamiento, en RAE 49[51] y en el manuscrito de la Fundación March[52].

Otro grupo de manuscritos presentan estas escenas de manera independiente, sin formar parte de ninguna letra, aunque su disposición con respecto al texto varía; en un caso se sitúan sobre una de las columnas (RAE 293); en otros se extienden sobre las dos columnas (RAE 54[53], Murcia). Por último, algunos de ellos albergan ilustraciones a toda página, como las dos miniaturas que anteceden al texto de BNE Vitr. 17-10 con el matrimonio de Adán y Eva en el paraíso y el árbol de Jessé[54] o el árbol de consanguinidad[55] de los códices de Estocolmo (f. 69v), Lázaro Galdiano (f. 51r), RAE 54 (f. 85r)[56] y BCTO 43-10 (f. 37r), en

---

Manuscripts at the Arnamagnæan Collection. University of Copenhagen, 14 and 15 June 2023.

51 A ellas se suman la figura del rey, al inicio de la obra, o, en el título primero del libro primero, dedicado al *fazedor* de la ley, el escriba en plena labor, o la del rey con sus súbditos, que deben someterse a la justicia, y así sucesivamente, al inicio de cada libro. Destaca la calidad de las miniaturas y su riqueza, por el recurso al oro.

52 Más modesta la ilustración en este, con figuras en blanco, salvo la del rey, cuya vestimenta incluye algún toque de color, sobre fondo rojo y el resto de la inicial coloreada en verde, rojo y azul. Agradecemos estas noticias a Mónica Castillo Lluch, que ha podido consultar directamente el manuscrito.

53 Tanto las correspondientes a una primera iluminación, como a la añadida posteriormente, a veces superpuesta a la primigenia. En algún caso, como en f. 65v, al inicio del libro tercero, parece que se han dispuesto como dos escenas independientes, una sobre cada columna.

54 En este caso concebido como árbol de consanguinidad, Rosa M.ª Rodríguez Porto, "Otros reyes de la su casa onde él venía: metáforas, diagramas y figuras en la historiografía castellana (1282-1332)", *Revista de poética medieval*, 27 (2013), pp. 197-232, y *Thesaurum*, t. II, pp. 173-213.

55 Sobre su presencia en este manuscrito y como elemento de continuidad entre la tradición latina y la romance, Rosa M.ª Rodríguez Porto, "Otros reyes de la su casa", pp. 198-199 y en *Thesaurum*, t. II, p. 191. Sobre sus antecedentes y el paralelismo con los árboles de consanguinidad de las Etimologías, *Thesaurum*, t. II, p. 192 y "Otros reyes de la su casa", pp. 210-211.

56 No pudo incluirlo en su tesis Rosa M.ª Rodríguez Porto —tampoco menciona el toledano— pero es de resaltar que la representación del *arbor consanguinitatis* del códice de la Fundación Lázaro Galdiano coincide notablemente con la que figura en RAE 54. La diferencia radica en el texto que acompaña a la ilustración, ya que, tanto en RAE 54 como en Estocolmo (que reproduce el mismo esquema, pero sin la figura

estos tres últimos representados como una figura humana, un varón[57], que, con sus brazos abiertos abarca la estructura donde se encierran los círculos con los grados de parentesco, que, en el caso del toledano, han quedado vacíos, a falta de añadir el texto; en este códice se representa también una escena del rey Sisnando entregando el FJ a los obispos (f. 37v), como se lee en el libro que sostiene uno de ellos entre sus manos: *Libro judgo de Toledo que dio el rey don Sysnando a estos setaenta e seys obispos*, escena que también ilustra el ejemplar de RAE 54 (f. 10v).

En cuanto a los antecedentes en la ornamentación del *Liber iudiciorum*, ya hemos hablado de las ruedas en los códices latinos, entre los que también hemos citado algunos que presentan sólo iniciales decoradas. En cambio, iniciales historiadas del estilo de las que presenta RAE 49, se hallan en el *Liber* londinense BL Add. 49365[58].

Como hemos señalado, estos nuevos componentes en la decoración del códice no suponen siempre la desaparición de las ruedas, sino que estas conviven con iniciales[59] afiligranadas en RBME P-II-7 y Holkham misc. 46, con iniciales historiadas en RAE 49 y March; con las escenas de diversa extensión: sobre una de las columnas (RAE 293), o sobre las dos columnas (RAE 54). Todo ello responde, lógicamente, a la necesidad de establecer una clara organización jerárquica a la hora de distinguir las divisiones del texto[60].

---

humana) sobre el brazo derecho se escribe: "Esta ala siniestra es del parentesco del padre ..." y sobre el izquierdo: "Esta ala diestra es del parentesco de la madre...", y al pie del árbol, a cada lado de las piernas, se indica: "Este es el séptimo grado o pueden casar". En cambio, en el de Lázaro Galdiano, sobre el brazo derecho se lee: "[E]sta es el ala diestra..." y sobre el izquierdo""[E]sta es el ala siniestra...", mientras que junto a las respectivas piernas se escribe: "[E]ste es el quinto grado o pueden casar". También es diferente la manera de ocupar el espacio entre los círculos, con cabecitas en el caso de RAE 54 y con figuras geométricas en el otro. También han variado los colores de la vestimenta, verde y rosa en el primero y azul y rosa en el segundo.

57 En el códice Lázaro Galdiano se identifica con el "Padre Abraam", según la leyenda que flanquea su cabeza. Sobre la aparición y evolución de estas representaciones iconográficas, véase Javier Martínez de Aguirre, "En torno a la iconografía de la familia en el occidente medieval", *La familia en la Edad Media: XI Semana de Estudios Medievales*, José Ignacio de la Iglesia Duarte, ed. (Logroño: Instituto de Estudios Riojanos, 2001), pp. 403-454.

58 Imágenes digitales en < https://blogs.bl.uk/digitisedmanuscripts/2014/01/welcome-to-the-catalogue-of-illuminated-manuscripts.html />.

59 También sucede en los latinos, por ejemplo, las ruedas más las iniciales con entrelazos en BNE Vitr. 14-5.

60 Resalta la importancia de la *ordinatio* en los códices de contenido legal y su adecuada plasmación en el de Oxford Ángeles Romero Cambrón, "El ms. Holkham misc. 46...", pp. 217-219.

Por último, recordamos aquellos códices cuya iluminación quedó sin realizar (BCTO 43–9, Washington) o sin terminar, como BNE 5975, donde no se dibujaron las ruedas, pero sí las iniciales secundarias, mientras en RAE 50 sí se hicieron las ruedas, pero ha quedado el blanco para escenas que irían en la columna correspondiente sobre el inicio del primer título de cada libro, o el caso de Holkham misc. 46, donde se realizaron las ruedas y las iniciales secundarias, pero no la capitular que destacaría el comienzo de cada libro[61].

No entramos en otras consideraciones relativas a la calidad, el estilo o la datación de la iluminación de estos códices. Son los historiadores del arte los que deben contribuir no solo a describir, comparar e interpretar estos programas iconográficos, sino a extraer conclusiones que completen las observaciones de filólogos, paleógrafos, codicólogos, e historiadores del derecho, orientadas a precisar dataciones e interrelaciones entre los mismos[62].

Las ruedas son quizás, como hemos visto, uno de los elementos más llamativos tanto de la tradición manuscrita del *Liber iudiciorum* como de *Fuero juzgo.* Pero no son las ruedas los únicos elementos que perviven entre los que parece que constituyeron los primeros modelos formales de las *Leges.* También la disposición a línea tirada se mantiene en la tradición medieval, tanto en los manuscritos latinos como romances. Convive con la disposición a dos columnas, que Díaz asociaba en la tradición latina a copias privadas, como en el caso de los manuscritos Albeldense y Emilianense, donde el texto *del Liber iudiciorum* iba acompañado de otros textos, entre ellos las colecciones conciliares, recogiéndose así el derecho canónico y el civil.

Nos hemos preguntado cuántos de los manuscritos del FJ mantienen la disposición a línea tirada y si coincide esta disposición primigenia con la pervivencia del empleo de las ruedas. Según Díaz y Díaz, sólo se alteraría esta disposición en los casos de los manuscritos que incorporan más de un texto, por lo que hemos

61 Ángeles Romero Cambrón, "El ms. Holkham misc. 46…", p. 212.

62 En este sentido, son aprovechables las referencias a Panofsky y, en especial, Weitzmann sobre *stemmae* iconográficos y a "'la existencia de fenómenos intertextuales e intervisuales, la impronta dejada por inercias de taller y la copia recurrente de ciertos modelos prestigiosos o el marco que imponen las convenciones genéricas", por parte de Rosa M.ª Rodríguez Porto, "El territorio del códice: presencias, resistencias e incertidumbres", *Revista de poética medieval*, 20 (2008), pp. 127-162 (p. 132-133). Útil a este propósito es igualmente la referencia a Hugo Buchthal quien "trazaba una panorámica de la transmisión manuscrita diferenciando familias iconográficas, individualizando arquetipos perdidos e insistiendo en la pervivencia de motivos y esquemas compositivos", *ibidem*, p. 140.

intentado comprobar si sucede también así en los códices del FJ. Y, en efecto, aunque, entre los manuscritos conservados con el texto distribuido en dos columnas, los hay tanto concebidos para contener tan sólo el FJ como para albergar más textos de contenido legal, los pocos que conservan la presentación a línea tirada contienen exclusivamente el FJ.

Sólo cinco de los manuscritos medievales estudiados mantienen la disposición a línea tirada[63]. Pero, en cambio, no todos ellos utilizan las ruedas. Tan sólo las encontramos en RBME Z-III-6[64] y pensamos que estaban previstas en BCTO 15-37 por la disposición actual de los epígrafes de cada libro, similar a la que caracteriza a otros codices que sí las incorporaban[65].

Por otra parte, también en los manuscritos a dos columnas se utilizan las ruedas, tanto en los latinos como en los romances. Entre los romances, la mayoría las presenta en la *capitulatio* y al inicio de cada libro como Holkham misc. 46, Murcia, RAE 54, RAE 49, RAE 50, RAE 293, RBME M-III-5[66], d-III-18, Z-III-21, Copenhague KB GKS 1942 y Estocolmo KB B693. Un pequeño número las lleva únicamente al comienzo de cada libro, algunos por carecer de *capitulatio*, como BNE Vitr. 17-10, Lázaro Galdiano o BNE 5975; mientras otros, que sí comienzan con la relación de libros y títulos, prescinden en este apartado de ellas, como RBME P-II-17.

Pero para establecer las posibles relaciones entre los manuscritos que conforman la tradición del FJ a través de sus caracteres formales —del mismo modo que mediante los componentes textuales, ya sean ortográficos, fonológicos, sintácticos o léxicos, se trata de identificar hitos que permitan datar o localizar geográficamente los manuscritos— debemos detectar qué componentes

63 BNF esp. 256, RBME Z-III-6, que corresponde a Escorial 1 en la edición de la Academia, BCTO 15-37, BNE 5814 y RBME Z-II-9. No incluimos aquí RAE 53 porque el sector originario, el núcleo medieval, de los dos que lo componen, va a dos columnas; el segundo sector, añadido por mano moderna para suplir el texto que faltaba, es copia de Escorial Z-III-6, cuyos caracteres imita, entre ellos la disposición del texto a línea tirada, así como las rúbricas en rojo o las ruedas para encerrar el título de los libros, véase Carmen del Camino, "En torno al *Libro de Nuño González...*", p. 68.

64 Aunque, como hemos dicho, parece que no se culminaron con la precisión prevista, y los círculos que hoy vemos parecen meros bocetos o torpes añadidos posteriores, e incluso en el libro V no se añadieron.

65 No está claro si, además, al comienzo del libro primero podría estar prevista una escena del estilo del códice de Murcia o de RAE 54.

66 No obstante, en este caso, sólo se hicieron en el primer momento los títulos y círculos de la *capitulatio*, mientras, al inicio de cada libro, tanto el texto de los epígrafes como las ruedas parecen de mano y fecha posteriores.

materiales y formales pueden ser de interés para apoyar esas conclusiones. En especial, tendremos en cuenta aquellos elementos que pueden contribuir a la datación de los códices[67].

El momento en que se sitúa la versión al romance del *Liber iudiciorum* y su difusión inicial coincide, desde el punto de vista codicológico y paleográfico, con el de la conformación del libro y del ciclo escriturario góticos. Como todas las transformaciones se realizan paulatinamente, es normal que, durante periodos más o menos prolongados de tiempo, convivan los antiguos elementos con los novedosos, técnicas tradicionales con las más avanzadas. No obstante, los trabajos de Elena E. Rodríguez Díaz sobre manuscritos castellanos datados y datables han contribuido a establecer horquillas temporales de aparición, superposición, desaparición y consolidación de estos fenómenos, tanto codicológicos como paleográficos[68].

---

67 Mónica Castillo, en la web *Fueros medievales. Fuentes jurídicas medievales para historiadores de la lengua*, al hablar de las ediciones de Fueros en general, y no sólo del FJ, afirma: "No estaría de más volver a abrir manuscritos ya editados [...] se podrían revisar aspectos tan esenciales como el de la datación de los manuscritos, pues se da el caso de que ediciones notables carecen de tal información", <https://people.unil.ch/monicacastillolluch/los-fueros-y-sus-ediciones/>. Asimismo insiste en la necesidad de estudiar los Textos y no el texto"y para cada manuscrito habrá que plantearse a qué fecha corresponde materialmente el testimonio y qué versión del texto *Fuero juzgo* transmite", Mónica Castillo Lluch, "Las fechas del *Fuero Juzgo*...", p. 55. La misma autora en "Las lenguas del *Fuero Juzgo*...", p. 24, "Recapitulando, las diferentes versiones dialectales del texto del *Fuero Juzgo* —incluso la mayoría de las que conocemos gracias a sus ediciones— plantean el problema de su fecha más precisa y de su primacía".

68 Véase su aportación en este libro, "Elementos para fechar los códices castellanos y leoneses según los manuscritos datados (SS. XII Y XIII)", pp. 163-226. También son útiles Elena E. Rodríguez Díaz, "El origen del libro gótico en los reinos de Castilla y León. La diferente ubicación de las iniciales secundarias y mayúsculas", *Change in Medieval and Renaissance Scripts and Manuscripts*, Eef Overgaauw, Martin Schubert, eds. (Turnhout: Brepols Publishers, 2019), pp. 69-82; "Nuevas aportaciones sobre las técnicas materiales del libro castellano medieval", *Historia. Instituciones. Documentos*, 39 (2012), pp. 325-340; "La factura del códice gótico castellano: un avance de resultados", *Gazette du livre médiéval*, 47 (2005), pp. 1-13; "Indicios codicológicos para la datación de los manuscritos góticos castellanos", *Historia. Instituciones. Documentos*, 31 (2004), pp. 534-558; "El uso del reclamo en España: reinos occidentales", *Scriptorium*, 53-1 (1999), pp. 3-30.

Entre ellos creemos que pueden ser significativos, además de las tendencias generales observadas en la composición de los cuadernos, donde se pasa del predominio de los cuaterniones al de los quiniones, o incluso seniones no sólo en los manuscritos en papel[69] sino también en los membranáceos, y de aquellos que dejaban al exterior la *pars pili* a los que comienzan por la *pars munda*, los siguientes: la orientación de los reclamos, la disposición del texto *above* o *below top line*, el número de justificantes verticales que delimitan la caja de escritura y, en relación con esto último, la ubicación de las iniciales secundarias.

Si comenzamos con la composición de los cuadernos, pocos de los manuscritos medievales del FJ mantienen como predominante o exclusiva la preferida en la Alta y Plena Edad Media, la de los cuaterniones. Estos serían los siguientes[70]: RAE 49, RAE 53, RAE 54, RBME M-III-5, RBME Z-III-6, BNF esp. 256, Lisboa BNP Il. 111, Munich BSB Hisp 28, Copenhague KB GKS 1942 y Oxford, BL Holkham Misc. 46, donde solo el primer cuaderno sería quinión[71] y el resto cuaterniones. En otros casos, los cuadernos de cuatro bifolios coexisten en el mismo códice con fórmulas más recientes, que habían comenzado a extenderse desde el segundo cuarto del siglo XIII, los quiniones[72] y los seniones, estos últimos más tempranos en códices en papel. Ejemplos de esta alternancia de cuaterniones y quiniones los encontramos en RAE 51, BRME Z-III-18, y RBME Z-II-9 (este en papel) en los que solo el primer cuaderno es cuaternión y el resto son quiniones, situación contraria a la mencionada para Oxford, BL Holkham

69 Son pocos los manuscritos medievales del FJ que nos han llegado en papel. El más antiguo sería el mencionado BNE Vitr. 17-10, sobre su posible datación, vid. Rosa Rodríguez Porto, *Thesaurum*, t. II, pp. 173-213. Al siglo XIV pertenecerían RBME Z-II-9. y Estocolmo KB B693. Ya tardíos, de finales del siglo XV, serían Múnich BSB Hisp. 6, BNE 2978 y BNE 5774, considerado éste incluso más moderno, del primer tercio del XVI. Cuestión distinta son los folios en papel, añadidos a finales del XVI o ya en el XVII, para completar las partes perdidas de BNE 244.

70 En algún caso, como en BNE 244, dado el escaso número de folios conservados y su combinación con adiciones modernas para sustituir lo perdido, es difícil saber si la composición que encontramos con seguridad en los actuales folios 43r-50v y 61r-68v, la de cuaterniones que inician por la *pars munda*, se mantuvo a lo largo de todo el códice o se combinó con otras posibilidades.

71 Lo que se explica por la voluntad de incluir en él toda la *capitulatio*, que en el manuscrito oxoniense comprende la sumaria y la completa, Ángeles Romero Cambrón, “El ms. Holkham misc. 46…”, p. 218.

72 En los códices datados castellano-leoneses desde 1220, y como tipo de cuaderno secundario ya se hallan en Toledo a finales del siglo XII, Elena E. Rodríguez Díaz, “Elementos para fechar los códices”, en este libro, pp. 180-182.

Misc. 46. Una proporción más equilibrada entre ambos tipos de cuaderno presentan Copenhague AI 806 4to, mientras en el ejemplar de la Hispanic Society of America B2567, solo dos cuadernos serían cuaterniones y los restantes quiniones. Solo se usan quiniones en RAE 50, BCTO 43–9 y 15–37, éste con un senión final, March, Lázaro Galdiano, RBME Z-III-21 y M-II-18. Presenta quiniones, con algún cuaternión, BNE 5814. En cuanto al recurso a seniones, se presentan de manera exclusiva en BNE Vitr. 17–10 y en el ejemplar de Washington. Predominan los seniones en BNE Vitr. 17-10, en papel, en RAE 293, tras la *capitulatio* en un cuaternión y un primer cuaderno con cinco bifolios, en el códice de Murcia, junto a quiniones y un binión, y alternan con quiniones en BCTO 43-10 y Estocolmo donde también hay algún cuaternión, como sucede igualmente en BNE 5975.

Con la única excepción de RAE 50, que comienza por la cara de pelo, la inmensa mayoría de los testimonios, sea cual sea el número de bifolios que componen sus cuadernos, deja ya al exterior la cara de carne. Este cambio, aunque constatable en Castilla en algún caso con anterioridad a la mitad del siglo XIII, no se generalizaría hasta mediada la centuria[73].

También nos hemos interesado por la ubicación y la dirección de los reclamos, en concreto los reclamos verticales cuya presencia en códices datados se atestigua desde la década 1241-1250 y se extiende a lo largo de toda la segunda mitad del siglo XIII, con la excepción de Toledo donde se detectan desde finales del XII e inicios del XIII. Convive con el reclamo horizontal en ese tiempo. Entre los códices analizados poseen reclamos verticales descendentes: RAE 49, RAE 50, BNE Vit 17-10, RBME Z-III-18, Múnich BSB Hisp 28 y en dos ocasiones aparecen en el interior en Oxford BL Holkham Misc. 46, y una en BNE 5975, donde son mayoría los reclamos horizontales. Combinan reclamos horizontales y verticales ascendentes RAE 54, aunque los verticales solo en los cuadernos quinto y sexto, y RBME Z-III-21. Por ultimo, se observan reclamos verticales ascendentes en Lisboa BNP Il. 111 y RBME M-III-5, en este caso junto con alguno descendente y horizontal.

Otro de los cambios que marcan la nueva configuración del libro gótico es el traslado del texto que apoyaba sobre la primera línea de escritura a situarse bajo esta. Por lo que sabemos hasta ahora, a partir del análisis de los códices datados, la disposición *below top line* es habitual a partir de la década de 1251-1260, precisamente el periodo en que se datan los últimos códices con disposición

73 Elena E. Rodríguez Díaz, "Elementos para fechar los códices", en este volumen, p. 182.

above top line[74]. Hemos rastreado entre los manuscritos del FJ la supervivencia de la disposición tradicional *above top line*. Lógicamente, debería tratarse de un fenómeno residual, pero aun así lo hallamos en BNE 5814[75], RAE 53 (sector medieval), RAE 54, RBME P-II-17, Lisboa BNP Il. 111, Múnich BSB Hisp. 28, Nueva York HSA B2567 y París BNF Esp. 256.

Por último, en lo referente a la ubicación de las iniciales secundarias con respecto a la caja de escritura, aunque aún son relativamente numerosos los manuscritos del FJ que presentan verticales dobles en los extremos[76], en la mayoría de los casos han perdido su función, ya que las iniciales secundarias en los códices del FJ tienden a ubicarse encajadas en la caja de escritura, aunque no faltan ejemplos de iniciales que sobresalen parcialmente de la misma, ocupando ese espacio entre verticales. Un buen ejemplo es el del manuscrito de Múnich BSB Hisp. 28, en el que se sitúan destacados los calderones y las iniciales podríamos considerarlas semiencajadas.

Dejamos aquí este breve recorrido por algunos de los aspectos que podrían haber sido relevantes, por una parte, para confirmar las hipótesis de Díaz y, por otra, para comprender los principales cambios que experimentan los códices de la versión romance del *Liber iudiciorum* respecto a sus antecesores latinos, en paralelo a lo que sucede en el mundo del libro en general a partir del siglo XIII, tratando de subrayar qué caracteres externos perviven de la tradición anterior.

En cuanto a lo primero, es difícil dar respuesta a cuestiones tales como si en la tradición romance también se puede hacer la distinción, propuesta por Díaz, entre copias oficiales, es decir, institucionales, y copias privadas, o hasta qué punto pueden distinguirse ya en esta época o pueden estas últimas imitar los modelos oficiales, o cuándo y cómo cambian los modelos oficiales[77]. ¿Cómo sería el original del *Fuero juzgo* confeccionado para Córdoba? Porque el ejemplar de Murcia, que sabemos que fue una copia encargada al concejo de Sevilla, ¿podría considerarse oficial? El encargo es institucional y, aunque el ejemplar

74 Elena E. Rodríguez Díaz, "Elementos para fechar los códices", en este volumen, p. 188.

75 Además, en él se emplea aún como técnica de pautado la punta seca, excepto en los folios 21 a 41, que son de otra mano, donde se observa la huella de la punta metálica y el texto se dispone *below top line*. Puede que estos folios pertenezcan a otro códice.

76 Las hemos encontrado en once de ellos: BNE Vitr. 17-10, RAE 51 y 53, RBME P-II-17 y Z-III-21, Murcia, 53, BCTO 43-9 y 43-10, BNP Il. 111, Múnich BSB Hisp. 28 y Oxford, BL Holkham Misc. 46.

77 Sobre la función de los manuscritos y su carácter de oficial/privado véase lo que planteamos en Carmen del Camino Martínez, Elena E. Rodríguez Díaz, "Notas sobre textos evangélicos", en este volumen, pp. 149-162.

enviado no hubiera salido de la cancillería real, sino en todo caso encargado probablemente a artesanos del libro y copistas locales, parece cercano a modelos alfonsíes que podrían haber servido de referentes.

Por otra parte, habría que considerar hasta qué punto para explicar los elementos de continuidad o de cambio es importante la influencia de los modelos o entran en juego otros factores, como los promotores de las copias, los talleres y los autores materiales de las mismas, o los posibles destinatarios de los ejemplares, ya se trate de particulares o de instituciones. No debemos perder de vista, a la hora de comprender los cambios formales, la propia tradición latina, no tanto o no sólo la más alejada en el tiempo, que hunde sus raíces en el mundo visigodo, sino muy en especial aquellos manuscritos de la misma que son o parecen coetáneos de las traducciones al romance. Por ejemplo, el códice del *Liber iudicum* procedente de la biblioteca de San Juan de los Reyes[78], aunque catalogado como del siglo XV, codicológica y gráficamente parece del XIII y está muy cercano formalmente a algunos de los romances. A la hora de presentar el texto, *below top line*, en dos columnas, de establecer la jerarquía del mismo a través de iniciales capitulares con filigranas para los inicios de libro, ya sin ruedas, y la disminución del tamaño de las letras en la enumeración de capítulos[79] está en la línea de los que podrían haber servido de modelo a alguna de las versiones. Planteamientos similares podrían hacerse para otros ejemplares tardíos de la tradición latina[80], como el londinense BL Add. 49365.

En consecuencia, aunque no se puede demostrar para el *Fuero juzgo* la existencia de un patrón oficial de copia, al menos no en la medida en que se puede presuponer con cierto grado de verosimilitud para la época visigoda y el periodo altomedieval, parece evidente que algunos códices aún arrastran el peso de la tradición y reflejan sus características más perceptibles a la vista, es decir, el

78 Toledo, Biblioteca Pública de Castilla-La Mancha, ms. 175.

79 Presentación frecuente en muchos de los manuscritos romances, como el fragmento del llamado códice Ferreiro o BCTO 43-10, y cuya pista, junto a otros elementos no contemplados aquí, podría ser interesante seguir.

80 En este contexto, es importante la revisión de antiguas dataciones a través de detallados exámenes codicológicos y paleográficos, como ha demostrado para el códice de la BCTO 43-7, retrasando su fecha del siglo XII al XIII, Elena E. Rodríguez Díaz, "Consideraciones sobre la datación de un *Liber Iudicum* (BCT 43-7) y de un *Chronicon Mundi* (BNE MSS/4338)", *Libro homenaje al profesor don Ángel Riesco Terrero*, Juan Carlos Galende Díaz (dir.) y Nicolás Ávila Seoane (coord.) (Madrid: ANABAD Federación y Universidad Complutense de Madrid, 2021), pp. 279-286.

empleo de las ruedas como recurso para la *ordinatio* y/o la disposición del texto a línea tirada. Por otra parte, teniendo en cuenta los elementos formales analizados en el conjunto de códices conservados, parece que se observa una tendencia a la sustitución del texto a línea tirada por el texto a dos columnas, a la vez que se mantienen los círculos que rodean los epígrafes, acompañados cada vez más frecuentemente de otros recursos ornamentales, en un considerable número de ejemplares. Tendencia que convive, como ya sucedía en la tradición latina, con copias en las que las ruedas han desaparecido. No conocemos con certeza cómo fueron formalmente los nuevos modelos oficiales y, de la misma manera que textualmente se habla de una versión fernandina y otra alfonsí[81], no sabemos si estos cambiaron de una a otra. Podríamos plantearnos la hipótesis de que los modelos promovidos por los monarcas habrían coincidido con la primera de las tendencias señaladas. En cualquier caso, el momento en que estas traducciones tuvieron lugar fue un momento de transición en los procesos de confección del códice, lo que se manifiesta en la coexistencia, no sólo en el conjunto de los manuscritos considerados, sino también en el interior de un mismo códice, de fórmulas ancladas en la tradición con otras más novedosas.

81 Sobre esta hipótesis, expuesta en el siglo XVIII por el jesuita Andrés Burriel, véase Mónica Castillo Lluch, "Las fechas del *Fuero juzgo*: avatares históricos e historiográficos de la versión romance de la ley visigótica (II)", y más recientemente, Mónica Castillo Lluch, Charles Mabille, "El *Fuero Juzgo* en el ms. BNE 683 (1755) de Andrés Marcos Burriel", *Scriptum Digital*, 10 (2021), pp. 75-107.

Carmen del Camino Martínez

(Universidad de Sevilla)

Elena E. Rodríguez Díaz

(Universidad de Huelva, Real Academia de la Historia)

NOTAS SOBRE TEXTOS EVANGÉLICOS EN CÓDICES NORMATIVOS

RESUMEN: Se presenta la función que tenían los textos evangélicos y las cruces dibujadas en los manuscritos normativos medievales. Esta función estaba relacionada con la práctica de la justicia y hoy proporciona información histórica sobre el destino y el uso de este tipo de códices.

PALABRAS CLAVE: códices normativos medievales, Evangelio, Cruces.

ABSTRACT: Gospel Texts in Medieval Normative Codices.

The function of the Gospel texts and crosses drawn in medieval normative manuscripts had is presented. This function was related to the practice of justice and now those texts provides historical information about the destination and the use of this type of codices.

KEYWORDS: Medieval law manuscripts, Gospels, Medieval Crosses

La presencia de determinados textos evangélicos en códices medievales que contienen el *Fuero Juzgo*, además de quedar recogida en algunos de los catálogos que los describen, había sido señalada por Ángeles Romero Cambrón en su trabajo sobre el manuscrito conservado en la biblioteca Bodleiana de Oxford[1]. Posteriormente, con motivo del desarrollo de los estudios relacionados con el proyecto en que se enmarca esta investigación y tras la constatación de ciertas semejanzas existentes en tres de los códices de dicho contenido, que reproducen

1 Ángeles Romero Cambrón, "El ms. Holkham Misc. 46 de la Bodleian, testimonio del *Fuero Juzgo*: notas para su estudio y propuesta de edición parcial", en *El Fuero Juzgo: historia y lengua*, José M.ª García Martín y Ángeles Romero Cambrón, eds. (Madrid: Iberoamericana-Vervuet, 2016), pp. 209-274, en p. 216, 222.

el mismo colofón[2], la responsable del proyecto insistía en que en los tres manuscritos se habían incluido los mismos pasajes bíblicos que, además, aparecían situados en idéntico lugar, tanto desde el punto de vista material como textual.

Por otro lado, Gonzalo Martínez Díez en su estudio del *Fuero Real* de Alfonso X publicado en 1988 se dio cuenta de que los espacios dejados en blanco de cuatro ejemplares se habían aprovechado para copiar evangelios, algunos de cuyos pasajes se repetían en más de un volumen. Buscó entonces paralelismos genéticos entre los textos de los respectivos códices con las mismas secuencias evangélicas. Ante el resultado negativo, concluyó que estas adiciones debieron responder a un simple uso piadoso bajomedieval[3].

Reflexionando sobre tales coincidencias, las autoras de esta aportación constatamos varias cosas: primero, que no solo hay fragmentos evangélicos en estos y otros manuscritos medievales del *Fuero Juzgo*, sino también en códices que transmiten el *Fuero Real* de Alfonso X y, asimismo, en manuscritos con fueros locales. Segundo, que estos pasajes aparecen a veces insertos en los contenidos, otras veces entre las distintas secciones en códices misceláneos que presentan más de un texto normativo y, por último, añadidos al inicio o al final de los ejemplares, o en alguno de los folios o espacios dejados en blanco. Tercero, que muchos de estos evangelios habían sido copiados por la misma mano del texto o por manos coetáneas o muy cercanas en el tiempo a las copias jurídicas transmitidas en los respectivos volúmenes[4].

Ahora creemos que todo esto no fue casual, ni los fragmentos evangélicos fueron adiciones de carácter piadoso o fortuitas, como les sucedió a tantos otros textos y documentos con los que los usuarios medievales rellenaban los espacios dejados en blanco, sino que se trata de añadidos intencionados que debían poseer una función práctica estrechamente relacionada con las leyes reproducidas en dichos libros, porque –no lo olvidemos–las juras se hacían sobre los evangelios. Desde la Edad Media hasta tiempos recientes ha sido tradición que todo magistrado municipal jure el cumplimiento del oficio y el respeto a las leyes locales invocando a Dios con las manos puestas "sobre los Evangelios",

---

2 Oxford, BL, Holkham misc. 46. BCTO, ms. 43-9 y RBME, d.III.18. Para las conexiones textuales entre ellos puede verse Charles Mabille, *La tecnología al servicio de la collatio codicum: el caso del Fuero Juzgo*. Mémoire de Maîtrise universitaire ès lettres en Espagnol, sous la direction de la Professeure Mónica Castillo Lluch (Université de Lausanne, Faculté des Lettres, 2022), p. 121.

3 Gonzalo Martínez Díez, *Leyes de Alfonso X, II: Fuero Real* (Ávila: Fundación Sánchez Albornoz, 1988), p. 90.

4 Por ejemplo, Biblioteca Nacional de España, MSS/5975.

o "sobre las palabras de los Evangelios", o "sobre una señal de la cruz", en una ceremonia que se repetía en otras muchas actuaciones institucionales y en las declaraciones testificales de los procesos judiciales.

Conforme avanzamos en la investigación descubrimos que esto es algo que tuvieron muy claro juristas del siglo pasado, como Rafael Ureña, quien lo dejó expresado al describir los manuscritos latinos y romances del Fuero de Teruel en los que se encontraba bien una escena del Calvario, bien una simple cruz, acompañadas de fragmentos evangélicos, a las que denominó "hojas juraderas", es decir, las páginas destinadas a recibir los juramentos "en esta clase de códices"[5].

Quizás por evidente, esta explicación pasó a estar ausente de las descripciones de otros códices normativos con este tipo de textos y/o imágenes, hasta pasar, en tiempos más recientes, a ignorarse o a convertirse en una incógnita[6].

Esta antigua costumbre hundía sus raíces en el derecho de Justiniano[7] con continuidad en la Edad Media, empezando por los manuscritos que transmitían el propio *Liber iudicum*. Por ejemplo, en los códices albeldense y emilianense[8], de los que sabemos que el segundo copia del primero, tras la *Colectio Canonum* y el *Liber iudicum*, figuran unas *Conditiones sacramentorum*, donde, tras recoger la fórmula de juramento *...iuro per sanctum euangelium quod inferius hic subsequitur* y señalar los anatemas correspondientes, se copió un breve texto evangélico con Mt 18, 18-20. También en otros ejemplares del *Liber* se recoge, al tratar de los juramentos que deben prestar los judíos cuando se convierten, la expresión *et per IIII^{or}euangelia*[9], desarrollándola en algún caso de

5 Rafael Ureña Smenjaud, "El *Forum Turolii* y el *Forum Conche*", *Revista de Ciencias Jurídicas y Sociales*, año VIII, 33 (1925), pp. 7-104, en p. 7 y 11. Más explícitas sobre la finalidad y el uso que, efectivamente, se hizo de estas hojas son M.ª del Mar Agudo Romeo, Ana Isabel Lapeña Paúl y M.ª Luz Rodrigo Estevan, "Las fuentes: manuscritos y ediciones de los fueros de Teruel y Albarracín", en *Tiempo de derecho foral en el sur aragonés. Los fueros de Teruel y Albarracín* (Zaragoza: El Justicia de Aragón, 2007), vol. I, p. 285, cuando afirman que "su inclusión en el códice está relacionada con la práctica medieval de los juramentos sobre textos sagrados, especialmente sobre los Evangelios. El deterioro y manoseo de estos folios demuestra que decenas de manos se posaron sobre ellos, casi con absoluta seguridad cuando los diferentes cargos del municipio juraban anualmente cumplir con sus obligaciones o cuando, en determinadas circunstancias, el corpus foral exigía ser jurado".

6 Vid. supra notas 1-3.

7 Novela 8.7 (535): *Iuramentum tactis Evangeliis*, en la que se establece que los jueces debían jurar por Dios teniendo en sus manos los cuatro Evangelios.

8 RBME, d.I.2 y d. I.1 respectivamente.

9 Por ejemplo, en los manuscritos de la BnF, lat. 4668 y 4669.

la siguiente manera: *et per hec IIII evangelia sancta, id est, Matheus et Marcus et Lucas et Iohannes*[10]. A veces se encuentran fórmulas de las juras que debían hacer los judíos "cuando se tornan cristianos" en ejemplares del *Fuero Juzgo* (12.3.15), aunque en varias ocasiones se limitan a aludir a la práctica del juramento (por ejemplo, 2.1.20; 2.1.23; 2.1.26; 2.2.6; 2.4.2; 2.4.5) sin especificar el modo, sino remitiendo genéricamente –en el mejor de los casos– a la fórmula "según derecho" (2.4.2).

En cambio, en los códigos del siglo XIII encontramos muy desarrollado todo lo relacionado con los juramentos, empezando por las *Partidas*[11], donde las leyes del Título XI de la Partida III reglamentan específicamente sobre la forma de llevar a cabo los juramentos:

> E por lo que diximos que deuen jurar por alguna cosa santa, non se entiende por cielo, nin por tierra, nin por otra criatura maguer sea biua, o non, mas por Dios primeramente. E desí por Santa María, su madre, o por alguno de los otros santos, e desto por razón de la santidad que recibieron de Dios, o por los Euangelios, en que se cuentan las palabras e los fechos de Dios, o por la Cruz en que fue puesto, o por el altar porque es consagrado, e consagran en él al cuerpo de nuestro Señor Iesu Christo (3. 11. 1).

> E dezimos que los christianos deuen jurar así, poniendo las manos sobre alguna de aquellas cosas que dize en la primera ley deste título, e aquel que tomare la jura del que ouiere de jurar, ale de conjurar diziendo desta guisa: vos me jurades por Dios padre [...] e por estos sanctos Euangelios que cuentan las palabras e los fechos de nuestro Sennor Iesu Christo [...] E aquellas palabras que él le dixo, e los Euangelios, o la cruz o el altar sobre que jura... (3. 11. 19).

> Deuen venir ante el judgador a fazer esta jura en la eglesia, o sobre el altar, o sobre la cruz, o sobre los euangelios [...] (3. 11. 22).

En la misma Partida III, Título XI se establece que los judíos deben jurar poniendo las manos sobre la Torá (3.11.20) y los musulmanes con la mano alzada en dirección al mediodía (3.11.21). Sobre los juramentos de los propios jueces, el Título IV establece: "E esta jura deuen fazer los judgadores en mano

10 Como en el ejemplar londinense de la BL, Add. 49365, citado por Miguel Calleja Puerta, "Ecos de las Fórmulas Visigóticas en la documentación altomedieval astur-leonesa", en *Les formulaires. Compilation et circulation des modèles d'actes dans l'Europe médiévale et moderne. XIIIe congrès de la Commission internationale de diplomatique*, O. Guyotjeannin, L. Morelle, S. P.P. Scalfati y M. Bláhová, eds. (Praga: Éditions Karolinum, 2012), pp. 43-63.

11 Seguimos la edición impresa en Salamanca en 1555, glosada por Gregorio López y salida de las prensas de Andrea de Portonariis.

del rey, o si non fuesse en el logar, sobre los santos Euangelios, tomándola dellos aquel a quien lo el rey mandasse tomar senaladamente (3. 4. 6)".

La misma realidad se encuentra en el *Fuero Real* y en el *Espéculo*, asimismo indicando los lugares para jurar y ampliando con detalle la ceremonia de las juras:

> E son los lugares estos: en eglesia, o sobre el altar o sobre la cruz, o sobre los evangelios (*Espéculo*, 5. 11. 12).
>
> E dezimos que los christianos deven jurar así: poner las manos sobre alguna de aquellas cosas que dize en la segunda ley de este título, aquel que tomare la jura del que oviere de jurar, al de conjurar diziendol desta guisa: vos me jurades por Dios padre que fizo el cielo e la tierra... E si toviere las manos en la cruz diga que jura por aquella cruz, que es semeianza de aquella en que priso muerte nuestro señor Iesu Christo...E después desto a de dezir aquel que toma la jura dél, que asil ayude Dios, e aquellas palabras que él le dixo, e los evangelios, o la cruz, o el altar sobre que jura, cómo dize verdat (*Espéculo*, 5. 11. 15).

La regulación del juramento siguió reproduciéndose en algunos fueros municipales redactados *in extenso* y en las leyes posteriores al siglo XIII, como en el Ordenamiento de Alcalá (32. 44), en las Ordenanzas Reales de Castilla (2. 16. 4), en la Nueva Recopilación de Castilla (3. 9. 3) o en la Novísima Recopilación de Leyes de España (11. 1 .3)[12].

De igual modo, son abundantísimas las fuentes documentales de ambas épocas que describen diversas situaciones, en las que era necesario prestar juramento en el ámbito institucional laico o eclesiástico, con alusiones al modo de hacerlo. Por ejemplo, en un documento lapidario de la localidad francesa de Montélimar, fechado en el año 1189, se recuerda cómo hacer el juramento tocando los santos evangelios: "[...] Et fidelitate et ominio absolvimus et ut omnia sicut superius scripta sunt fideliter observemus et nullo tempore contraveniamus tactis sacrosanctis Evangeliis juramus"[13].

---

12 Para mayor detalle, Javier Barrientos Grandón, "El oficio y su juramento en una cultura jurisdiccional", *Revista de Estudios Histórico-Jurídicos*, XLII (2020), pp. 703-809. Santos M. Coronas González, "El Libro de las fórmulas de juramento del Consejo de Castilla", *Anuario de Historia del Derecho*, LXIII-LXIV (1993-1994), pp. 985-1022. Santos M. Coronas González, *Los juramentos forales y las constituciones de Felipe V en los reinos de España (1700-1702)*, (Madrid: Boletín Oficial del Estado, 2017).

13 Hemos reproducido las grafías presentes en las ediciones de documentos utilizadas. Vincent Debiais, "Intención documental, decisiones epigráficas. La inscripción medieval entre el autor y su audiencia", en *Escritura y Sociedad: el clero*, Alicia Marchant Rivera y Lorena Barco Cebrián, ed. (Granada: Editorial Comares, 2017), pp. 65-78, en p. 72.

Lo mismo se reitera en los documentos medievales de todos los reinos peninsulares. Sirvan los siguientes como pequeña muestra:

> [...] Et ad majorem securitatem predictorum juro per Deum et eius sancta quator Evangelia, manibus meis corporaliter tacta, predicta attendere et complere et non in aliquo convenire aliqua racione (1303-04-23)[14].

> [...] E al plazo que le yo asigné presentó ante mí testimonios de omnes buenos, los quales juraron sobre santos evangelios e sobre la sennal de la crus segúnt forma de derecho (1373)[15].

> [...] Los procuradores, provisores y vicarios generales hicieron juramento en el nombre de Dios y de los Santos Evangelios, en manos de Don Alfonso Segura, doctor en Decretos y deán de la dicha Iglesia, en un libro breviario que trajeron, de guardar los estatutos y buenos usos, costumbres y ordenaciones de la dicha iglesia (1431-06-22)[16].

> [...] Y el dicho alcalde tomó la dicha alualá e el dicho libro en su mano e vido la dicha alualá e reçibió juramento de Françisco de Riberol, mercador genoués, e de Gonçalo Peláez, regidor e vezino desta dicha villa, e cada vno dellos, por el nonbre de Dios y de Santa María e las palabras de los santos Evangelios e sobre la sennal de la cruz (*cruz*), en que cada vno dellos puso su mano derecha corporalmente (1491-02-12)[17].

> [...] Sebastián Sánchez Naranjo y Martín Fernández de Bornos, juraron a Dios e Santa María, e por las palabras de los Santos Evangelios, e por la señal de la cruz sobre que pusieron sus manos derechas corporalmente (1515)[18].

Dado que la jura podía hacerse tanto sobre los Evangelios como sobre una cruz o una "señal de la cruz", esta puede ser la causa de la presencia de dibujos de cruces, algunas de bastante envergadura o miniadas, junto a los fragmentos evangélicos o en algún lugar del inicio o del final de los volúmenes con fueros. Es lógico pensar que en las villas y localidades no siempre se tuviera a mano una

---

14 Homenaje de Bernat de Guardia al obispo de Barcelona, Ponç de Gualba. Milagros Cárcel Ortí, "La producción escrita en las cancillerías episcopales (siglos XIV-XV)", en *De scriptura et scriptis: producir*, María Encarnación Martín López, coord. (León: Universidad de León, 2020), pp. 163-236, en p. 217.

15 Elisa Álvarez Llopis, Emma Blanco Campos y José Ángel García de Cortázar, *Colección diplomática de Santo Toribio de Liébana* (Santander: Fundación Marcelino Botín, 1994), p. 108.

16 ACS, Capitular, secc. IX, caja 12093, n. 1.

17 Javier Jiménez López de Eguileta, *El notariado en Sanlúcar de Barrameda durante la Baja Edad Media*, tesis doctoral (Universidad de Sevilla, 2020), p. 373, <https://idus.us.es/handle/11441/100105>.

18 José Manuel Báñez Simón, *Diego de Mairena, escribano público y del Concejo de Alcalá de Guadaira (1515)*, (León: Universidad de León, 2021), p. 78.

Biblia completa, o un Evangeliario, o no siempre se pudiera entrar en la iglesia para jurar sobre el altar o sobre una cruz. Se entendería entonces que se aprovecharan espacios disponibles en el libro del fuero para dibujar cruces, crucifijos e incluso Calvarios, o para copiar textos evangélicos sobre los que jurar. De esta forma, dichas herramientas se tenían siempre a mano en el mismo lugar que la letra de la ley.

En esta ocasión, nuestro objetivo no es efectuar un estudio exhaustivo de los muchos manuscritos de contenido normativo con textos evangélicos y cruces asociadas, sino únicamente ofrecer una presentación genérica del hecho y de la casuística observada en un pequeño conjunto de 23 códices, comprendidos entre los siglos X y XIV, que transmiten el *Liber iudiciorum*, las versiones romances del *Fuero Juzgo*, el *Fuero Real* de Alfonso X y los fueros locales de León, Sahagún, Zamora, Uclés, Alcázar de San Juan, Teruel, Navarra y el de Burgos otorgado a Briviesca por Blanca de Castilla en 1312[19].

1. Los textos evangélicos y sus ubicaciones

Todas las secuencias evangélicas recopiladas proceden de fuentes litúrgicas y no bíblicas. En los casos de los códices del siglo X, procedentes de San Martín de Albelda y San Millán de la Cogolla ya citados, el fragmento del Evangelio de San Mateo fue extraído claramente de un códice litúrgico por iniciarse en los siguientes términos: *Lectio sancti Euangelii secundum Matheum*. Debe precisarse que en estos dos volúmenes altomedievales no se copia el fragmento evangélico para jurar físicamente sobre él, sino que se presenta como modelo de cómo debe efectuarse la jura y sobre qué textos.

19 *Liber iudiciorum*: RBME, d.I.1; d.I.2 (además de un *Liber canonum* y otros textos). *Fuero Juzgo*: RBME, Z.III.21 (con la Suma de maestre Jacobo y el Fuero de León, en cuyo inicio se sitúa el texto evangélico), d.III.18, M.II.18 (asimismo con la Suma de maestre Jacobo, Margarita y el Fuero de Zamora); BNE, MSS/5975 (con el Fuero de León y el Concilio de Coyanza); BCTO, ms.43-9; Oxford, BL, Holkham Misc. 46 (con las Flores de Derecho o Suma de maestre Jacobo, el Fuero de León y el Concilio de Coyanza); RAE, ms. 51. Con el Fuero real de Alfonso X hemos encontrado fragmentos evangélicos en RBME, Z.III.16 (a Santo Domingo de la Calzada); BNE, MSS/7798 (a Valladolid), 691, 6655 (a Carrión); BCT, ms. 43-22; BGHUS, ms. 2673. Fueros locales: BNE, MSS/9199: Fuero de Burgos a Briviesca (con el Ordenamiento de Alcalá), 18128 (Sahagún), 17855 (Uclés), 11543 (Alcázar), 802 (Fuero de Teruel); AHPTE, Concejo, 37-1 (*Forum Turolii*) y Concejo, 37-2 (Fuero de Teruel); BGHUS, ms. 2652 (con los Fueros de Navarra, Jaca, Estella, La Novenera).

En los restantes casos analizados, todos los fragmentos (excepto Jn 1, 1-14) comienzan con la locución que servía para introducir la lectura del evangelio en la misa (*in illo tempore*), precedida en ocasiones de las fórmulas, asimismo introductorias, *Initium sancti Evangelii secundum* N o *Sequentia sancti Evangelii secundum* N. En la tabla inferior hemos consignado las secuencias evangélicas incluidas en los manuscritos utilizados con referencia a los códices en los que aparecen.

Marcos	Mateo	Lucas	Juan
16, 1-7[20]	4, 1-3[21]	1, 26-38[22]	1, 1-14[23]
	5, 1-5[24]	1, 37-47[25]	5, 1-4[26]
	7, 15[27]	1, 41-47[28]	14, 23-31[29]
	12, 22-25[30]	2, 15-20[31]	15, 26-27[32]
	15, 21-23[33]	10, 23[34]	16, 1-4[35]

20 BNE, MSS/7798. Nótese que a este códice le falta un folio por delante del fragmento de Marcos conservado. AHPTE Concejo, 37-1, aunque solo los versículos 1-4 y BNE, MSS/802 solo el primer versículo.

21 AHPTE Concejo, 37-2, donde este fragmento de Mateo aparece bajo el epígrafe de Marcos.

22 Oxford, BL, Holkham, Misc. 46; BCTO, ms. 43-9; RBME, d.III.18.

23 BNE, MSS/ 691, 5975, 9199, 17855, 11543 (Jn 1, 1), 802 (Jn 1,1). BGHUS, 2652 (Jn 1, 1), 2673 (solo los versículos 1 y 14). RAE, cod. 51. Oxford, BL, H. Misc. 46. RBME, d.III.18, M. II.18, Z.III.16. BCT, ms. 43-9, AHPTE, Concejo 37-1 (1, 1-6), AHPTE, Concejo 37–2 (1, 1-5, este último incompleto).

24 AHPTE Concejo, 37-1.

25 RBME, Z.III.16.

26 RBME, Z.III.21.

27 BNE, MSS/802.

28 BNE, MSS/5975, 691.

29 BNE, MSS/6655.

30 AHPTE Concejo, 37-2.

31 BNE, MSS/6655.

32 BNE, MSS/6655; RBME, Z.III.16.

33 AHPT Concejo, 37-2, donde este fragmento de Mateo aparece bajo el epígrafe de Lucas.

34 BNE, MSS/802.

35 BNE, MSS/6655.

Marcos	Mateo	Lucas	Juan
	18, 18-20[36]	10, 38-42[37]	19, 25-27[38]
	20, 20-23[39]	11, 27-28[40]	
	21, 9[41]	18, 31-33[42]	

Está claro que se prefirieron los textos de Lucas y Juan, que parecen dominar en la tradición del *Fuero Juzgo*. También parecen ser los más frecuentes en el Fuero real y en los fueros municipales, siempre según la muestra utilizada.

En cuanto a la ubicación material de estos textos, en el *Fuero Juzgo* detectamos dos situaciones. En primer lugar, existe una misma tradición que transmiten tres manuscritos con la versión romance, datables en el siglo XIV, que son el Misc. 46 de Oxford, el 43-9 de la Biblioteca Capitular de Toledo y el escurialense d.III.18[43]. Los tres casos poseen los mismos fragmentos (Juan 1, 1-14 y Lucas 1, 26-38), están incluidos dentro del texto de *Fuero Juzgo* entre los Libros VII y VIII y, en los tres manuscritos, prácticamente en los mismos folios[44]. No sabemos con qué intención se copiaron estos pasajes en dicho lugar, si para que se pudiera jurar sobre ellos (lo que se vería facilitado por su posición en el medio del códice que permitiría abrir el libro por ese lugar sin forzarlo,

36 RBME, d.I.2 y d.I.1, tras el *Liber canonum* y el *Liber iudicum*, en las *Conditiones sacramentorum*.

37 BNE, MSS/18128.

38 BNE, MSS/18128, 6655.

39 BNE, MSS/18128.

40 BNE, MSS/5975; RBME, M.II.18; AHPTE Concejo, 37-1.

41 BGHUS, 2652.

42 BNE, MSS/5975.

43 Existe un parentesco claro, al menos, entre los dos primeros códices. En Oxford y en Toledo el colofón es idéntico y parecen depender uno de otro, quizás porque el toledano copió del oxoniense. Plantea también esta hipótesis desde el punto de vista textual Charles Mabille, *La tecnología...*, p. 121. En el caso del Escorial, portador del mismo colofón, en el supuesto de que se copiara de alguno de estos dos manuscritos o de algún ejemplar que no conocemos y que también lo transmitiera, el copista no parece haberlo entendido correctamente. Ángeles Romero Cambrón, "El ms. Holkham...", p. 216, ya apunta esta transmisión deficiente del colofón en el códice de Oxford.

44 En el códice de Oxford, los encontramos en los ff. 91v-92r; en el del Escorial, en el f. 92r y en el de Toledo, en los ff. 111v-112r.

algo presumible al menos en el primero de ellos), o si simplemente se limitaron a reproducir un modelo por inercia, quedando tales elementos sin ninguna utilidad práctica.

La segunda situación observada es la que más abunda tanto en el *Fuero Juzgo*, como en el *Fuero Real* y en los fueros locales. Son los casos en los que los fragmentos se añaden en los folios de guarda o en espacios en blanco de cada ejemplar, una vez terminada la copia del contenido principal de cada volumen o de las correspondientes unidades textuales. Así, en algunos misceláneos los textos evangélicos suelen situarse al final de algún fuero, aunque en el conjunto del volumen se trate de folios intermedios. Por ejemplo, en el madrileño MSS/6655 que contiene el *Fuero Real* destinado a Carrión de los Condes y otros textos legales, las secuencias evangélicas aparecen justo detrás del *Fuero Real* en los ff. 59r-v, utilizándose el espacio que había quedado en blanco antes del inicio de la obra siguiente, las *Leyes nuevas* de Alfonso X.

En otras ocasiones, la misma mano que se encarga del contenido principal del manuscrito es quien copia los pasajes evangélicos. Es lo que sucede en los tres manuscritos que incluyen los fragmentos entre los Libros VII y VIII del *Fuero Juzgo* y en algunos misceláneos, como el escurialense M.II.18. En este caso, los fragmentos se sitúan en el f. 81v tras la copia del *Fuero Juzgo* y antes de la Suma del maestro Jacobo, sin haber sido añadidos con posterioridad en el espacio de separación de estos textos, sino copiados de forma consecutiva, bien por haber sido algo programado, bien por reproducir el modelo. Otro ejemplo es el del fragmento evangélico que precede al Fuero de Burgos otorgado a Briviesca, que se ha transmitido en un códice facticio (BNE, MSS/9199). El mismo copista que reprodujo dicho fuero copió el comienzo del Evangelio de Juan (1, 1-14) en la primera mitad de la página en la que se inicia el contenido foral (f. 51r), encabezándolo y como parte integrante del mismo.

En cambio, en otros manuscritos, los evangelios están añadidos por manos diferentes, pudiendo ser coetáneas o muy cercanas en el tiempo a quienes reprodujeron los textos normativos, o posteriores a ellos.

Un caso ilustrativo es lo que sucedió en un *Fuero Real* conservado en la Biblioteca General Histórica de la Universidad de Salamanca, que pudo haber sido copiado hacia finales del siglo XIII[45] y en cuyo último folio la mano de un profesional del documento anotó en una escritura cursiva del siglo XIV: *In principium erat uerbum et Deus erat uerbum/ et uerbum caro factum est*, con una cruz hecha con la misma tinta y sobrepuesta a estas dos líneas, donde se

45 BGHUS, ms. 2673.

escribieron de forma consecutiva el versículo 1 y el 14 del primer capítulo del Evangelio de San Juan. La nota aparece seis renglones por debajo de la finalización del *Fuero Real,* sin quedar alineada en la caja, pudiendo confundirse con una prueba de pluma. Sin embargo, no hay nada en la página, ni en los siguientes folios dejados en blanco, que llevara a una mano del siglo XIV a repetir algo leído, sino que la brevedad de la perícopa y el salto de trece versículos parece indicar que estas palabras se anotaron de memoria, reforzándose la validez de dicha brevedad con el dibujo de una cruz patada sobrepuesta. La anotación pudo haberse hecho de forma apresurada ante alguna necesidad sobrevenida, por no tener a mano evangelios o crucifijos sobre los que jurar, encargándose el escribano del lugar de anotar "unas palabras" de los santos evangelios y una señal de la cruz que fueran suficientes para jurar sobre ellas, en alguna actuación institucional de algún municipio castellano durante el siglo XIV. Junto a esta posibilidad, también pudo suceder que un poseedor o lector posterior, conocedor de esta práctica, lo añadiera de manera espontánea sin una función inmediata.

El caso muestra cómo estos textos y anotaciones pueden servir para conocer el uso que se hizo de los libros en el pasado, como asimismo los fragmentos más extensos pueden mostrar la finalidad para la que se confeccionaron otros. Por ejemplo, en la copia de mediados del siglo XIII con el *Fuero Real* dirigido a Valladolid, que se conserva en la Biblioteca Nacional de España, se añadió uno y posiblemente más fragmentos evangélicos en las guardas iniciales[46], en una época muy cercana a la copia del propio Fuero preparándolo, así, para poder jurar sobre el volumen. Es decir, este códice no se confeccionó para engrosar la biblioteca de ningún jurista, sino para un uso pragmático en alguna localidad castellana que se rigiera por el Fuero real de Valladolid. Otro tanto sucedió en el Fuero real dirigido a Santo Domingo de la Calzada, que se conserva en El Escorial y que fue hecho en la misma época que el anterior (1255), en este caso con los evangelios añadidos en la guarda final, seguramente copiados ya en la localidad riojana a la que iba destinado[47].

46 BNE, MSS/7798. Falta un folio por delante del conservado.

47 Se trata del RBME, Z.III.16, cuya escritura y materialidad fueron estudiadas en Ruiz Asencio 1988. No quedan evidencias materiales de que este volumen haya estado sellado.

2. Las cruces y sus ubicaciones

Diez de los veintitrés casos utilizados llevan evangelios y cruces situadas en la misma página que los fragmentos evangélicos, o en folios enfrentados en el caso de las miniaturas más elaboradas con representación de un Calvario. Solo en un único manuscrito existe una cruz de trazado antiguo sin que se haya copiado (o conservado) fragmento evangélico alguno. Las cruces son de diferente tamaño, morfología y calidad, predominando las patadas. Veámoslas con algo más de detalle.

En tres casos se llegó a dibujar un Calvario. El primero se ve en el ejemplar del siglo XIII que transmite el Fuero de Uclés[48]. En los dos últimos folios dejados en blanco una mano coetánea a la copia del texto anotó, en página y media y en escritura gótica textual formada, el pasaje de Juan 1, 1-14, tras lo cual se dibujó un Calvario que ocupa media página, con el Crucificado acompañado de la Virgen María y San Juan, quedando incompleta la miniatura porque solo se procedió a la aplicación del color rojo. Aunque en el siguiente caso dichos folios fueron repuestos tras alguna restauración, lo mismo se observa en los Fueros de Navarra, copiados en un manuscrito del siglo XIV, donde en el f.1v se copiaron Juan 1, 14, Lucas 11, 27-28 y Mateo 21, 9 seguidos de una miniatura policromada del Calvario, en la que se representó al Crucificado ante las santas mujeres y San Juan[49]. Por otra parte, en el ejemplar latino del *Forum Turolii*, conservado en dicha localidad[50], se encuentran en hojas enfrentadas, al final del mismo, en el vuelto del f. 181, fragmentos de los cuatro evangelios[51] y en el recto del f. 182, una representación del Calvario, con Jesús crucificado, su madre y San Juan.

Después de estas representaciones tan aparentes de la Crucifixión, hallamos, en este caso en la versión romance del Fuero de Teruel, una cruz, formada por dos troncos verdes, rematados con una flor de lis, en cada una de cuyas cuatro

---

48 BNE, MSS/17855.

49 BGHUS, ms. 2652: *Fuero general de Navarra, de Jaca, de Estella, de La Novenera et alia*, ver Óscar Lilao Franca y Carmen Castrillo González, *Catálogo de manuscritos de la Biblioteca Universitaria de Salamanca* (Salamanca: Ediciones Universidad de Salamanca, 2002, vol. II), p. 1018.

50 AHPTE, Concejo, 37-1.

51 Llama la atención que en los ejemplares más antiguos de la tradición del Fuero de Teruel se preocupen por incorporar pasajes de los cuatro evangelios, tal y como se especificaba en algunas de las fórmulas de juramento. No obstante, hay que señalar que, en el ejemplar romance conservado en la ciudad turolense, esto es así solo en apariencia, ya que bajo los epígrafes de Marcos y Lucas en realidad se incluyeron sendos pasajes de Mateo, vid. notas 21 y 33.

esquinas se copian textos atribuidos a los cuatro evangelistas[52]. Una cruz de una cierta entidad, aunque sin la preparación de la página que implicaba la anterior, sino añadida posteriormente de manera más informal, se encuentra en el ejemplar de este mismo fuero de la BNE MSS/802. Asimismo, se dibuja una cruz latina de unos 7 puntos en la prolongación del pautado vertical del intercolumnio en el margen superior, quedando fuera de la caja de escritura en el f. 2r del madrileño MSS/691, con una copia del *Fuero real* hecha en el siglo XIV. En el MSS/18128 de la Biblioteca Nacional, con el Fuero de Sahagún, los fragmentos evangélicos se copiaron al final, en el f. 106r, aunque en el recto de lo que parece haber sido la guarda volante inicial se dibujó una cruz griega patada de unos 5 puntos de tamaño. No obstante, en este caso queda la duda de si dicho signo fue hecho por uno de los poseedores del manuscrito que anotó su nombre justo encima (*Alfonsus abbas*) o si es anterior a dicha anotación. Lo único que podemos decir es que la tinta es diferente. Una cruz patada, de dos puntos y medio, lleva también el mencionado MSS/6655 en el mismo folio en el que se copiaron los evangelios (f. 59r), en este caso situada en el intercolumnio, dentro de la caja de escritura y en el medio de los textos evangélicos. Como ya dijimos, el escribano que anotó de memoria el principio del Evangelio de San Juan en el salmantino 2673 también dibujó una tosca cruz patada, de poco más de dos puntos, encima de su anotación.

Por estas razones, creemos que la cruz patada que ocupa casi media página en el f. 5v del Fuero de Alcázar de San Juan pudo haber tenido la misma función que las anteriormente descritas, aunque, en este caso, no se acompañe de fragmentos evangélicos[53].

3. Breves conclusiones

Las coincidencias reseñadas de textos evangélicos y cruces medievales suceden en manuscritos jurídicos con fueros, es decir, en textos normativos que tuvieron una aplicación práctica en las ciudades, villas y lugares del reino. Por tanto, la presencia de tales fragmentos en este tipo de libros no debe considerarse un añadido aleatorio o fortuito, sino una herramienta para ejercer la práctica de la justicia en las diversas situaciones que exigían la toma de juramentos.

En todos los casos, la presencia de estos textos informa sobre la función que tuvieron los libros que los llevan en algún momento de su historia, y ayudan

52 AHPTE, Concejo, 37-2.

53 Madrid, BNE, MSS/11543.

a conocer la identidad del promotor de las copias o sus destinatarios. Cuando pueda demostrarse la contemporaneidad de las escrituras del texto base y de los evangelios, habrá bastantes probabilidades de que el manuscrito se haya confeccionado, desde su origen, para usarse en alguna localidad o concejo y no, por ejemplo, para formar parte de la biblioteca de alguna institución o de algún jurista, erudito o particular en general. En cambio, si el añadido de los fragmentos evangélicos es posterior a la copia, su presencia puede proporcionar información sobre la vigencia del fuero.

No sabemos por qué se utilizaron modelos litúrgicos y no bíblicos para extraer los fragmentos evangélicos, pero se nos ocurren varias hipótesis. De entrada, en cualquier localidad peninsular, sobre todo en aquellas de menor envergadura, resultaba más fácil conseguir manuscritos litúrgicos, ya que las parroquias no solían tener biblias. Al mismo tiempo, existe una lectura sociocultural muy interesante porque los evangelios copiados en los libros litúrgicos eran los que la gente común, mayoritariamente analfabeta, reconocía como tales, por estar acostumbrada a oírlos una y otra vez en los oficios litúrgicos, en especial el inicio característico *in illo tempore*. Cabe pensar entonces que quizás estos fragmentos fueran leídos en voz alta, en todo o en parte, antes de jurar sobre ellos para evitar suspicacias o los inconvenientes derivados de posibles acusaciones de falsedad. La presencia de cruces adicionales tendría una función eminentemente visual en este mismo contexto.

En cualquier caso, nuestro objetivo en esta ocasión no ha sido el de efectuar un estudio en profundidad de las muchas cuestiones que nos sugiere lo que hemos observado en la pequeña muestra de manuscritos utilizados, sino el de transmitir estas hipótesis para que los diferentes especialistas ahonden en las implicaciones que esto puede tener para la historia del derecho, para la historia de los textos y para la historia de la cultura escrita en general.

Elena E. Rodríguez Díaz

(Universidad de Huelva)
Real Academia de la Historia

ELEMENTOS PARA FECHAR LOS CÓDICES CASTELLANOS Y LEONESES SEGÚN LOS MANUSCRITOS DATADOS (SS. XII Y XIII)

RESUMEN: Establecimiento de criterios codicológicos y paleográficos de datación a partir de los manuscritos datados que fueron copiados en los reinos de León y de Castilla en los siglos XII y XIII (1105-1296), matizados con la información que transmiten los códices datables con precisión.

PALABRAS CLAVE: Datación, Manuscritos medievales españoles, Codicología. Paleografia.

ABSTRACT: Elements for dating the Castilian and Leonese codexes according to the already-dated manuscripts (12th-13th c.)

We provide codicological and paleographic criteria for dating medieval manuscripts that were copied in the kingdoms of León and Castile in the 12th and 13th centuries (1105-1296), nuanced with the information transmitted by precisely datable codices.

KEYWORDS: Dating, Spanish medieval manuscripts, Codicology, Paleography.

1. Introducción

Uno de los problemas que suscitan los manuscritos medievales es el de la datación, al carecer de mención de fecha la gran mayoría de los ejemplares conservados, como sucede en muchos de los volúmenes que transmiten el *Liber iudiciorum* o las versiones romances con el *Fuero Juzgo*. A este gran inconveniente se suma el hecho de que los códices de los siglos XII y XIII poseen características comunes, por lo que a menudo existen muchas dificultades para distinguir las copias de tales épocas, sobre todo de aquellos libros confeccionados en la segunda mitad del siglo XII y en la primera del XIII. Esto se debe a que muchos aspectos paleográficos del siglo XIII ya existían en el XII, porque los cambios acaecidos en la escritura gótica, con respecto a la carolina de la que procede, son el producto de un lento proceso evolutivo[1]. De ahí que exista interés por localizar elementos verificables que permitan estrechar el cerco cronológico de los antiguos códices.

De otro lado, el investigador debe ser consciente de que en un manuscrito todos sus componentes han de ser coherentes entre sí, es decir, no puede plantearse una determinada datación para el texto si existe algún anacronismo en la escritura, en la iluminación o en las técnicas materiales de confección, y viceversa. La datación indirecta nunca será acertada mientras todos los elementos de un códice no encajen a la perfección. Esto es lo que le sucede a uno de los manuscritos toledanos del *Liber iudicum* tradicionalmente asignado al siglo XII, sin haberse percibido hasta el día de hoy la existencia en él de una técnica codicológica absolutamente extemporánea que obliga a retrasar su fecha hasta el siglo XIII[2].

En una antigua publicación, ya manifestamos que para alcanzar certezas en la periodización codicológica y paleográfica se precisaban criterios sólidos que, a nuestro modo de ver, debían partir de los códices datados. No en vano, consciente de este hecho, el máximo organismo mundial de codicología y paleografía latinas, el *Comité International de Paléographie Latine*, promueve desde 1953 la elaboración de catálogos de manuscritos fechados, lo que ha venido desarrollándose con regularidad en lugares como Francia o Italia, estando ausente en España por el momento. La información que proporcionan los códices datados conforma una base objetiva y fiable para establecer márgenes cronológicos de referencia, susceptibles de ser ajustados a posteriori con otros casos que puedan ir datándose con exactitud. Con este enfoque, presentamos los resultados de un análisis comparado sobre las características materiales y paleográficas de los códices fechados, hechos en los ambientes cristianos de los territorios de León y de Castilla durante los siglos XII y XIII, seleccionando las cualidades que se desvelan más útiles para datar.

Del período seleccionado hemos reagrupado un total de 29 ejemplares en 34 volúmenes, de los cuales 10 pertenecen al siglo XII y 24 al XIII, todos hechos con seguridad en los reinos de León y de Castilla, en los que hemos comprobado

---

1 Stefano Zamponi, "La scrittura del libro nel Duecento", en *Civiltà comunale: Libro, Scrittura, Documento. Atti del Convegno, Genova, 8-11 novembre 1988* (Génova: Società ligure di storia patria, 1989), pp. 323, 326.

2 Elena E. Rodríguez Díaz, "Consideraciones sobre la datación de un *Liber iudicum* (BCT, 43-7) y de un *Chronicon mundi* (BNE, MSS/4338)", en *Libro homenaje al profesor doctor don Ángel Riesco Terrero*, Nicolás Ávila Seoane y Juan C. Galende Díaz, eds. (Madrid: ANABAD-Universidad Complutense, 2021), pp. 279-286.

los posibles rasgos de interés según la doctrina tradicional y según las observaciones de autores que nos precedieron, como Wilhelm Meyer[3], Agustín Millares Carlo[4], Neil Ripley Ker[5], Jean Vezin[6], Diane Creasy[7], María del Carmen Gutiérrez Aja[8], Stefano Zamponi[9], Marco Palma[10], María Jesús Torrens Álvarez[11], Paola Supino[12] o Albert Derolez[13]. Como se dirá, algunos elementos resultaron infructuosos a efectos de datación, por lo que solo presentamos los que parecen tener mayor utilidad para los libros de los siglos XII y XIII.

Hemos articulado la información derivada de este análisis comparado en un total de 12 tablas, 3 dedicadas a aspectos codicológicos y 9 a elementos paleográficos, previa explicación e interpretación detallada de cada una de ellas,

---

3 Wilhem Meyer, *Die Bubchstaben-Verbindungen in der sogennanten gotischen Schrift* (Berlín: Weidmannsche Buchhandlung, 1897).

4 Agustín Millares Carlo, *Paleografía española. Ensayo de una historia de la escritura en España desde el siglo VIII al XVII* (Madrid: Labor, 1929). Agustín Millares Carlo, *Tratado de Paleografía española*, José Manuel Ruiz Asencio ed., 3 vols., (Madrid: Labor, 1982).

5 Neil R. Ker, "From 'Above Top Line' to 'Below Top Line'. A Change in Scribal Practice", *Celtica*, 5 (1960), pp. 13-16. Asimismo, en *Books, Collectors and Libraries. Studies in the Medieval Heritage* (London-Ronceverte, West Virginia, 1985), pp. 71-74.

6 Jean Vezin, "La realisation matérielle des manuscrits latins pendant le haut Moyen Âge", *Codicologica*, 2 (1978), pp. 15-51.

7 Diane Creasy, *The Development of the Formal Gothic Script in Spain: Toledo 12th-13th c.*, tesis doctoral inédita defendida en la Universidad de Cincinnati en 1983 (Ann Arbor, Michigan: University Microfilms International, 1984).

8 María del Carmen Gutiérrez Aja, *Diasistema paleográfico de la letra semigótica en la littera textualis* (Universidad de Oviedo, tesis doctoral inédita, 1986).

9 Stefano Zamponi, "Elisione e sovrapposizione nella *Littera textualis*", *Scrittura e Civiltà*, 12 (1988), pp. 135-176. Asimismo, en Stefano Zamponi, *Le ragioni della scrittura. Piccoli scritti di paleografia*, Teresa de Robertis y Nicoletta Giovè eds. (Roma: Viella, 2021), pp. 27-56.

10 Marco Palma, "Modifiche di alcuni aspetti materiali della produzione libraria latina nei secoli XII e XIII" , *Scrittura e Civiltà*, 12 (1988), pp. 119-133.

11 María Jesús Torrens Álvarez, "La paleografía como instrumento de datación. La denominada *littera textualis*", *Cahiers de linguistique hispanique médiévale*, 20 (1995), pp. 345-380.

12 Paola Supino, "Orientamenti per la datazione e la localizzazione delle cosiddette *litterae textuales* italiane ed iberiche nei secoli XII-XIV", *Scriptorium*, 54-1 (2000), pp. 20-34.

13 Albert Derolez, *The Palaeography of Gothic Manuscript Books. From the Twelfth to the Early Sixteenth Century* (Cambridge: Cambridge University Press, 2003).

donde completamos algunos aspectos con datos relativos a códices datables o a otros ejemplares procedentes de los restantes reinos peninsulares y europeos, a fin de poder insertarlo todo en el contexto de la época. En el segundo apartado se incluye la relación de los 29 códices utilizados, que han sido numerados correlativamente y cuyo número los identifica en cada una de las tablas.

2. La relación de manuscritos

Entendemos como manuscritos datados los códices que ofrezcan fecha de copia y sobre los que no se hayan planteado dudas, a excepción de dos casos (núm. 25 y 26) que han sido datados de manera concluyente por documentación de archivo.

Para el examen de la evolución y uso de las técnicas materiales de confección de los libros interesa cualquier códice fabricado en los ambientes cristianos de los reinos que son objeto de estudio, con independencia de su escritura, su lengua o su contenido, porque para conocer los procedimientos propios de cada época y de cada lugar no pueden descartarse ni prestigiarse cierto tipo de libros con respecto a otros. Es decir, si se trabaja sobre los códices en romance del siglo XIII no debieran descartarse los latinos y viceversa, porque unos y otros fueron fabricados en los mismos lugares, con las técnicas conocidas en la época e incluso, a veces, por los mismos artesanos o copistas. De igual modo, tampoco deben discriminarse los códices en razón de su contenido, si todos ellos fueron fabricados con las técnicas propias del mundo del libro. Me refiero, en concreto, a los cartularios que se elaboraron enteramente como códices, muchos en escrituras caligráficas y algunos muy lujosos, incluso miniados (núm. 18). Lo mismo puede decirse de la escritura, en una época en la que se produjo un multigrafismo en los reinos del occidente peninsular, mientras siguió vigente la escritura visigótica en los reductos conservadores del norte peninsular y de la mozarabía toledana (siglos XII y XIII).

Por tales razones, hemos optado por mantener la sección copiada en el año 1110 del *Becerro gótico* hecho en el monasterio de Sahagún (núm. 2) en escritura visigótica redonda con influencia carolina. En cambio, no incluimos otro manuscrito visigótico fechado en el año 1105 porque desconocemos su origen geográfico[14]. Tampoco hemos incorporado a nuestro listado la *Biblia* de

14 Nos referimos al de la Biblioteca Nacional de España (BNE), MSS/6367: Burchardus, *Poenitentiale*, también en visigótica redonda con influencia carolina en el sistema abreviativo y fechado en el año 1105. Aunque hay posibilidades de que proceda del mundo leonés o castellano, también podría ser aragonés. En cualquier caso, se trata

Calahorra, del siglo XII, por aparecer la fecha de 1183 en los folios iniciales que forman parte de un cuaderno facticio y manipulado que fue unido al resto mediante un cosido inusual[15]. Ni incluimos los dos volúmenes con los textos de Santo Martino de León que solo ofrecen fecha del inicio de la obra en 1185 y que han sido considerados tradicionalmente como originales, porque dicha categoría se ha puesto en duda[16]. No está tampoco el códice diplomático asturiano conocido como *Libro registro de Corias*, asimismo con fecha de inicio de la copia en el año 1207, pero con documentos copiados hasta 1232[17]. También hemos prescindido del *Fuero de Zamora* conservado en la Biblioteca Nacional

de un manuscrito estructurado según los patrones de la época, con cuaterniones que dejan la cara de pelo al exterior, pautado a punta seca, con el texto dispuesto por encima de la primera horizontal y reclamos horizontales en cada cuaderno. En época de Felipe II se hallaba en Vich, Agustín Millares Carlo, *Corpus de códices visigóticos*, Manuel C. Díaz y Díaz y Anscari M. Mundó Marcet, eds. (Las Palmas de Gran Canaria: Universidad Nacional de Educación a Distancia, 1999), núm. 161. Todos los manuscritos conservados en la Biblioteca Nacional de España que mencionaremos en este trabajo están digitalizados y disponibles en la Biblioteca Digital Hispánica, 26 agosto 2023 <http://bdh.bne.es/bnesearch/Inicio.do>.

15 Ana I. Suárez González, "La Biblia de Calahorra. Notas sobre sus caracteres externos", *Berceo*, 134 (1998), pp. 76, 80.

16 Ana I. Suárez González, "Los códices XI.1 y XI.2 de San Isidoro de León: ¿manuscritos 'de autor' o monumentos conmemorativos?", *Lope Barrientos. Seminario de Cultura*, 4 (2011), pp. 261–299.

17 Biblioteca de la Abadía de Montserrat (BAM), ms. 787. Elegante códice de pergamino, con 101 folios de 280 x 220 mm, compuesto por cuadernos que dejan al exterior la cara de pelo, sin reclamos. Se pautó a plomo a partir de pinchazos de guía situados en el margen interior y se dispuso a dos columnas delimitadas por verticales simples. La escritura comienza siempre por encima de la primera horizontal. Se destacan fuera de la caja los calderones y una parte de las pequeñas iniciales monocromas que acompañan cada asiento documental. La sección principal fue copiada por una única mano, la del *Gondisaluus Iohannis, humilis monachus coriensis*, que declara su identidad en el *Prologus* del f. 1r, aunque hay añadidos intercalados de manos posteriores. La escritura es protogótica y existe influencia de las prácticas documentales. Titulillos, iniciales y calderones alternan los colores rojo y verde. Se dejaron grandes espacios en blanco entre los documentos, que se rellenaron con adornos en rojo; también hay varios folios enteros en blanco. Ninguna de las ediciones de este manuscrito analiza sus características materiales y gráficas, la de Antonio Floriano Cumbreño, *El Libro Registro de Corias. Texto y estudio*, 2 vols., (Oviedo: Instituto de Estudios Asturianos, 1950) por utilizar como fuente una copia del siglo XVII y la de Alfonso García Leal, *El Registro de Corias* (Oviedo: Real Instituto de Estudios Asturianos, 2000) por prescindir de la descripción codicológica y paleográfica.

de España (MSS/6502), por aparecer el cálculo de la Pascua con la fecha de 1281 en el último folio y haber sido claramente añadido con posterioridad, lo que solo proporciona una data *ante quem*. Por su parte, la mención a la conquista de Sevilla (1248) en las oraciones de este mismo volumen es fecha *post quem*, lo mismo que los años 1249-1250 del Fuero de Cuenca escurialense (Q-III-23). Por último, tampoco incluimos el cartulario de Toxosoutos porque la mención cronológica a 1289 fue añadida por mano bastante posterior y el códice diplomático contiene documentos que sobrepasan dicha fecha[18]. Todos estos manuscritos pasan, por estas razones, a la categoría de datables.

En cambio, hemos mantenido el *Planeta* de Diego García de Campos (núm. 12) que ofrece fecha de la obra en el prólogo epistolar (f. 12v), porque quienes han estudiado el manuscrito lo consideran el ejemplar original dedicado por el autor al arzobispo don Rodrigo Jiménez de Rada, que fue entregado al prelado sin haber terminado la iluminación[19]. Su escritura pudiera parecer avanzada para Castilla en algunos aspectos, pero ofrece otros que son todo lo contrario, como la inexistencia de *i* larga en el grupo *ii* y el uso, ya muy reducido, de la *e* caudada para el diptongo latino, rasgos mucho más cercanos al siglo XII que al XIII. Lo cierto es que los elementos codicológicos del manuscrito encajan perfectamente en la segunda década del siglo XIII, como también muchos de los elementos gráficos que hemos destacado en las tablas. Lo único que se distancia de la generalidad local es el uso predominante de la *d* de tradición uncial frente al escaso recurso a la minúscula. Pero esto último ya sucedía en los documentos leoneses y castellanos desde finales del siglo XII, así como en el *Registro coriense* iniciado en 1207. Entre los datados, el fenómeno ya se observa en 1236, por lo que no hemos encontrado motivo para dudar de la originalidad del códice. Por las características paleográficas generales, Diane Creasy planteó la posible presencia de un copista de origen francés afincado en Toledo[20].

---

18 Archivo Histórico Nacional (AHN). Sección códices y cartularios, cod. 1002. Los códices que mencionemos conservados en el Archivo Histórico Nacional están digitalizados y accesibles online en el *Portal Pares* de archivos públicos españoles.

19 Diane Creasy, *The Development…*, p. 108. Ramón Gonzálvez Ruiz, *Hombres y libros de Toledo* (Madrid: Fundación Ramón Areces, 1997), p. 195.

20 Diane Creasy, *The Development…*, pp. 104-105. La principal evidencia para pensar en una mano extrapeninsular no es la escasa presencia de la *d* vertical, sino la influencia francesa en el sistema abreviativo (Diane Creasy, *The Development…*, pp. 97-104), si bien hoy sabemos que algunos aspectos presentados en este estudio como no hispanos se observan en manuscritos castellanos datables de la primera mitad del siglo XIII. De otro lado, la iluminación no está vinculada a Francia, sino a Toledo (Diane Creasy, *The Development…*, p. 105). Lo que sí resulta más inusual para Castilla en

Está también el *Fuero de Madrid* de 1202 porque, aunque la fecha aparezca anotada en un lugar inusual del f. 1v, fue claramente la mano del *rubricator* del volumen la que efectuó lo escrito dentro de las cartelas de los ff. 1r y 1v[21].

Además del *Becerro* de Sahagún, hemos utilizado otros cuatro códices diplomáticos que están copiados en escrituras protogótica (núm. 8), gótica textual (núm. 18), en una caligráfica con influencia documental (núm. 15) y en gótica cursiva formada, cercana a la llamada "letra de privilegios" (núm. 26). El contenido diplomático y la influencia de la escritura de documentos se indica en varias tablas paleográficas, ya que este factor debe tenerse en cuenta tanto para considerar las diferencias morfológicas inherentes a cada tipo de escritura, como para calibrar los resultados, ya que los cambios paleográficos acostumbran a suceder antes en los documentos que en los libros.

Por razones de espacio, solo incluiremos como referencias bibliográficas los catálogos o monografías en los que se han descrito, total o parcialmente, los ejemplares y sus colofones o, en su caso, especificaciones puntuales sobre la fecha, la localización, la ornamentación, el texto u otra información directamente relacionada con su inclusión en el listado. Aparecen entre corchetes las localizaciones probables deducidas de manera indirecta.

1.

1105. Toledo.

Toledo. Biblioteca Capitular, ms. 14-3: San Agustín, *Homiliae*. Escritura libraria[22].

---

esta época es la indicación del año (f. 12v) por el cómputo de la Encarnación y no por la era hispánica.

21 María Teresa Carrasco Lazareno, "El Liber de Foris de Magerit. Apuntes en los inicios de la escritura gótica en Madrid", en *Paleografía I: La escritura en España hasta 1250*, José Antonio Fernández Flórez y Sonia Serna Serna, eds. (Burgos: Universidad de Burgos, 2008), p. 239.

22 Diane Creasy, *The Development…*, pp. 37-46. Klaus Reinhardt y Ramón Gonzálvez, *Catálogo de códices bíblicos de la Biblioteca de la Catedral de Toledo* (Madrid: Fundación Ramón Areces, 1990), pp. 302-303.

2.

1110[23]. Sahagún (León).

Madrid. Archivo Histórico Nacional. Documentos textuales. Sección códices y cartularios, cod. 989B: *Becerro gótico de Sahagún*. Escritura visigótica redonda con influencia carolina[24].

3.

1162. León.

León. Biblioteca de la Real Colegiata de San Isidoro, cod. III.1, III.2 y III.3: *Biblia*. Escritura libraria[25].

4.

1165. [Toledo][26].

Toledo. Biblioteca Capitular, 11-14: Paterius, *Liber de expositione Veteri Testamenti ex diversis libris Sancti Gregorii concinnatus*. Escritura libraria[27].

5.

1181. Sahagún (León).

New York. Pierpont Morgan Library, ms. M.939: Pedro Lombardo, *Collectanea in Epistolas Pauli*. Escritura libraria[28].

---

23 La anotación cronológica (*Iste liber scriptus est era millesima C XL VIII[a]*), que se lee en el f. 141r, puede referirse a una parte o a todo de este códice, Marta Herrero de la Fuente, "Cartularios leoneses. Del Becerro Gótico de Sahagún al Tumbo Legionense y al Libro de las Estampas", en *La escritura de la memoria: los cartularios*, Elena E. Rodríguez Díaz y Antonio C. García Martínez, eds. (Huelva: Publicaciones de la Universidad, 2011), pp. 121-122.

24 Marta Herrero de la Fuente, "Cartularios...", pp. 111-151.

25 Ana I. Suárez González, *Los códices III.1, III.2, III.3, IV y V (Biblia, Liber capituli y Misal)*, (León: Universidad de León y Cátedra de San Isidoro, 1997), pp. 83-322.

26 La factura, la escritura y la decoración de este manuscrito son indudablemente toledanas, Elena E. Rodríguez Díaz, *En el origen del libro gótico castellano: el "scriptorium" toledano de San Vicente de la Sierra* (Sevilla: Publicaciones de la Universidad, 2023).

27 Klaus Reinhardt y Ramón Gonzálvez, *Catálogo...*, pp. 295-296.

28 Jerrilynn D. Dodds y John W. Williams, *The Art of Medieval Spain, A.D. 500-1200* (New York: The Metropolitan Museum of Art, 1993), pp. 304-306. *The Chester Beatty Western Manuscripts*, vol. I (Londres: Sotheby's, 1968), pp. 33-35.

6.

1187, julio. León.

San Isidoro. Biblioteca de la Real Colegiata, cod. XII: *Breviario y Ritual* (sector II). Escritura libraria[29].

7.

1188. [Toledo].

El Escorial. Real Biblioteca del Monasterio, M-III-2: *Liber iudiciorum*. Escritura libraria, con rasgos documentales en la grafía de menor módulo que enumera las leyes al inicio de cada título[30].

8.

1190. Toledo.

Toledo. Biblioteca Capitular, ms. 42-20: *Liber privilegiorum*. Latín[31], escritura libraria[32].

9.

1202. Madrid.

Madrid. Archivo de la Villa. Secretaría, ms. 1: *Fuero de Madrid*. Romance, escritura caligráfica protogótica[33].

---

29 Ana I. Suárez González, *Patrimonio bibliográfico de San Isidoro de León. Códices del siglo XII* (Universidad de León, tesis doctoral, 1994), pp. 1327-1446. La mención de fecha se lee en el f. 133r.

30 Diane Creasy lo considera toledano (*The Development...*, pp. 47-73), mientras que Yolanda García apunta a un origen palentino de este manuscrito por haberlo visto Ambrosio de Morales en Santa María de Husillos en el siglo XVI, Yolanda García López, *Estudios críticos y literarios de la "Lex uisigothorum"* (Alcalá de Henares: Universidad de Alcalá de Henares, 1996).

31 El cartulario fue hecho en lengua latina y en una impecable y elegante escritura textual, aunque para las suscripciones de los mozárabes toledanos en algunos documentos se utilizaron los caracteres árabes.

32 Ramón Gonzálvez Ruiz, "Introducción", en *Los cartularios de Toledo. Catálogo documental*, Francisco J. Hernández, ed. (Madrid: Fundación Ramón Areces, 1996), pp. XVI-XVII.

33 Galo Sánchez, Rafael Lapesa y Agustín Millares Carlo, *Fuero de Madrid* (Madrid: Publicaciones del Archivo de la Villa, 1932), con reproducción completa del manuscrito. María Teresa Carrasco Lazareno, "El Liber...", pp. 235-246.

10.

1208. Iglesia de San Vicente [Toledo].

El Burgo de Osma. Biblioteca de la Catedral, cod. 112: San Idefonso, *De virginitate Sanctae Mariae contra tres infideles.* Latín, escritura libraria[34].

11.

1208. [San Vicente de la Sierra, Toledo].

Madrid. Biblioteca Nacional de España, MSS/10100: *Comentarios de Hugo de San Víctor a la Regla de San Agustín y Ritual de canónigos regulares.* Latín, escritura libraria[35].

12.

1218. Toledo.

Madrid. Biblioteca Nacional de España, MSS/10108: Diego García de Campos, *Planeta*, dedicado a Rodrigo Jiménez de Rada. Latín, escritura libraria[36].

---

34 Timoteo Rojo Orcajo, *Catálogo descriptivo de los códices que se conservan en la Santa Iglesia Catedral de Burgo de Osma* (Madrid: Tipografía de archivos, 1929), p. 200. En el colofón del final del texto se lee: *Explicit liber. Dominicus Lupi scriba sub/diaconus ecclesie Sancti Vincencii. / Finito libro reddatur gratia Christo· Amen. / In era Mª CCª XLª VIª*. Cuando se menciona este manuscrito suele fecharse erróneamente en el año 1209, aunque en el colofón se indica claramente la era de 1246. El error se arrastra desde el catálogo de Rojo Orcajo e incluso se incluyó en el Repertorio II de Agustín Millares Carlo, *Tratado…*, vol. I, p. 349. Estudiado en Elena E. Rodríguez Díaz, *Codicología y paleografía toledanas. Las copias del* De virginitate *de San Ildefonso hasta el 1200. Discurso de ingreso en la Real Academia de la Historia* (Madrid: Real Academia de la Historia, 2024), pp. 145-155.

35 Diane Creasy, *The Development…*, pp. 74-87. Ramón Gonzálvez Ruiz, *Hombres y libros…*, pp. 109-110. Elena E. Rodríguez Díaz, *En el origen del códice gótico castellano: el scriptorium toledano de San Vicente de la Sierra* (Sevilla: Publicaciones de la Universidad, 2023), pp. 158-162 con la descripción del manuscrito, que se analiza a lo largo de todo el libro en comparación con otros manuscritos de la misma procedencia. El volumen se compone de cinco sectores textuales que estudiamos pormenorizadamente a lo largo de dicho trabajo. El colofón se lee en el f. 106v tras la finalización de los *Comentarios de Hugo de San Víctor a la Regla de San Agustín*, aunque la misma mano copió algunos folios más.

36 Diane Creasy, *The Development…*, pp. 88-108.

13.

1220-09. [Toledo[37]].

New York. Pierpont Morgan Library, ms. 429: Beato de Liébana, *Comentarios al Apocalipsis*. Latín, escritura libraria[38].

14.

1222, 1229.

Madrid. Biblioteca Nacional de España, MSS/871: *Liber admonitionis*. Latín, escritura libraria[39].

15.

1236. Valpuesta (Burgos).

Madrid. Archivo Histórico Nacional. Sección códices y cartularios, cod.1167: *Becerro galicano*. Latín, escritura libraria con influencia documental[40].

---

37 David Raizman, "Prayer, Patronage and Piety at Las Huelgas: new Observations of the Later Morgan Beatus (M. 429)", en *Church, State, Vellum and Stone: Essays of Medieval Spain in Honor of John Williams*, Therese Martin y Julie Ann Harris, eds., Brill, 2005, pp. 235-273; David Raizman, "A Rediscovered Illuminated Manuscript of St. Ildefonsus's De Virginitate Beatae Mariae in the Biblioteca Nacional in Madrid", *Gesta*, 26, n. 1 (1987), pp. 37-46. Elena E. Rodríguez Díaz, *Codicología y paleografía toledanas…*, pp. 51, 56, 66, 131, 137, 176-179. El manuscrito ha sido recientemente digitalizado en abierto en la web de la Pierpont Morgan Library, <https://www.themorgan.org/collection/commentary-apocalypse/112348/thumbs>.

38 Para la descripción material, gráfica y la extensa bibliografía remito a las veintiún páginas del catálogo interno de la Morgan Library, hoy disponible en línea en la página oficial de la Biblioteca, <https://www.themorgan.org/>.

39 *Inventario general de manuscritos de la Biblioteca Nacional de España* (Madrid: Ministerio de Educación Nacional, Ministerio de Cultura, 1956), t. II, pp. 480-481.

40 José Manuel Ruiz Asencio, "Los cartularios de Valpuesta", *Estudios Mirandeses*, 24 (2004), pp. 354-381.

16.

1246. Santo Domingo de Silos El Antiguo (Toledo).

Madrid. Biblioteca Nacional de España, MSS/17820: *Martirologio.* Latín, escritura libraria[41].

17.

1250.

Madrid. Biblioteca Nacional de España, Res. 270: *Libro de los animales que cazan*. Romance, escritura libraria[42].

18.

1253. Toledo.

Madrid. Biblioteca Nacional de España, Vitr. 15-5, ff. 1r-33r: *Primatu et nobilitate Ecclesiae Toletanae*. Latín, escritura libraria[43].

19.

1255, agosto, 25.

El Escorial. Real Biblioteca del Monasterio, Z-III-16: *Fuero real,* dirigido a Santo Domingo de la Calzada. Romance, escritura libraria[44].

---

41 Ana I. Suárez González, "Nuevo contexto para un libro de 'monjas' (Madrid: Biblioteca Nacional, Ms. 17820)", *Cistercium*, 251 (2008), pp. 447-470.

42 José Manuel Fradejas Rueda, *Libro de los animales que cazan* (Madrid: Editorial Casariego, 1987), pp. XXIV-XXV.

43 Diane Creasy, *The Development…*, pp. 109-123.

44 José Manuel Ruiz Asencio, "El escurialense Z.III.16. Un original del Fuero Real. Estudio paleográfico y diplomático", *Leyes de Alfonso X II. Fuero real*, Gonzalo Martínez Díez, ed. (Ávila: Fundación Sánchez Albornoz, 1988), pp. 135-159. Al contrario de lo que se afirma en este trabajo, el códice no presenta evidencias de haber estado sellado. En cambio, sí lo estuvo el *Fuero Real* concedido a Sahagún que se conserva en la Biblioteca del Marqués de Valdecilla, donde permaneció mucho tiempo mal catalogado como *Fuero de Sahagún*. La detección del error se debe a Mónica Castillo Lluch, "Fuero parece, real lo es: BH MSS 345 de la Biblioteca Histórica Marqués de Valdecilla", en *Philobiblon*, 2023, núm. 2 (marzo), en línea <https://bit.ly/3Utvx0e>. El manuscrito está siendo estudiado.

20.

1255. [Toledo][45].

Toledo. Biblioteca Capitular, 18-3: Pedro Lombardo, *Glossa continua in Epistolas Pauli apostoli*. Latín, escritura libraria[46].

21.

1256.

Madrid. Biblioteca Nacional de España, MSS/7104: Rodrigo Jiménez de Rada, *Historia Gothica*. Latín, escritura libraria[47].

22.

1259, febrero, 26. [Toledo[48]].

Madrid. Biblioteca Nacional de España, MSS/9294: Alfonso X, *Libro de las cruces*. Romance, escritura libraria[49].

23.

1280.

Ciudad del Vaticano. Biblioteca Apostólica Vaticana. Urb. Lat. 539: Alfonso X, *General estoria* (cuarta parte). Romance, escritura libraria[50].

---

45 El copista principal, nombrado *Aznarius*, fue Aznar Pérez, escribano del arzobispo toledano Sancho de Castilla (1251-1261). Su ayudante, el *sacrista Iohannes*, coincide en la misma época con el que lo fue en la Colegiata de Santa Leocadia de Toledo, Klaus Reinhardt y Ramón Gonzálvez, *Catálogo…*, p. 323.

46 Klaus Reinhardt y Ramón Gonzálvez, *Catálogo…*, pp. 322-323.

47 *Inventario…*, t. XII (1988), pp. 22-23.

48 Gerold Hilty, *Aly Aben Ragel, El libro conplido de los iudizios de las estrellas* (Madrid: Real Academia Española, 1954), p. XXVII. Asimismo, Gerold Hilty, "¿Existió una tercera versión latina del *Libro conplido*?", *Revista de Literatura Medieval*, XXIII (2011), pp. 287-296.

49 Gerold Hilty, *Aly Aben Ragel. Inventario…*, t. XIII (1995), pp. 275-276.

50 Inés Fernández-Ordóñez, *Las Estorias de Alfonso El Sabio* (Madrid: Itsmo, 1992). Diego Catalán Menéndez, *De la silva textual al taller historiográfico alfonsí. Códices, crónicas, versiones y cuadernos de trabajo* (Madrid: Fundación Menéndez Pidal, 1997). Yolanda Abad Méndez, *Dos códices alfonsíes en la Biblioteca Vaticana. Análisis*

24.

1283. Sevilla.

El Escorial. Real Biblioteca del Monasterio, T-I-6: Alfonso X, *Libro de ajedrez, dados y tablas*. Romance, escritura libraria[51].

25.

1288. Sevilla[52].

Murcia. Archivo Municipal. Serie, 3, ms.53: *Fuero Juzgo*, códice sellado. Romance, escritura libraria[53].

26.

1288, diciembre, 08. Sevilla[54].

Murcia. Archivo Municipal. Serie, 3, ms.38: *Privilegios de Sevilla*, códice sellado. Romance, escritura documental[55].

---

codicológico de los manuscritos Urb. Lat. 539 y Reg. Lat. 1283, memoria de licenciatura bajo la dirección de Pilar Ostos Salcedo, (Universidad de Sevilla, 2001), pp. 30-78. Inés Fernández-Ordóñez, "General estoria", en *Diccionario filológico de la literatura medieval española*, Carlos Alvar y José María Lucía, eds. (Madrid: Editorial Castalia, 2002), p. 49.

51 Ana Domínguez Rodríguez, "La miniatura del *scriptorium* alfonsí", en *Estudios alfonsíes: lexicografía, lírica, estética y poética de Alfonso el Sabio*, José Mondéjar y Jesús Montoya, eds. (Granada: Universidad, 1985), pp. 127-161. Laura Fernández Fernández, "*Libro de axedrez, dados e tablas*. Ms. T-I-6. Real Biblioteca del Monasterio de El Escorial. Estudio Codicológico", *Scriptorium* (2010), pp. 69-116.

52 Datado y localizado por documentación de archivo en Isabel García Díaz, "El Fuero Juzgo. Descripción del manuscrito (Códice del Archivo Municipal de Murcia)", en *El Fuero Juzgo: estudios críticos y transcripción*, José Perona Sánchez, ed. (Murcia: Región de Murcia, 2002), pp. 15-40.

53 *Ibidem*.

54 Datado y localizado por documentación de archivo en Isabel García Díaz, "Una obra del escritorio concejil sevillano del siglo XIII: el Libro 38 del Archivo Municipal de Murcia", *Historia. Instituciones. Documentos*, 28 (2001), pp. 129-149.

55 *Ibidem*.

27.

1289, marzo, 28.

Madrid. Real Academia Española, ms. 293: *Fuero Juzgo*. Maestro Jacobo, *Flores del Derecho*. *Fuero de Zamora*. Romance, escritura libraria[56].

28.

1296. Alcaraz (Albacete).

Madrid. Biblioteca Nacional de España, MSS/17799: *Fuero de Alcaraz*, códice sellado. Romance, escritura libraria[57].

29.

1298, diciembre. Uclés (Cuenca).

Madrid. Biblioteca Nacional de España, MSS/922-925[58]: *Biblia*. Latín, escritura libraria[59].

3. Tablas codicológicas

En paralelo al cambio gráfico que se produjo por la evolución de la escritura carolina hacia la gótica, se inició también una transformación de la apariencia externa de los manuscritos, por influir en ello diversos factores históricos como la distinta forma de leer que trajo consigo la Escolástica y la aparición de la universidades, las innovaciones tecnológicas de mejora en la fabricación del pergamino o en la difusión del papel en los reinos cristianos peninsulares, hasta llegar a las transformaciones en el comercio del libro, en el gusto estético o en la mentalidad cultural. Esto tuvo como resultado la aparición en el siglo XIII de una serie de cambios materiales, cuya difusión en cada reino se convierte en indicio de datación.

---

56 Carmen Crespo Tobarra, *Catálogo de manuscritos de la Real Academia* (Madrid: Real Academia Española, 1991), pp. 267-269.

57 Mónica Castillo Lluch, "El orden de las palabras en los Fueros de Alcaraz y de Alarcón", *Cahiers de linguistique hispanique médiévale*, 21 (1996), pp. 273-291. José Sánchez Ferrer, *El Fuero de Alcaraz. Versión romanceada de 1296*, vol. III: *Estudio de su ordenamiento e iluminación* (Albacete: Instituto de Estudios albacetenses, 2008).

58 El colofón con la localización y la fecha se halla en el vol. III, f. 122rB, en rojo y en una escritura cursiva de ductus lento coétanea a la copia.

59 *Inventario...*, t. III (1967), pp. 53-65.

En España, la innovación tecnológica más destacada fue la paulatina difusión del papel entre los cristianos también para libros de contenido textual, no solo administrativo o documental. Sin embargo, no incluimos un apartado para el tipo de soporte en nuestras tablas porque todos los datados son membranáceos. Por inventarios de biblioteca toledanos, sabemos que en el reino de Castilla circularon códices en papel en caracteres latinos con textos de diversa naturaleza en el siglo XIII y no únicamente de tipo diplomático[60]. Exceptuando los 38 folios iniciales del ms. 6 conservado en la Biblioteca de la Abadía de Silos, copiado en el siglo XI, y los cuadernos mixtos de los Glosarios de Leyden y Silos, uno de los manuscritos cartáceos de naturaleza textual con marca de zigzag más antiguos que conservamos procede de la ciudad de Zaragoza y fue copiado antes de 1262[61], mientras que los manuscritos castellanos en papel más antiguos son de carácter diplomático y administrativo[62].

En papel hispanoárabe está confeccionado también el *Fuero Juzgo* en castellano que se conserva en la Vitr. 17–10 de la Biblioteca Nacional de España, códice que ya estaba en la catedral de Toledo en 1341 y que después pasó a formar parte de la biblioteca del arzobispo toledano, don Pedro Tenorio, como demuestra su emblema heráldico añadido en el f. 5v. El soporte de este códice es un papel de verjura poco marcada, sin filigrana, con hojas de formato in folio, gruesas, recias, de color hueso amarillento, satinadas y con la marca hispana del zigzag en los márgenes internos de muchos de sus folios. Estas características indican casi con seguridad su procedencia de Játiva[63]. Algunos historiadores del arte han propuesto una confección del Vitr. 17-10 vinculada a miembros de la monarquía castellana hacia 1302[64].

60 Ramón Gonzálvez Ruiz, *Hombres y libros…*, pp. 277, 285, 290.

61 BNE, MSS/10015. Elena E. Rodríguez Díaz, "Un códice astronómico en papel anterior a 1262 (BNE, MSS/10015)", *Documenta & Instrumenta*, 22 (2024), en prensa.

62 Isabel García Díaz y Juan Antonio Montalbán Jiménez, "El uso del papel en Castilla durante la Baja Edad Media", en *VI Congreso Nacional de Historia del Papel en España: Actas 2005* (Valencia: Conselleria de Cultura, Educació i Esport, 2005), pp. 412-413.

63 Isabel García Díaz y Juan Antonio Montalbán Jiménez, "El uso del papel…", p. 413.

64 Rosa María Rodríguez Porto, *Thesaurum: la Crónica troyana de Alfonso XI (Escorial, H.I.6) y los libros iluminados de la monarquía castellana (1284 -1369)*, t. II (Universidad de Santiago de Compostela, tesis doctoral, 2012), pp. 173-213. Rosa María Rodríguez Porto, "Otros reyes de la su casa onde él venía: metáforas, diagramas y figuras en la historiografía castellana (1282-1332)", *Revista de poética medieval*, 27 (2013), pp. 201-209.

Aparte de la difusión del papel para copiar libros, existen otros cambios técnicos en este período relativos al uso del pergamino, algunos de los cuales sirven como indicios de localización. El primero de ellos es la aparición de una membrana muy blanquecina y de muy poco grosor, que no posee distinción de tonalidad entre la cara de pelo y la cara de carne, a la que normalmente llamamos vitela. Al carecer del contraste natural de la piel, cuando se formaban cuadernos de los códices por el sistema de plegado, no era necesario respetar la ley de Gregory. Otra variedad es la fabricación del pergamino que se hizo en la ciudad de Toledo desde finales del siglo XII y durante todo el siglo XIII. Con pieles, quizás de cabrito, se fabricaba una membrana de alta calidad, extremadamente fina, a veces casi transparente y muy parecida a la vitela si no fuera porque, a diferencia de esta última, el característico pergamino toledano del siglo XIII es fuertemente contrastado, con la *pars pili* oscura.

Otros cambios técnicos significativos válidos para datar son el aumento en el número de folios por cuaderno, la distinta manera de confeccionarlos, la aparición de nuevos procedimientos de ordenación de cuadernos, bifolios y folios, las técnicas de pautado que se introdujeron en el siglo XII (plomo) y en el XIII (tinta) y, por último, las modificaciones sucedidas en el uso de la caja de escritura por los copistas, que reagrupamos en las tablas 1, 2 y 3.

La evolución de códices y escrituras hasta la etapa plenamente gótica no siempre fue uniforme, por lo que, junto a determinados rasgos comunes a todos los reinos del occidente europeo, se añaden otros que sufrieron diferente desarrollo en algunos o en cada uno de ellos. Se producen así dos situaciones muy interesantes a efectos de datación. En primer lugar, durante los siglos XII y XIII existieron una serie de elementos materiales y gráficos tradicionales que acabaron por desaparecer, al tiempo que surgieron otros procedimientos novedosos que terminaron por consolidarse. Unos y otros se convierten, por tanto, en indicios de datación. Estas evidencias sirven para caracterizar y periodizar las costumbres gráficas y materiales de cada reino al considerar en conjunto su producción de libros, así como para descartar algunos lugares comunes que han venido repitiéndose en la doctrina tradicional.

Pero los cambios socioculturales del período también trajeron nuevos inconvenientes. El uso escrito de las lenguas vernáculas y el acceso de los laicos a la cultura escrita favorecieron la extensión de un fenómeno novedoso en el ámbito de la reproducción medieval de manuscritos: a partir del siglo XIII, el espacio gráfico estuvo compartido tanto por expertos, como por un mayor número de subalternos capaces de elaborar códices al margen de los *scriptoria* eclesiásticos o de los talleres laicos, reproduciendo, mejor o peor, las técnicas de la época y utilizando las escrituras que conocían, fuesen caligráficas o cursivas. Por estas razones, podemos encontrar casos de individuos que no actuaban como lo hacían la mayoría de los copistas profesionales en este o en aquel aspecto material o gráfico, no necesariamente por una razón cronológica, sino por su calidad, su nivel de competencia gráfica o por el incumplimiento de lo que fueron las normas formales más extendidas.

3.1. Los cuadernos y la ordenación (tabla 1)

Esta primera tabla contiene los asuntos que son novedad en la época relativos a la confección de los cuadernos y a las técnicas generales de ordenación de cuadernillos, bifolios y folios, presentados de la siguiente manera: tipo de cuaderno, cara del pergamino con la que se inicia cada uno de ellos, uso de signaturas, tipos de reclamo, numeración de bifolios, foliación, su situación en los vueltos y paginación medieval.

Por lo que respecta a la estructura de cuadernos, el período analizado ofrece dos etapas claras: una primera, de continuidad con la tradición altomedieval, que comprende todo el siglo XII y las dos primeras décadas del XIII, con el uso dominante de cuadernos de cuatro bifolios (ocho folios); y un segundo momento, en el que el cuaternión convive con quiniones y seniones, lo que se refleja en los manuscritos datados en la tercera década del siglo XIII para difundirse a partir de mediados de la centuria.

Al considerar este aspecto codicológico nos fijamos siempre en el tipo de cuaderno predominante, es decir, el tipo que es mayoritario dentro de una misma unidad codicológica, sin tener en cuenta las variantes ocasionales debidas a ajustes de texto o, como era frecuente, a la inclusión de los folios de guarda en los cuadernos inicial y final cuando se conserva la estructura originaria. Así, el tradicional cuaternión siguió utilizándose en el siglo XIII y en el XIV, por lo que el empleo de cuadernos con un mayor número de folios es lo que, en esta época, ayuda a datar.

Aunque el uso de cuaterniones poseía una larga tradición, pues ya se utilizaban en los códices de papiro y en los primeros manuscritos membranáceos, los quiniones no fueron desconocidos en la Antigüedad Tardía, ni en la Alta Edad Media, como sucedió en el mundo griego e insular. Igualmente, también se usaron seniones entre los *antiquiores*[65]. Pero una vez que se difundió el empleo predominante del cuaternión, los quiniones y seniones quedaron relegados a funciones coyunturales dentro de la estructura del manuscrito latino durante mucho tiempo, hasta que en el siglo XIII empezaron a fabricarse libros donde

65 Paola Busonero, "Quiring in Manuscripts of the Late Middle Age", en *Trends in Statistical Codicology*, Marilena Maniaci ed. (Berlín: De Gruyter, 2022), pp. 208-209.

abundaban los quiniones y seniones. Así, del 95 % en el uso del cuaternión durante el siglo XII en códices franceses, italianos, alemanes, de los Países Bajos y de las islas británicas, se pasó a un 40 % en el siglo XIII por el mayor uso de cuadernos de 10 y de 12 folios[66]. En Francia y en Italia, la mayor proporción de esta nueva tipología de cuadernos sucede en la segunda mitad del siglo XIII, si bien los quiniones ya se empleaban durante la primera mitad[67] y el caso más antiguo del uso de seniones data de 1230[68].

En el reino de Castilla, la reiteración de quiniones en la estructura de un códice, hasta ser predominantes, se constata en códices de 1220, 1222, 1253, 1255 (núm. 19, 20), 1256, 1296 y 1298. A su vez, el senión se utilizó en casos datados de 1288 y 1289. Algo similar sucede entre los manuscritos datables, con quiniones en un cartulario copiado con anterioridad a 1257 en Aguilar de Campoo[69]; en otro toledano hecho entre 1253 y 1260[70]; en el *Tumbo menor de Castilla* perteneciente a la Orden de Santiago hecho en la fortaleza de Uclés (Cuenca) después de mediados del siglo[71] o en uno de los manuscritos con traducciones latinas de obras astronómicas, muy anotado por Álvaro de Oviedo, lo que atestigua el conocimiento de estas nuevas técnicas de composición de cuadernos en el ambiente de los traductores alfonsíes[72]. El uso de quiniones no predominantes, pero sin una razón coyuntural aparente, ya se observa en códices toledanos de finales del siglo XII.

Entre los manuscritos en papel, el senión o *sisterno*[73] se usó mucho antes, ya que fue utilizado en el códice cartáceo de contenido astronómico citado más

66 Paola Busonero, "Quiring…", pp. 222-223.

67 Paola Busonero, "Quiring…", pp. 230, 233.

68 Bibliothéque national de France (BnF), lat. 6901, Jean Vezin y Jean Dufour, "Paléographie et Codicologie", *École practique d'hautes études. Annuaire*, 1977, p. 493.

69 AHN. Sección códices y cartularios, cód. 994. Los cartularios medievales conservados en el AHN están digitalizados y disponibles online en el portal Pares, 26 agosto 2023, <https://pares.mcu.es/ParesBusquedas20/catalogo/search>.

70 AHN. Sección códices y cartularios, cód. 996B.

71 AHN. Sección códices y cartularios, cód. 1046.

72 BNE, MSS/10009. Hemos desarrollado los aspectos codicológicos y paleográficos de los manuscritos anotados y copiados por Álvaro en Carmen del Camino Martínez y Elena E. Rodríguez Díaz, "Manuscritos y escritura de Álvaro de Oviedo", comunicación presentada al Congreso internacional *Historiador y Poder. El historiador en el poder. VIII Centenario del nacimiento de Alfonso X El Sabio* (Moscú, 2021), enviada para su publicación.

73 En la documentación castellana del siglo XV se le denomina así: *sisterno*, como a veces se habla también de *quinternos*. Se utilizaba incluso el verbo *sisternar* (*çisternar*,

arriba (BNE, MSS/10015), que debió copiarse en la primera mitad del siglo XIII. También fue la modalidad de cuaderno elegida para el *Fuero Juzgo* en papel de la Biblioteca Nacional de España (Vitr. 17-10). Los datables en pergamino adelantan asimismo la cronología de los datados, ya que se localizan cuadernos de seis bifolios en un caso ligeramente anterior a 1270 (BNE, MSS/10053); en otro toledano de contenido astronómico quizás copiado hacia la misma fecha de 1270 (BNE, MSS/10059) y en uno copiado en Toledo por Álvaro de Oviedo hacia 1282[74]. Esta presencia importante de procedencias toledanas en códices con innovaciones tecnológicas, que están atestiguadas a su vez en manuscritos franceses e ingleses de la primera mitad del siglo XIII[75], hace que nos preguntemos hasta qué punto pudieron influir en ello los extranjeros afincados en Toledo que colaboraron en las empresas traductoras de la época.

En el siglo XIII se modificó también la manera de plegar las hojas de pergamino para dejar al exterior del cuaderno la cara de la carne o *pars munda*, en contraposición a lo que fue costumbre desde los siglos IX y X de iniciar los cuadernos por la cara de pelo[76]. Entre los manuscritos datados de Francia e Italia recogidos por Marco Palma, la *pars munda* al exterior empezaba a ser regular en la década de 1230, aunque el cambio no se generalizó hasta mediados del siglo[77].

Como se ve en la tabla 1, en Castilla dicha modificación técnica ya había sucedido en 1246, aunque no se difundió hasta la década central del siglo XIII (1256). Sin embargo, los manuscritos datables adelantan la cronología a la década de 1230, porque algunos códices como el *Fuero viejo* de Alcalá de Henares, copiado seguramente en Toledo entre 1232 y 1242, dejan al exterior la cara de la carne[78].

---

cisternar), con el significado de transformar la materia prima (pergamino o papel) en cuadernos de seis bifolios o seniones, Elena E. Rodríguez Díaz, "El monasterio de Guadalupe y su actividad de copia de libros en el siglo XV (BNE, MSS/10156 y 4127)", en *Iglesia y escritura en Castilla. Siglos XII-XVII*, María Luisa Pardo Rodríguez coord. (Sevilla: Publicaciones de la Universidad, 2019), nota 14.

74 BNE, MSS/10063. También se compone de seniones el Madrid, BNE, MSS/6502, al que se sumó un añadido fechado en 1281.

75 Paola Busonero, "Quiring…", pp. 227, 230.

76 Elena E. Rodríguez Díaz, *Codicología y paleografía toledanas…*, pp. 56-59.

77 Marco Palma, "Modifiche…", pp. 124-125 y 130.

78 Carlos Sáez Sánchez, "Estudio codicológico", en Carlos Sáez Sánchez, Antonio Caballero García y María Jesús Torrens Álvarez, eds. (Alcalá de Henares: Universidad, 1992), p. 17. El códice no está fechado, pero se concluye que la datación debe situarse

El procedimiento altomedieval de las signaturas para ordenar los cuadernos se utilizó de forma minoritaria en el siglo XII o para necesidades técnicas concretas en el XIII. En ausencia de reclamos, solo lo encontramos en dos casos datados, uno de 1181 y en *El libro de los juegos* alfonsí, de 1283 (núm. 24), posiblemente en este último caso para salvaguardar la estética de las páginas con grandes miniaturas. Aunque existen algunos (pocos) ejemplares con signaturas de cuadernos en el siglo XIV, la técnica desapareció del panorama gótico castellano hasta su recuperación a finales del siglo XV por influencias foráneas. No obstante, en los siglos XII y XIII pueden encontrarse acompañadas de reclamos[79].

Mucho más útil para fechar y también para localizar es la aparición y difusión del reclamo vertical como sistema de ordenación de cuadernos. Hace tiempo propusimos un origen toledano por estar los casos más antiguos relacionados con dicho territorio[80]. Hoy podemos confirmarlo al tener localizada esta variedad en las tierras toledanas durante el último cuarto del siglo XII[81], aunque entre los datados no aparezca hasta el año 1246. Uniendo la información de datados y datables, el reclamo vertical se localiza en códices confeccionados en la región de Toledo a finales del siglo XII y durante las primeras décadas del XIII, extendiéndose por el norte y el sur de la línea del Tajo desde los años centrales del siglo. El uso del reclamo vertical identifica y distingue a los libros castellanos y leoneses de los siglos XII y XIII de los manuscritos fabricados en los restantes reinos peninsulares y de los confeccionados en el occidente europeo. Su uso fue un rasgo de hispanismo hasta el siglo XV.

El reclamo horizontal continuó utilizándose en todo el período estudiado, así como en los siglos XIV y XV. Una tendencia antigua tanto del reclamo horizontal como del vertical consistió en situarlos cerca del borde inferior de las páginas, quizás con la idea de que desaparecieran tras la encuadernación. Este

---

entre 1232 y 1242, Antonio Caballero García, "Estudio paleográfico", *ibidem*, p. 54. María Jesús Torrens Álvarez, *Edición y estudio lingüístico del Fuero de Alcalá (Fuero viejo)*, (Alcalá de Henares: Fundación Colegio del Rey, 2002).

79 Por ejemplo, en Soria. Biblioteca Pública del Estado (BPS), cód. 5H, manuscrito del siglo XIII que transmite la vida de San Bernardo y que procede del monasterio de Santa María de Huerta.

80 Elena E. Rodríguez Díaz, "El uso del reclamo en España (reinos occidentales)", *Scriptorium*, 53-1 (1999), pp. 3-33.

81 Elena E. Rodríguez Díaz, *El scriptorium toledano…*, pp. 62-65.

debió haber sido el principal motivo de la pérdida de muchas de estas marcas en códices del siglo XII.

Otra de las variantes técnicas que aparecen en el siglo XIII es la numeración de pliegos o bifolios de manera independiente dentro de cada cuaderno, que puede usarse al mismo tiempo que los reclamos y cuyos primeros casos datados se sitúan en 1253 y 1256. Los datables podrían adelantar esta cronología, ya que se utilizaron en la conocida como *Biblia de Pedro de Pamplona*, dos volúmenes posiblemente copiados en Toledo durante la época de Jiménez de Rada, y en el volumen con la obra histórica de este arzobispo que se conserva en la Biblioteca Pública de Córdoba (ms. 131)[82], que debió copiarse en la década central del siglo XIII. En otros datables, sigue atestiguándose entre los traductores que trabajaron para los proyectos alfonsíes, pues así sucede en manuscritos de Álvaro de Oviedo, y en el cartulario de la Orden de Santiago conocido como *Tumbo menor de Castilla* que fue copiado en la segunda mitad del siglo XIII. No hemos encontrado hasta el momento nada parecido a las marcas que posee el manuscrito de Ripoll con el *Liber Sancti Iacobi*, fechado en el año 1173[83], en ninguno de los casos datados o datables del occidente peninsular durante el siglo XII, no sabemos si por el recorte sucesivo que sufrieron los márgenes de muchos de ellos o porque verdaderamente esta técnica no se difundió hasta mediados del siglo XIII en el reino de Castilla.

La foliación es una innovación técnica del siglo XIII. En los siglos bajomedievales no siempre es fácil distinguir una foliación original de otra añadida en la misma Edad Media, por eso, en la Tabla 1 hemos identificado este rasgo como *foliación medieval* y no como foliación original. Además este es otro de los aspectos difíciles de constatar debido al recorte de los márgenes en aquellos manuscritos que sufrieron varias reencuadernaciones. Entre los datados, los códices del siglo XII no poseen foliación original, como era previsible, y en el siglo XIII hay un caso dudoso de 1288 (núm. 25). En este último códice los números romanos son de color negro pero están hechos con una tinta más clara que la del texto principal. Se fueron anotando en la esquina superior derecha de los rectos de forma disimulada, con trazado y morfología medieval.

---

82 Juan Fernández Valverde y Pilar Ostos Salcedo, "El códice *a* de *De rebus Hispaniae* de R. Jiménez de Rada (ms. 131 de la Biblioteca Pública de Córdoba)", *Scriptorium*, 52-1 (1998), pp. 37-65.

83 Archivo de la Corona de Aragón (ACA). Ripoll, ms. 99, conserva restos de marcas compuestas de números romanos y letras minúsculas, por ejemplo en el f. 8v. El códice está digitalizado y disponible online en el *Portal Pares* ya citado.

Los datables parecen adelantar la cronología, ya que conocemos un manuscrito hagiográfico procedente de San Millán de la Cogolla, copiado en la primera mitad del siglo XIII, con foliación romana de color rojo situada en el centro del margen superior, que podría ser original[84]. Y el volumen de *Cantigas* conservado en Florencia posee una foliación medieval situada en el borde del margen inferior de los vueltos, de color negro, y anotada de manera discreta, sin resalte de forma o de color, como el caso de 1288[85]. De manera que, con seguridad, este procedimiento técnico se empleaba en los códices castellanos de la década de 1280, aunque pudo conocerse antes. La foliación en los vueltos de las hojas siguió utilizándose en los siglos XIV y XV. En los manuscritos hebreos que, como se sabe se servían de las técnicas de sus lugares de procedencia, el primer caso sefardí con foliación original data de 1272 y fue copiado en Toledo[86], lo que es coherente con lo observado en los casos descritos.

Por último, existe un manuscrito con paginación medieval fechado en 1253 (núm. 18), en el que se anotó con tinta roja el número de la página en el centro del margen superior entre signos de interpunción. Aunque es claramente medieval tanto la morfología de los números romanos, como su situación entre puntos, la tinta utilizada no es igual a la del texto, por lo que pudiera tratarse de una intervención posterior hecha en el momento de alguna reencuadernación. La paginación se observa entera o cortada en los ff. 1r-17v, 24r, 25r, 25v-28v y 32r-v, habiendo desaparecido en el resto del manuscrito por tener el margen superior muy recortado.

3.2. El pautado (Tabla 2)

En esta segunda tabla, como en las siguientes, volvemos a destacar los elementos que parecen más útiles en la datación, sin incluir otros que no resultan

84 Biblioteca de la Real Academia de la Historia (BRAH), cod. 10 (2). La foliación se observa entre los ff. 1r-125r. Los dieciocho primeros números se acompañan de signos de interpunción. Los códices de la Real Academia de la Historia están digitalizados y disponibles online en la Biblioteca virtual de la Comunidad de Madrid, <https://bibliotecavirtualmadrid.comunidad.madrid >.

85 Biblioteca Nazionale Centrale (BNC). Banco Rari, ms. 20, por ejemplo en el f. 23v.

86 M. Beit-Arié, *Hebrew Codicology: Historical and Comparative Typology of Hebrew Medieval Codices based on the Documentation of the Extant Dated Manuscripts until 1540 using Quantitative Approach* (Jerusalén: The Israel Academy of Sciences and Humanities, 2020), p. 357. Esta versión, ampliada y actualizada de la obra ya clásica de Malachi Beit-Arié publicada en el año 1981, está accesible en abierto a través de la página de la Biblioteca Nacional de Israel, <https://web.nli.org-il>.

significativos, como la disposición del texto a una o a dos columnas, ya que durante los doscientos años revisados se alternan ambas disposiciones sin que se observe un uso preferencial de una u otra por fracciones temporales. Tampoco es relevante para este momento la presencia de tipos de pautado complejos, documentados a lo largo de todo el siglo XII y también en el XIII, ni ha resultado significativa la observación de las series de pinchazos de guía para el pautado horizontal situadas en los márgenes interiores de las páginas, porque esto último se registra en el siglo XII, en el XIII y en el XIV. Finalmente, la división del intercolumnio en dos mitades iguales, usada originalmente para destacar las mayúsculas, se utilizó durante todo el siglo XII, el XIII y la primera mitad del XIV. Por tanto, la segunda tabla se centra en las técnicas de pautado: punta seca, puntas metálicas y tinta.

Durante toda la Alta Edad Media los códices se pautaron a punta seca, pero en el momento de transición que fue el cambio en la estética del libro carolino al libro gótico empezaron a predominar los procedimientos de rayado que manchaban el soporte o dejaban una marca pigmentada. La técnica más antigua fue la mina de plomo, conocida desde siglos atrás para perfilar figuras en la decoración[87], empezó a difundirse en manuscritos ingleses a finales del siglo XI[88], en casos franceses desde 1114[89], en Bélgica con frecuencia desde 1134 y regularidad en 1163, y en Italia en 1188[90]. En los reinos de León y de Castilla estas modificaciones técnicas y estéticas sucedieron a lo largo del siglo XII. Por eso no debe extrañar que la punta seca sea la técnica menos documentada entre los datados del período, aunque no llegara a desaparecer del todo. Está presente en los núms. 1 y 2 de 1105 y 1110, como asimismo en el manuscrito visigótico de 1105 que no hemos incluido en nuestra relación por no estar localizado. Pero entre los datables, la punta seca se observa en casos de la segunda mitad del XII y el XIII, para entonces ya minoritarios. El plomo y las aleaciones con otros metales que manchaban el soporte se registran, entre los datados hispanos, desde 1162.

Hemos dividido en dos categorías diferentes el pautado con puntas de composición metálica porque, según sea el empleo de una u otra, el sistema de pautado puede variar. Cuando se utilizaba la mina blanda (solo de plomo), que siguió vigente en los siglos XIV y XV, se trabajaba cada carilla del pergamino por separado dejando siempre una huella gris. Cuando se prefería una punta

87 Jean Vezin y Jean Dufour, "Paléographie...", p. 493.
88 Marco Palma, "Modifiche...", p. 125.
89 Jean Vezin, "La réalisation...", p. 34.
90 Marco Palma, "Modifiche...", pp. 123-124.

metálica dura se podía rayar por ambas carillas o solo por una de ellas, observándose en la contrapuesta un relieve limpio como si de punta seca se tratase. El pautado con puntas metálicas duras, que dejaban una marca que oscilaba del gris al marrón rojizo, es evidencia del uso de herramientas de plomo con impurezas silíceas o de otro tipo de metales como el estaño, que fueron analizadas en su día por un equipo interdisciplinar de codicólogos y químicos[91].

En Castilla y León las puntas más duras fueron utilizadas durante la segunda mitad del siglo XII y gran parte del XIII, a veces en un mismo manuscrito junto con la punta más blanda de plomo o la punta seca, relacionándose en algún caso con cambios de mano. Encontramos esta técnica que permite pautar por una sola cara del pergamino en datados y datables de los siglos XII (más frecuente) y XIII, como sucedió en el *scriptorium* alfonsí con el Códice Rico de *Cantigas* conservado en El Escorial (T-I-1), la *General estoria* de la Biblioteca Apostólica Vaticana de 1280 (núm. 23) y el *Libro de ajedrez, dados y tablas* de 1283 (núm. 24). La punta de plomo más blanda, que obligaba a pautar carilla a carilla de cada bifolio o folio, comparte cronología con la técnica anterior a partir de la segunda mitad del siglo XII y la supera en el tiempo.

El pautado a tinta pudo llegar a Castilla más tarde que a otros lugares del occidente europeo, ya que entre los datados no se registra hasta el año 1280. Entre los datables está presente en los manuscritos anotados y copiados en Toledo por Álvaro de Oviedo en la década de 1270 y principios de los años 80.

3.3 El uso del pautado (Tabla 3)

La tercera tabla codicológica está dedicada a observar la evolución de dos aspectos relacionados con la explotación de la caja de escritura por parte de los copistas, que se explican por el cambio en la estética de la página que se produce en el período gótico, más proclive a presentar la justificación como un bloque compacto y visualmente cerrado por las líneas verticales y horizontales que, además, solían estar trazadas con técnicas que manchaban el soporte (puntas metálicas o tinta).

---

91 El componente férrico de este instrumento no debe confundirse con la tinta ferrogálica, con distinta composición, Paul Canart, Piero del Carmine, Carlo Federici, Franco Lucarelli, John Duncan MacArthur, Pier Andrea Mandó, Marilena Maniaci y Marco Palma, "Recherches préliminaires sur les matérieux utilisés pour la réglure à couleur dans les manuscrits grecs et latins", *Scriptorium*, 45-2 (1991), p. 218-220.

El primer rasgo destacado es una costumbre gráfica que fue observada por primera vez en 1960 por Ker[92]. En el ámbito latino, durante la Alta Edad Media, la copia del texto se iniciaba en cada página por encima de la línea maestra superior, de tal forma que se cubrían de escritura todas las líneas rectrices trazadas. Pero en el libro gótico se empezaba a escribir por debajo de la primera horizontal, existiendo un desfase entre el número de líneas pautadas y el de renglones escritos. A excepción de Inglaterra, donde el cambio se inició en el último cuarto del siglo XII y, sobre todo, principios del XIII, en la Europa continental esta modificación en los hábitos de los copistas no se difundió hasta bien entrada la decimotercera centuria: según los catálogos de manuscritos datados, en 1236 en Bélgica[93] y en 1250 en Francia e Italia, consolidándose a partir de 1257[94].

En los reinos de León y de Castilla sucede algo parecido, ya que los primeros casos fechados con la escritura dispuesta por debajo de la primera horizontal son de 1253 y 1255 (núm. 19), con otros dos manuscritos de 1255 (núm. 20) y 1256 en los que la escritura sigue situándose por encima de la primera línea pautada. A partir de esta última fecha de 1256 es tendencia rotundamente mayoritaria iniciar cada página por debajo de la primera horizontal, tanto en los datados, como en los datables castellanos de los siglos XIII, XIV y XV. Esta es la causa por la que el *Liber iudicum* conservado en la Catedral de Toledo con la signatura 43-7, tradicionalmente asignado al siglo XII, debe datarse en el siglo XIII tanto si fue copiado en Castilla, como si fue hecho en Cataluña. Además, su escritura es plenamente gótica, con un uso absolutamente regular y abundante de nexos entre las curvas enfrentadas, con muchas elisiones/sobreposiciones y el empleo predominante, incluso en posición inicial, de la *d* uncial, lo que imposibilita una datación en el siglo XII.

Fuera de la Península, se conoce la excepción de un códice francés de 1284 todavía dispuesto al modo antiguo con la escritura por encima de la primera horizontal, que fue copiado por una mano claramente no profesional[95]. En la relación de manuscritos castellanos datados existe también una anomalía similar en 1296 (núm. 28), que parece tener una explicación. Se trata del volumen que transmite el *Fuero de Alcaraz* con otros arcaísmos gráficos y lingüísticos.

92 Neil R. Ker, "From above to below..."

93 François Masai, Martin Wittek y Albert Brounts, *Manuscrits datés conservés en Belgique*, t.I: *819-1400* (Bruselas-Gante: E. Story-Scientia, 1968), p. 21.

94 Marco Palma, "Modifiche...", p. 131.

95 Marco Palma, "Modifiche...", p. 124.

En el colofón del f. 198v se indica que el manuscrito es una traducción del fuero en latín otorgado por Alfonso VIII en 1213–1214[96], estando la lengua fuertemente condicionada por el original latino[97]. Varias de sus características codicológicas (uso y tipo de pautado) y paleográficas encajan mejor en la primera mitad del siglo XIII que en la fecha de 1296, por lo que no puede descartarse que estuviera influenciado por el ejemplar latino más antiguo que tenían delante y que todavía se conservaba en el concejo en 1461[98]. Aparte de esto, como se verá en un instante, la mano que se encargó de la copia era poco disciplinada en la ejecución de la *littera textualis*, por lo que pudo tratarse de alguien que no era un profesional de la copia de libros.

A este respecto debemos hacer una aclaración sobre el uso del pautado en aquellos manuscritos en los que solo se trazaron las líneas del encuadramiento, sin pautar los renglones, que yo acostumbro a identificar como campo abierto parcial. En ellos se puede empezar a escribir por encima de la horizontal superior que, al delimitarse solo el contorno de la caja, es la única horizontal existente en la parte alta de la página. Cuando esto sucede no tiene por qué existir ninguna razón cronológica, ya que se empieza a escribir por encima de dicha línea como recurso práctico: esa única horizontal marcada servía de guía para mantener, a continuación, la rectitud en los restantes renglones que iban a escribirse sobre una página no pautada, es decir, era la línea de referencia. En la época que estudiamos, el campo abierto parcial se usó solo en los códices en papel pero, a partir del siglo XIV, sucederá también en algunos manuscritos membranáceos, a veces de contenido administrativo, otras veces documental[99], o en casos de mediana o de mala factura hechos, a menudo, al margen de los talleres profesionales.

Otro aspecto incluido en esta tercera tabla consiste en observar el comportamiento de las mayúsculas de los párrafos, que solían situarse fuera de la caja

---

96 Aurelio Pretel Marín, "Mejoras y adiciones al Fuero de Alcaraz durante el siglo XIII", *Revista de la Confederación Española de Centros de Estudios Locales*, 12 (2012), pp. 7-33.

97 Mónica Castillo Lluch, "El orden de las palabras..." pp. 273-291.

98 Aurelio Pretel Marín, "Mejoras…", p. 32.

99 El escribano al que se debe el cuaderno original con el *Repartimiento* de Murcia de 1272–1275, hecho con papel hispanoárabe y dispuesto en campo abierto parcial, se sirvió de la primera horizontal con la función aquí descrita, Isabel García Díaz y Juan Antonio Montalbán Jiménez, "El uso del papel…", p. 412. Ocurrió lo mismo en uno de los libros de cuentas de Sancho IV conservados en el Archivo de la Catedral de Toledo (ACT). Supl. 144-2.

de escritura en la tradición altomedieval y que se trasladan al interior de la justificación en el libro gótico[100], existiendo un período de transición en el que convivieron ambos procedimientos. En los datados castellanos, la transición llega hasta 1256, con un uso muy esporádico y casi marginal en 1288 (núm. 25). Entremedias se producen diferentes situaciones, en las que se puede otorgar alguna función a la presencia de verticales dobles en los tipos de pautado, como por ejemplo servir para delimitar el medio cuerpo ligeramente resaltado de algunas iniciales secundarias o para destacar calderones. En cambio, en otros muchos casos el doble pautado vertical carece de función. Recíprocamente, algunos artesanos de este período enmarcaron la caja con verticales simples, pero los copistas destacaron las mayúsculas fuera del espacio justificado, existiendo así un desajuste entre el esquema de pautado y su explotación por parte de los copistas. En manuscritos debidos a varias manos pueden observarse distintos comportamientos, según sean unas u otras las costumbres gráficas de los copistas.

La Tabla 3 muestra cómo las mayúsculas se destacan en todo o en parte hasta 1218, en tanto que el primer manuscrito sin ningún elemento gráfico fuera de la caja de escritura es de 1220. Entre 1220 y 1288 existen tres casos de 1222, 1255 y 1256 con elementos gráficos destacados y otros dos en los que conviven ambas costumbres de 1250 y 1288. Como se ha dicho, en este último manuscrito el uso del antiguo procedimiento es muy ocasional. Lo más frecuente en los códices datables de la segunda mitad del siglo XIII es la presencia de un texto plenamente justificado en una caja cerrada, exceptuando siempre los códices poéticos.

El *Liber iudicum* latino que se conserva en la Biblioteca de la Catedral de Toledo con la signatura 43–6 destaca por ofrecer pequeñas mayúsculas en rojo de un único punto, todas destacadas fuera de las dos columnas del texto. Esto, de entrada, nos estaría hablando de la antigüedad de la copia, algo que se ratifica al comprobar la fusión irregular de curvas contrapuestas y el uso casi sistemático de la *s* alta minúscula a final de palabra, lo que unido a otras peculiaridades

100 Son excepción los códices poéticos, pues muchos de ellos siguieron destacando la primera letra de versos, estrofas o estribillos durante toda la Baja Edad Media. He abordado detenidamente estos asuntos en Elena E. Rodríguez Díaz, "El origen del libro gótico castellano: la diferente ubicación de las iniciales secundarias y las mayúsculas", en *"Change" in Medieval and Renaissance Scripts and Manuscripts (to c.1550). Proceedings of the 19th Colloquium of the Comité International de Paléographie Latine,* Eef Overgaauw y Martin Schubert, eds. (Turnhout: Brepols Publishers, 2019), pp. 69-82.

gráficas y codicológicas nos lleva a situar este volumen en la década central del siglo XIII, entre 1253 y 1255 aproximadamente.

4. Tablas paleográficas

El incremento de las necesidades gráficas de la sociedad europea posterior al siglo XI actuó sobre el único tipo de escritura que fue la carolina originando una doble tendencia: por una parte, favoreció la aparición de diferentes modalidades cursivas, características de la práctica documental y de las actividades cotidianas y, por otra, facilitó la evolución de las escrituras de libros dentro del caligrafismo, configurando lo que los paleógrafos conocemos como el ciclo de las escrituras góticas. La convivencia de estas dos grandes tendencias gráficas en los mismos espacios de uso originó una hibridación morfológica que dio lugar a modalidades intermedias que comparten rasgos de las caligráficas y de las cursivas. Dentro de la gran variedad de tipos góticos que se desarrollaron a partir del siglo XII, las escrituras cursivas de uso documental acostumbraron a incorporar los cambios antes que las escrituras librarias. De ahí que sea importante distinguir los tipos de escritura para valorar de forma adecuada el uso en el tiempo de los elementos paleográficos que hemos seleccionado. Por este motivo, hemos ido señalando en las tablas la presencia de la influencia documental en los casos recopilados.

Por otra parte, en el ciclo gótico resulta difícil encontrar criterios sólidos de datación debido a factores diversos como el aumento de productos escritos, la convivencia de manos con distintas formaciones gráficas más abundantes que en otras épocas, la influencia recíproca de las escrituras caligráficas y cursivas, la internacionalización de las técnicas, la mayor movilidad de los copistas, la intervención de profesionales del documento en la copia de libros, etc. Pese a ello, existen algunas singularidades que permiten distinguir los códices del XII de los del XIII, así como periodizar determinados segmentos temporales, pocas veces en base a la consideración de un único aspecto, sino más a menudo gracias a un conjunto de cualidades gráficas y codicológicas obligadas a coincidir.

La mayoría de las escrituras utilizadas en los 29 códices datados poseen una ejecución caligráfica y responden a los tipos de carolina (núm. 1), visigótica redonda (núm. 2), protogótica, *littera textualis formata* y *littera textualis*, aunque el núm. 26 (un cartulario de 1288) se ejecutó en una cursiva formada muy parecida a la llamada tradicionalmente "gótica de privilegios". Ahora bien, esto no tiene por qué suceder en todos los casos con dicho contenido, ya que también es un cartulario el n. 8 de 1190 y, sin embargo, está copiado en una rigurosa y elegante *littera textualis*. Igualmente, es un cartulario el núm. 18 de 1253 sin que haya en los folios que interesan (ff. 1r-33r) influencia documental. En las tablas paleográficas prescindimos del núm. 2 por estar copiado en escritura visigótica.

En ellas observamos lo que sucede con algunos aspectos relativos al trazado gótico y a la organización interna de la cadena gráfica que se van imponiendo a lo largo de los siglos XII y XIII (Tablas 4 y 5), y prestamos atención a cuestiones morfológicas tanto del alfabeto minúsculo, como mayúsculo (Tablas 6-12). La mayor cantidad de elementos destacados se refieren al comportamiento y características de las formas minúsculas. Pero también incluimos algunos casos de mayúsculas, en particular de ciertas interpretaciones locales de la *M* uncial y de la *N* capital, que se tipificaron en un determinado momento y que se utilizaron durante un período amplio en los documentos y en los libros hechos en León y Castilla, por lo que sirven como referencia a efectos de datación.

La angulosidad y el claroscuro gráfico son procesos paulatinos que ocupan toda la segunda mitad del siglo XII y la primera del XIII, con manos más avanzadas que otras. En el siglo XII apenas existe contraste entre los trazos gruesos y los finos, situación que puede prolongarse hasta la década de 1220. No obstante, en esa época ya hay manos que utilizan escrituras mucho más contrastadas. La angulosidad suele ser difícil de observar en la etapa de transición de la carolina a la gótica, pero resulta útil fijarse en los trazos más curvos, como en la *c*, la *d* uncial o la *o*. Ya existe en las últimas décadas del siglo XII, aunque es irregular hasta el primer cuarto del XIII. El principal problema a la hora de establecer criterios de datación en estos dos aspectos gráficos vuelve a ser la convivencia en el espacio y en el tiempo de manos más avanzadas junto a otras más tradicionales.

4.1. Compresión lateral (Tablas 4 y 5)

Las tablas 4 y 5 recogen varios fenómenos resultantes de la compresión lateral característica de la escritura gótica. Esto afecta especialmente al comportamiento de determinadas letras en el interior de la cadena gráfica, que pueden verse condicionadas por la proximidad y características de otros signos gráficos. El primero es la existencia de nexo o fusión de curvas contrapuestas (primera ley de Meyer)[101], que clasificamos como parcial o total en la tabla 4. La categoría de "parcial" corresponde a la convivencia en el mismo manuscrito de

101 "Cuando una letra termina con la misma curva de *o* y la letra siguiente empieza con curva, entonces estas dos curvas contiguas no quedan separadas sino que se trazan la una sobre la otra", Wilhem Meyer, *Die Bubchstaben-Verbindungen...*, p. 7.

manos que hacen nexos con las curvas enfrentadas y manos que no los hacen y, también, del uso irregular de dichas fusiones por un mismo amanuense.

La presencia o ausencia de nexos en las curvas enfrentadas es relevante para la datación en el momento de transición entre la escritura carolina y la configuración de la gótica, en este caso textual, que fue la segunda mitad del siglo XII y la primera mitad del siglo XIII en los libros de Castilla y de León, donde las fusiones regulares o "totales" empezaron a suceder en casos de 1218 y 1220 para normalizarse a partir de la década central del siglo XIII.

Lo que sucede es que una vez que la escritura gótica está plenamente canonizada podemos encontrar manos que no respetan la fusión de curvas sin que por ello nos encontremos ante un indicio de antigüedad. En algunos casos se comprueba que los copistas conocen el procedimiento, pero prescinden de él, como una de las manos que intervino en la extensa *Biblia de Uclés*, conservada en cuatro tomos y terminada en el año 1298 (núm. 29), que nunca forma nexos en *de*, *po*, *bo*. Algo parecido le sucede al copista del *Fuero de Alcaraz* (núm. 28), quien demuestra muy bien ser capaz de hacer nexos entre curvas no solo en *po*, *be* o *d* uncial más *e*, sino también en *bd*, *he*, *oc* y, sin embargo, a menudo no los hace. Por ejemplo, en el f. 23r incumple la norma en *po*, *pe* y en *d* uncial más *e* hasta en trece ocasiones. Entre los datables conocemos el caso del códice con el *Fuero de Baeza*[102], que por razones textuales no puede datarse antes de finales del siglo XIII y cuyo copista no respetó el canon gótico en el tratamiento de las curvas enfrentadas. Lo mismo se sigue observando en algunos casos hechos en escrituras caligráficas durante el siglo XIV.

No siempre podemos estar seguros de las causas del incumplimiento de un fundamento gráfico como este, característico de la escritura gótica por ser respetado y estar difundido en toda la escritura europea de la época. Desde luego, es posible pensar en la impericia de un principiante o en una mala formación gráfica. Pero el amanuense de la *Biblia* de Uclés no parece ser un mal copista, sino simplemente alguien con un buen nivel de competencia gráfica en la *littera textualis* que no quiso formar nexos con las curvas contrapuestas. El caso del *Fuero de Alcaraz* es el de una mano poco disciplinada, porque usa este principio gráfico de forma irregular y, cuando lo respeta, lo hace bien. Muy distinto es el copista del *Fuero de Baeza*, en cuyo manuscrito se aprecian numerosas torpezas codicológicas y gráficas que apuntan a la presencia de alguien poco diestro en todo lo que implicaba la copia de un libro. De manera que, si nos encontramos ante una escritura realizada fuera de un ambiente profesional,

102 Archivo Municipal de Baeza (AMB), cód. 1.

las irregularidades observadas en el canon gótico podrían radicar en la falta de conocimiento y de dominio técnico de quien escribe.

En general, puede afirmarse que durante todo el siglo XII hasta la segunda década del siglo XIII no existe fusión de curvas contrapuestas en la escritura caligráfica castellana y leonesa de tipo librario entre los manuscritos datados, no siendo infrecuente seguir detectando la misma realidad hasta 1236 y de manera irregular hasta la década central del siglo, aunque los primeros casos con nexos en *de* y *po* ya se produzcan en los años 1218 y 1220, sin olvidar nunca que la inobservancia puntual de la norma puede aparecer en cualquier momento de la segunda mitad del siglo XIII y del XIV. En la segunda mitad del siglo XV, estos nexos empezarán a evitarse intencionadamente entre aquellos que se iniciaban en el aprendizaje de la escritura humanística procedente de Italia basada, a su vez, en la escritura carolina de la que derivó la gótica.

El segundo aspecto que destacamos en la tabla 4 afecta a la duplicación de las letras *p* y *b* que, en la escritura gótica canonizada, se sobreponen o encabalgan. Dicho encabalgamiento puede ser regular, cuando es sistemático, o irregular, cuando las letras se escriben unas veces separadas y otras unidas en el mismo manuscrito o por la misma mano. Observando este doble comportamiento, se constata irregularidad durante todo el siglo XII hasta 1202 y normalización, con una sola excepción (1236), en el siglo XIII.

A continuación se analizan una serie de aspectos que atañen solo a la gótica textual y textual formada y que también se derivan de la paulatina compresión lateral que sufre esta escritura, como son la elisión o sobreposición de trazos de fuga y ataque y el cierre de ciertas letras sobre las siguientes, aspectos gráficos que pueden diferir en cada reino en tanto que las escrituras textuales no son homogéneas en cada región europea[103]. La evolución castellana a través de los datados se observa en las últimas columnas de la tabla 4 y en la tabla 5. Desde 1105 la *t* se cierra además sobre la *o* y la *a*, pero en ningún caso sucede lo mismo con la *c*, que se escribe de manera individualizada. En cambio, hay otras letras

---

103 Recordemos el principio descubierto por Stefano Zamponi en el tratado renacentista de Giovanbattista Verini, estudiado y definido por él en 1988 como "cuando el último trazo de una letra coincide con la línea superior de escritura y la letra siguiente presenta un trazo de ataque sobre la línea superior de escritura, sucede elisión en el trazo de ataque", siendo las letras *c, e, f, g, r, t, x* las que provocan la elisión, mientras que la *i, m, n, p, r, t, u* son las que pierden el trazo de ataque, Stefano Zamponi, "Elisione e sovrapposizione nella *littera textualis*", en S. Zamponi, *La ragioni della scrittura. Piccoli scritti di paleografia*, Teresa de Robertis y Nicoletta Giovè eds. (Roma: Viella, 2021), p. 29. Véase también Stefano Zamponi, "La scrittura del libro…", pp. 315-354.

que sufrieron una evolución desigual, como sucede con el cierre de la *c* sobre la *a* y sobre la *o*. El cierre de la *c* sobre la *o* se empieza a documentar en 1208 en los datados y a finales del XII de forma irregular entre los datables, la irregularidad se mantiene hasta 1246 y se normaliza a partir de 1250. Más tardío es el cierre de la *c* sobre la *a*, que empieza a detectarse en 1253 y se usa de manera irregular durante toda la segunda mitad del siglo XIII. Este último rasgo es una evidencia que distingue los códices del XII de los del XIII y aquellos otros copiados en la primera o en la segunda mitad de dicho siglo.

En la tabla 5 se aprecia la evolución en la aplicación de los principios gráficos de elisión y sobreposición. Desde el caso más temprano de 1105 se ve cómo la *f*, la *g* y la *t* forman elisiones con la *i*, la *r* y la *u*. Más tardías son las elisiones con la *c*, la *e*, la *r* y, sobre todo, la *x*. Primero detectamos las que origina la *e* (*ei/m/n/p/r/t/u*), que ya suceden en el año 1190 aunque de forma irregular, período que se extiende hasta 1220, siempre según los datados. Al analizar este grupo de letras resulta muy útil fijarse en el frecuente grupo *et*, en concreto, en la lengüeta de la *e* y en el arranque del trazo horizontal de la *t*, observando si esta última letra posee prolongación del trazo horizontal hacia la izquierda del palo vertical (en tal caso no habrá elisión) o no (habrá elisión)[104]. No obstante, en los casos datados analizados existen elisiones en *ei/m/n/u* y a veces con la *p* entre 1190 y 1220, aunque la elisión/sobreposición de los trazos de fuga/ataque en *et* no sucede antes de 1218. Entre los datables, existe elisión casi constante en el *et* del *Fuero viejo de Alcalá de Henares*, copiado entre 1232 y 1242[105], aunque no se cumpla siempre, como asimismo en *er*.

Al mismo tiempo aparecen las elisiones provocadas por la *r*, detectándose irregularidad en 1190 y normalización a partir de 1253. Si resultara difícil observar dicho fenómeno gráfico con esta letra, sobre todo para quienes no tengan práctica en los análisis paleográficos, búsquese el grupo *rt* y compárese el trazo horizontal de esa *t* con cualquier otra que vaya detrás de *a/b/d/h/i/l/m/n/o/p/q/s/u/v*. Tras un largo período de resistencia, la elisión que genera la *c* en *ci/r/t/u* parece normalizarse a partir de 1250 y la *x* se comporta de manera irregular a lo largo de todo el siglo XIII, no detectándose los primeros casos hasta 1208.

En conjunto, el fenómeno ya se había iniciado antes del año 1105 con la *f*, la *g* y la *t*, extendiéndose en 1181 con un período de uso irregular entre dicha fecha y 1250, para ir normalizándose durante la segunda mitad del siglo XIII en la

104 También puede compararse el diferente comportamiento de esta letra cuando se sitúa detrás de una *e* y cuando lo hace detrás de *a/b/d/h/i/l/m/n/o/p/q/s/u/v*.

105 Antonio Caballero García, "Estudio paleográfico…", p. 54.

mayor parte de los casos, aunque no en todos. En Francia y en Italia el proceso finalizó en la década de 1270, mientras que los datados castellanos que se comportan igual pertenecen a la década de 1280.

4.2. Las letras A, E (Tabla 6)

Con la tabla 6 iniciamos los elementos morfológicos de carácter paleográfico que hemos procurado ordenar (con excepción de la *d* y las ligaduras) al modo alfabético para facilitar la búsqueda de información.

El modelo uncial de la *a*, utilizado en la escritura carolina, terminó modificando su arranque, prolongándolo primero en un pequeño trazo de ataque horizontal (desde 1162) que más tarde adquirió forma curva o ganchuda hasta quedar plenamente configurada la conocida como *a* de capelo. Este tipo de *a* está ausente en el caso de 1105 y, según los datables, en toda la primera mitad del siglo XII. Es en 1162 cuando sobre la panza de la letra ya figura un trazo horizontal, aunque en 1165 dicha solución todavía se combina con la morfología uncial. Los pocos ejemplares datados de la primera mitad del siglo XII impiden precisar mejor la evolución cronológica de la letra.

En 1181 y 1187 ya se observan tenues trazos curvados en algunas aes, más evidentes en la escritura distintiva. Lo mismo sucede en un volumen toledano datable en las últimas décadas del siglo XII, donde la *a* de capelo es patente en la escritura publicitaria[106]. De igual modo, en el *Registro* coriense asturiano iniciado en el año 1207 se aprecia una clara *a* de capelo en el título corriente del f. 4r y en varias letras agrandadas de idéntica apariencia que funcionan como mayúsculas[107]. En cambio, en el caso de 1202, que se debe a la pluma de alguien que no era profesional de la copia de libros, sigue predominando la *a* de arranque horizontal más cercana a los usos del siglo XII, con un tímido capelo solo en algunas *a* agrandadas con valor de mayúsculas. Entre los datables, también tiene arranque horizontal la *a* que se utiliza en el *Fuero viejo de Alcalá de Henares*, que ha venido datándose hacia el año 1235.

En su tesis de 1983 Diane Creasy trató de situar en el tiempo el uso de la *a* cerrada sobrepuesta, parecida a una *a* de lineta pero utilizada solo en posición volada para la abreviatura, que observó en el año 1188. Sin embargo, esta forma ya está presente en un códice toledano de 1165 y siguió en uso durante la segunda mitad del XII y todo el siglo XIII junto a la *a* abierta de tradición cursiva romana. Ambos alógrafos seguirán utilizándose en la misma posición

106 BCT, 44-9, f. 4r: en concreto, en la segunda *a* del *Expliciunt capitvla*.
107 BAM, ms. 787.

durante los siglos XIV y XV. Según los datados, la *a* volada y cerrada puede ser útil para distinguir los manuscritos más antiguos del siglo XII de los de mediados y segunda mitad de dicho siglo.

El último aspecto paleográfico de la tabla 6 corresponde a la *e* caudada que en el período estudiado se utiliza con dos funciones: la de señalar el diptongo latino *ae*, correcto o incorrecto, y la de advertir de la presencia de dos *ee* consecutivas. En Italia la *e* caudada para el diptongo *ae* dejó de utilizarse en el siglo XII[108] y lo mismo sucedió en el resto de la Europa latina[109]. En los reinos del occidente peninsular, la *e* caudada para el diptongo se registra sistemáticamente hasta 1187, para dejar de usarse después de esta fecha entre los datados, con la excepción del caso de 1218, donde se recurre a ella de manera casi residual. Lo mismo se observa en algunos datables de principios del siglo XIII, aunque para entonces su uso no solo no es sistemático, sino que su frecuencia de uso disminuye de forma importante desde 1187 hasta su desaparición. Por su parte, el uso de una cauda para señalar la presencia de dos *ee* seguidas se detecta, entre los datados, en casos de 1162, 1181, 1188, 1190 y 1208.

4.3. La d minúscula (Tabla 7)

La tabla 7 está dedicada exclusivamente a la observación del comportamiento de la *d* minúscula de alzado recto o vertical, por ser una letra que, en Castilla, acabará siendo sustituida por la forma uncial en la gótica hasta que vuelva a recuperarse en la segunda mitad del siglo XV por influencia de la escritura humanística. En la doctrina paleográfica tradicional ha venido afirmándose la desaparición de este alógrafo en el siglo XIII[110], razón por la cual se le ha prestado bastante atención. Lo cierto es que el uso de la *d* minúscula siguió vigente en las escrituras textuales hasta mediados del siglo XIV, aunque se usó de forma cada vez más restringida a partir de 1256, con la excepción del *Fuero de Alcaraz* (núm. 28). En los casos más tardíos el uso de la *d* recta es más frecuente en los grupos *di/u/n/r*, es decir, seguida de letras cuyo primer trazo es vertical.

Al observar su frecuencia de uso en los códices, se ve muy bien una disminución paulatina a lo largo del período analizado a favor de la forma uncial, que

---

108 Stefano Zamponi, "La scrittura del libro…", p. 327.

109 Albert Derolez, *The Paleography…*, p. 66.

110 Agustín Millares Carlo, *Tratado…*, p. 185. Para Supino la *d* recta ya era rara en los últimos decenios del XIII aunque no había desaparecido por completo, Paola Supino, "Orientamenti per la datazione e la localizzazione delle cosiddette *litterae textuales* italiane ed iberiche nei secoli XII-XIV", *Scriptorium*, 54-1 (2000), p. 24.

será dominante (y a veces única) en la segunda mitad del siglo XIII. Para medir dicha frecuencia hemos establecido una escala del 1 al 3, donde la casilla en blanco indica su ausencia, el número 1 un uso esporádico o muy escaso, el 2 un porcentaje parejo al de la forma uncial y el 3 la preferencia clara por la morfología minúscula frente a la *d* redonda mayúscula de tradición uncial. La tabla no posee un cuarto nivel, que correspondería al uso exclusivo de la letra, porque en cualquier códice del XII o del XIII se utiliza también la *d* uncial.

Según esto y como puede verse en la tabla 7, la *d* recta domina en los códices datados hasta 1208. En el período comprendido entre 1218 y 1253 solo hay un caso (núm. 12) que prescinde de la *d* recta delante de letras que se inician con curva y además utiliza el alógrafo en muy escasa proporción. Se trata del ya citado *Planeta* de Diego de Campos que, por varias razones, pudo haber estado copiado por alguna mano francesa establecida en Toledo. Ahora bien, si tenemos en cuenta los manuscritos datables, algo muy parecido sucede en la mano principal del códice diplomático que es el *Registro de Corias*, iniciado en el año 1207, donde la *d* de alzado vertical se usa en una proporción muy baja, encontrándola en contados casos dentro del texto y existiendo páginas enteras sin una sola *d* recta. Es algo más frecuente en palabras que se sitúan sobre el primer renglón y que prolongan sus astiles al modo documental, seguramente porque la forma minúscula favorecía la verticalidad de estos adornos mucho mejor que la uncial. Exceptuando estos casos, el uso frecuente de la *d* recta llega hasta 1246 y su empleo delante de letras con curva hasta 1253 y 1255. Es decir, la pervivencia del uso de la *d* vertical delante de letras que se inician con curva o al principio de palabra son arcaísmos, pero su inexistencia no acredita necesariamente lo contrario.

Al considerar este rasgo paleográfico, se debe tener presente que aquellas escrituras con influencia documental (como el propio *Registro* coriense) pueden prescindir antes de la *d* recta, minoritaria o ausente en los documentos desde la primera década del siglo XIII en casos reales y desde finales del XII, al menos, en una parte de la documentación privada. Ahora bien, en la documentación cancilleresca de finales del reinado de Fernando III, casi treinta años después de que se empezara a prescindir de la *d* recta, se aprecia una especie de retorno a algunas formas antiguas. Al comparar los códices con los documentos salidos de la cancillería real castellana en la escritura cursiva de ejecución más pausada se observa que, a diferencia de los años anteriores, desde 1246 y, sobre todo, durante el comienzo del reinado de Alfonso X, hay una recuperación del uso de la *d* de alzado recto que, a su vez, vuelve a disminuir en la década de 1260 para casi desaparecer a principios de la década de 1270, quedando de forma residual delante de las *i/u/n/r* en términos como *dios* o *Pedro* a partir de dicho momento.

Al comprobar la frecuencia en el uso de este alógrafo en los libros frente a la forma uncial más redondeada, exceptuando el códice de 1218, se ve que la *d* recta empieza a disminuir en el manuscrito de 1236, con influencia documental, y a continuación en otro de 1246, en el que ya se usa en escasa proporción, repitiéndose esta misma situación en un caso de 1253 y en dos de 1255. Durante toda la segunda mitad del siglo XIII, tanto en los datados como en los datables, la proporción de la *d* recta es sustancialmente inferior a la de la forma uncial, con la única excepción, nuevamente, del *Fuero de Alcaraz* de 1296, en el que ambos alógrafos se usan en una medida similar y la *d* recta se antepone tanto a letras que se inician con trazo vertical como curvo, lo que en el resto de los datados no se veía desde 1256. El *Fuero de Alcaraz* se aleja, por ello, de lo que parece haber sido tendencia general en su época.

Aunque la preferencia por la *d* uncial es clara a partir de 1256, las causas del mantenimiento de la *d* minúscula en las escrituras más caligráficas pueden ser dispares: manos que aprendieron a escribir con modelos antiguos, copistas de edad avanzada, maestros que enseñaron a sus discípulos lo que ellos mismos aprendieron décadas atrás, influencia de un modelo concreto, presencia de escribanos procedentes de otros reinos peninsulares o europeos donde existieron otras costumbres gráficas, tendencias conservadoras relacionadas con las modalidades formadas, etc. Lo cierto es que la *d* vertical terminó por desaparecer de la escritura de libros en el siglo XIV y, cuando algunos castellanos de mediados del siglo XV empezaron a imitar la escritura humanística redonda procedente de Italia, encontraron serias dificultades a la hora de aprender a ejecutar la *d* vertical, que para ellos era ya desconocida[111].

4.4. La D uncial (Tabla 8)

La tabla 8 está centrada en la observación de la *d* redonda de tradición uncial, utilizada desde la escritura romana como mayúscula y como minúscula en la visigótica, aunque aquí obviaremos su empleo mayúsculo para centrarnos en el comportamiento de la letra dentro del alfabeto minúsculo protogótico y gótico.

111 Aunque no es el único caso, véanse, por ejemplo, las muchas dificultades que tuvo Antonio de Nebrija en sus años de estudiante en Salamanca cuando se iniciaba en el aprendizaje de la humanística redonda, Elena E. Rodríguez Díaz, "La escritura autógrafa de Antonio de Nebrija: técnica y evolución", en *Cultura manuscrita y cultura impresa en el entorno de Antonio de Nebrija*, Jacobo S. Sanz Hermida y Pedro Martín Baños, eds. (Salamanca: Ediciones de la Universidad, 2022), pp. 11-49.

La *d* uncial en posición final e intermedia ya estaba presente en la carolina castellana desde principios del siglo XII y así se comprueba en el códice toledano de 1105 (núm. 1), copiado en esta modalidad gráfica. A las manos hispanas no les debió costar nada el uso de esta letra, ya que se utilizaba en la escritura visigótica. En cambio, su situación a comienzo de palabra parece haber sufrido una evolución temporal en los libros, ya que no se detecta antes de 1188, entonces todavía de forma muy minoritaria y situándose aún la *d* recta en posición inicial dominante en 1190. La sustitución por la uncial en dicha ubicación será más frecuente entre 1218 y 1222, para difundirse a partir de 1236, haciéndose exclusiva desde 1259, a excepción, una vez más, del *Fuero de Alcaraz* (núm. 28).

También parece existir una evolución cronológica en el uso de la *d* uncial delante de las letras *e* y *o* con las que formará nexo andando el tiempo, detectándose antes y con mayor frecuencia el uso de la uncial con la *e* que con la *o*, de tal manera que hasta 1181 puede haber casos sin la presencia de la uncial delante de *e*/*o* (núm. 1, 4) o solo con la *e* (núm. 3). Entre 1181 y 1220 se usa a veces solo con la *e* (núms. 6, 8, 10, 13) o con ambas vocales (núms. 5, 7, 12) y a partir de 1222 se usa regularmente con la *e* y con la *o*, formando nexos a partir de mediados del siglo XIII entre los datados y desde la década de 1230 de forma irregular en algunos datables.

En cuanto a la frecuencia de uso con respecto a la forma recta, la evolución es inversamente proporcional al caso de la tabla anterior. Entre 1105 y 1208 se utiliza poco, dominando el valor más bajo de 1; entre 1218 y 1250 aumenta la frecuencia aunque siguen existiendo casos de poca presencia (núms. 13, 17); en la década central del siglo XIII empieza a predominar la forma uncial sobre la minúscula con un valor de 3, para hacerse claramente dominante a partir de 1259, salvo de nuevo en el caso arcaizante del *Fuero de Alcaraz* (núm. 28), en el que se equiparan los valores. Entre los manuscritos datables podrían existir casos anteriores a mediados del siglo XIII con el uso exclusivo o predominante de la *d* uncial, sobre todo entre quienes se alejaban de la rigurosa *littera textualis*.

4.5. *La i y la M (Tabla 9)*

Dedicamos esta tabla a detenernos en ciertos rasgos paleográficos de la *i*, útiles para el siglo XII, y de la M mayúscula.

En la *i* interesa fijarse en lo que sucede cuando dos letras van seguidas, porque en la etapa más antigua o no se utiliza ningún recurso gráfico para distinguirlas de los trazos iguales de una *u* o, en el mejor de los casos, llevan signos diacríticos. En cambio, a partir de la segunda mitad del siglo XII se prolonga la segunda letra a modo de *i* larga, sin que por ello exista razón fonética, sino simplemente para mejorar la lectura y la distinción de los signos gráficos. Entre los datables, existe un códice copiado entre 1148 y 1161, cuyo copista no distingue las *ii*, habiendo sido rectificadas por la mano del corrector en todos los casos como *ij*[112]. Como se ve en la tabla 8, entre los años 1162 y 1188 podemos encontrar ambas soluciones, en tanto que a partir de 1190 la segunda *i* se prolonga siempre cuando dos íes van seguidas, excepto en el *Planeta* de Diego García de Campos (núm. 12), donde solo se utilizan *i* cortas. En este caso, el uso único de la doble *i* corta se convierte en una de las evidencias gráficas (junto a la pervivencia de la *e* caudada) coherentes con la fecha de 1218. El último caso datado que carece de distinción en la doble *i* data de 1255 (núm. 19) y, entre los datables, sucede en el *Fuero* viejo de Alcalá de Henares[113].

La *M* mayúscula es interesante por dos motivos. Primero porque la forma capital llegó a desaparecer de los libros a favor de la morfología redonda o uncial y segundo, por la variedad de interpretaciones que tuvo esta última en Castilla. La variante capital se mantuvo como mayúscula e inicial decorada durante el siglo XII, perdurando hasta 1202 entre los datados y hasta la década de 1230 entre los datables, porque se usó como inicial ornada en el *Fuero* viejo de Alcalá. La *M* uncial aparece junto a la capital en dichos casos y, en el resto, fue dominante en la escritura distintiva y en el alfabeto mayúsculo del período analizado y también en los siglos XIV y XV, hasta que al final de la Edad Media se recupere la forma capital por influencia de la escritura humanística italiana.

En León y Castilla, la *M* uncial tuvo dos variantes interesantes a efectos de datación que se utilizaron en documentos y en libros. La primera es una interpretación muy característica que se ejecuta cerrando la primera sección de la letra en un pequeño ojo situado en la parte alta del signo gráfico que queda unido a la segunda sección, más esbelta y abierta (Fig. 1: primera imagen superior). En los datados aparece en el año 1188 (núm. 7) y entre los datables también se localiza en manuscritos toledanos del último cuarto del siglo XII. Asimismo en un *Martirologio* copiado en el monasterio navarro de Santa María de Fitero, adscrito entonces a la diócesis de Calahorra, que se terminó antes de 1212-1213 (BRAH, cod. 109) y en el *Tumbo* de San Martín de Castañeda copiado hacia 1236 (BNE, MSS/18382). Entre los datados no la encontramos después de 1256, con la única excepción del *Fuero de Alcaraz* copiado en 1296 (núm. 28), que

112 BCT, 39-25, Elena E. Rodríguez Díaz, *El scriptorium toledano…*, pp. 98-99.
113 María Jesús Torrens Álvarez, *Edición y estudio…*, p. 73.

sospechamos influenciado por el fuero latino de la época de Alfonso VIII que se tradujo y usó como modelo.

La segunda variedad castellana de la *M* uncial es la que coloca dos rayas horizontales y paralelas entre sí dentro de la segunda sección de la letra (Fig. 1: primera línea, segunda imagen). La hemos denominado *M alfonsí* para identificarla, porque parece tener su origen en los primeros años del reinado de Alfonso X, estando presente con seguridad en cartas plomadas de 1253. Es, por tanto, un elemento de datación bastante fiable para la segunda mitad del siglo XIII. Los datados utilizan esta modalidad desde 1255 (núm. 19) hasta 1289, aunque entre los datables, copiados tanto en escrituras caligráficas como en cursivas, sigue presente hasta los años finales, así como en el siglo XIV. Hay también una variante de esta misma forma, muy utilizada en los documentos hechos en la llamada gótica de albalaes, cuyo segundo cuerpo puede ser más ancho que el primero, quedar abierto y casi separado (Fig. 1: segunda línea, primera imagen). Aunque el uso de esta última forma (de origen documental) en los libros es bastante más frecuente en el siglo XIV, uno de los códices más tempranos en los que se observa fue copiado hacia 1270 por una mano claramente castellana que usó dicha variante en baja proporción[114]. En cambio, se utilizó insistentemente en el manuscrito del siglo XIV con el *Cantar de Mío Cid* copiado por Per Abbat[115].

Fig. 1. Formas mayúsculas de la *M* (1 a 3) y la *N* (4).

114 BNE, MSS/10053, tablas astronómicas de los ff. 9v (lín. 5, columnas 9, 11 y 15 en negro) y lo mismo en el f. 10r.

115 BNE, Vitr.7-17, por ejemplo f. 2r (lín. 9), f. 5r (lín. 1, 12, 15, 16, 18, quedando abierta la *M* de la lín. 12).

Debemos aclarar que hemos comprobado como posible criterio de datación lo que propuso Diane Creasy sobre la morfología de los dos cuerpos de la *g*[116] y no hemos hallado pautas cronológicas significativas, porque aunque el caído de la letra tienda a ser redondeado y cerrado desde el siglo XII, también existen casos de caído abierto en la misma época; y aunque el ojo de la letra vaya ganando angulosidad con el tiempo, no dejó de hacerse redondo en todo el siglo XIII.

4.6. La N y la r (Tabla 10)

Nos centramos ahora en observar el tratamiento gráfico de la *N* mayúscula y el comportamiento de la *r* minúscula, tanto de martillete, como la redonda, en especial cuando ambas se sitúan detrás de letras que rematan en curva[117].

En la *N* nos fijamos en la interpretación gótica de la forma capital, que posee un trazado más complejo, donde el travesaño es horizontal, asemejándose a una *H*, y los extremos de los palos pueden prolongarse a izquierda y derecha pudiendo cerrar la letra (Fig.1: última imagen). Esta variante ya se detecta en el manuscrito de 1105, pero en una proporción de uso muy baja frente a la preferencia clara por trazar el travesaño de forma oblicua[118]. En el siglo XII y principios del XIII su uso fue irregular, con varios casos que no la utilizan (núms. 5, 6, 8, 10, 11, 12), siendo más frecuente a partir de 1220. Algo similar se observa en los datables, con el uso de una *N* más cercana al modelo capital a mediados y en el tercer cuarto del siglo XII y, aún hacia 1207, el *Registro* coriense prefería el travesaño oblicuo para dicha letra, usando la forma similar a una *H* en muy pocas ocasiones. La *n* agrandada con función de mayúscula se utilizó ininterrumpidamente desde principios del siglo XII (núm. 1).

En cuanto a las minúsculas, observaremos el comportamiento de los alógrafos recto o vertical o redondo la letra *r*. En la relación de manuscritos datados leoneses y castellanos de los siglos XII y XIII encontramos *o+r* recta entre 1105 y 1220 y *o+r* redonda ininterrumpidamente desde 1165. Los datables cambian

---

116 Diane Creasy, *The Development…*, pp. 184-185.

117 Segunda ley de Meyer: "Toda letra que termina con la misma curva de la *o* no se debe escribir acompañada de la *r* recta sino con la *r* redonda", Wilhem Meyer, *Die Bubchstaben-Verbindungen…*, p. 20.

118 Una N de trazado sencillo, sin prolongaciones en los palos, pero con el travesaño completamente horizontal como si fuera una H, se encuentra en algunos de los manuscritos visigóticos toledanos tardíos, como es el caso del BCT, ms. 35-5, por ejemplo, f. 93r.

el panorama, ya que en la segunda mitad del siglo XII es frecuente encontrar las dos soluciones gráficas en el mismo códice usadas indistintamente por la misma mano y, en algunos casos, la situación se prolonga hasta la tercera década del siglo XIII.

En cambio, si observamos los grupos *p*/*b*+*r* recta se encuentran casos entre 1162 y 1256, incluido el *Planeta* de Diego de Campos (núm. 12), con ausencia en 1202, 1253 y en 1255 e inexistencia a partir de 1259. El caso temprano de 1202 procede de la pluma de quien no parece haber sido un profesional del libro, pudiendo estar influenciado por la escritura documental. No obstante, la *r* recta sigue usándose detrás de la curva de la *d* uncial, aunque la forma redonda predomine tras *p*/*b*. Aparte del caso de 1202, las *p*/*b*+*r* redonda vuelven a aparecer en 1220 y, sobre todo, desde 1246. A partir de 1259 podemos encontrar la *r* redonda incluso detrás de *h* o *d* uncial. Por tanto, el elemento gótico que terminará por extenderse en las escrituras textuales castellanas es la preferencia por la *r* redonda detrás de letras rematadas en curva, como se enuncia en la segunda ley de Meyer, manteniéndose la *r* de martillo detrás de letras que finalizan en trazo vertical o tras *c*, *e*, *f*, *g*, *t*. Entre los datables, la *r* redonda tras *p* y *b* puede localizarse a finales del siglo XII, normalmente en combinación con la *r* recta en la misma posición, si bien un uso exclusivo de la primera opción es evidencia de estar ante códices del siglo XIII. A su vez, la *r* de martillete detrás de *p* y *b* parece estar en franco retroceso desde 1253 y 1255 entre los datados.

Ahora bien, al lado de esta tendencia que parece general en los códices copiados en escrituras más caligráficas, hay que tener presente que en el alfabeto de la escritura cursiva de albalaes, del XIII y del XIV, se mantuvo la *r* de martillo detrás de *p*, *b* e incluso *d* uncial, aquí normalmente con prolongación bajo la línea de renglón al ser una escritura cursiva, usándose junto a la *r* redonda en la misma posición. Por tanto, no puede descartarse la posibilidad de una *contaminatio* o transferencia, por ejemplo, en manos que supieran escribir tanto en cursiva como en alguna de las modalidades caligráficas.

4.7. La S (tabla 11)

La tabla 11 está destinada a observar los aspectos más destacables de tres alógrafos de la *s*: la alta minúscula, la mayúscula de doble curva y una tercera modalidad que es una variante de la segunda. Lo que primero interesa en la datación es comprobar hasta cuándo se sigue utilizando la *s* alta a final de palabra de forma relativamente abundante, pues acabará siendo sustituida por la de doble curva en las escrituras textuales, sin olvidar que, al igual que el caso anterior, la *s* minúscula siguió usándose en la escritura cursiva de uso documental en posición final.

Con algunas excepciones que la suprimen antes (núms. 8, 15, 17), en los códices castellanos datados se puede encontrar *s* alta a final de palabra hasta 1259, desapareciendo a partir de este momento en la *littera textualis*, con la única excepción de un uso muy ocasional en un manuscrito de 1289, siendo tendencia mayoritaria en la segunda mitad del siglo XIII la inexistencia de *s* alta a final de palabra.

No incluimos en la tabla el comportamiento de la *s* mayúscula de doble curva en dicha posición, ya que se utilizó regularmente desde el siglo XII en todos los casos utilizados. En Italia, la *s* capital a final de palabra ya se utilizaba en el segundo cuarto del siglo XII, generalizándose en el XIII[119]. Lo que más interesa de este segundo alógrafo es comprobar cuándo empieza a ejecutarse dicha *s* con un trazado más sencillo de forma cursivizante[120]. Esta solución simplificada se encuentra ya en documentos de la segunda mitad del siglo XII y, fuera de Castilla, en la *Biblia* de Pamplona encargada por Sancho el Fuerte y terminada en el año 1197[121]. En los códices de los reinos de León y de Castilla esta variedad de la *s* se utiliza primero en posición exponencial, normalmente a final de línea o en salvas interlineales donde hay poco espacio en la segunda mitad del siglo XII, aunque no se sitúa sobre la línea de renglón hasta más tarde. En los manuscritos datados en textual, este fenómeno ya sucede en 1246, 1253, 1255, 1256 y de forma muy frecuente a partir de 1283, penetrando en el siglo XIV. Entre los datables podría encontrarse antes de 1246, sobre todo en casos con influencia documental o en aquellas escrituras que se alejan del rigor de la *littera textualis*[122].

---

119 Stefano Zamponi, "La scrittura del libro…", p. 326.

120 Pueden verse varios casos en la Biblioteca de la Real Academia Española (BRAE), ms. 293 (núm. 26), f. 25r, donde son cursivizantes las *s* finales de las dos rúbricas de dicha página. El manuscrito está accesible online en la web de la Biblioteca de la Real Academia Española y en la *Biblioteca virtual de la Comunidad de Madrid*, véase nota 80.

121 Bibliothèque Municipale d'Amiens, ms. 108. Encargada por el rey a Ferrando Pérez de Funes, canciller de Sancho el Sabio, y finalizada en 1197, Soledad de Silva y Verástegui, "La Biblia del rey Sancho el Fuerte de Navarra (Amiens, Bibliothèque Municipale, MS 108), de 1197", *Príncipe de Viana*, 256 (2012), p. 429.

122 Sucede así en un *Liber iudiciorum* que se conserva en la Biblioteca Nacional de Portugal (BNP), Il. 185, con clara influencia documental en su escritura. También parece que hubo influjo de la escritura documental en el *Fuero Juzgo* conservado en la Bibliothéque national de France (BnF), Esp. 256, datable en la década central del siglo XIII y con alguna *s* cursivizante.

Asimismo hemos comprobado lo que algunos autores han escrito sobre los alógrafos de la *z* y debemos afirmar que no resultan útiles para datar, porque tanto la "z corta" (con forma de 3 sin sobrepasar la línea de renglón), como la "z larga" (con caído bajo la línea de escritura), convivieron en el espacio y en el tiempo sin que se detecten patrones temporales significativos, ya que se alternaron a lo largo de los siglos XII, XIII, XIV y XV. En el período que estudiamos, la forma corta se registra en 1105 y en 1162[123], así como en 1208, 1218, 1246, 1250, 1259, 1280, 1283, 1296 y 1298, mientras que la forma larga ya se utilizaba en los manuscritos visigóticos, razón por la cual aparece en el cartulario leonés de 1110 (núm. 2), así como en 1162, 1165, 1188, 1190 y en todo el período comprendido entre 1218 y 1300, para seguir encontrando ambas realizaciones en las escrituras textuales de los siglos XIV y XV. También pueden verse ambos alógrafos en una misma mano o en un mismo libro, como sucede en la *Biblia* de San Isidoro de León del siglo XII o en *La Primera Partida* londinense de la segunda mitad del XIII[124].

4.8. Ligadura &, signo tironiano de *et*, ligadura *ct* (Tabla 12)

La ligadura romana de *et* (&), que se utilizó mucho en la escritura carolina, terminó por desaparecer durante el ciclo gótico, en algunos territorios europeos ya en el siglo XII[125]. Pero en los códices datados del occidente hispano estuvo vigente hasta finales del siglo XIII, con algún caso de uso muy restringido a inicios del XIV, tanto para la conjunción latina como para la romance. Los dos últimos manuscritos datados que la utilizan, fechados en 1288 y 1298, recurren a ella de forma ocasional y en el último, que fue copiado por distintas manos, la mayoría prescinden de ella. Entre los datables, existen evidencias, ya muy minoritarias, a principios del siglo XIV, como en un caso copiado poco después de 1313, en el que se recurre a la forma característica del siglo XIII una única vez en la primera página del texto y no se vuelve a utilizar más[126].

---

123 En la mano B de la *Biblia* leonesa, Ana I. Suárez González, *Los códices…*, p. 182.

124 En la *Biblia* de San Isidoro, la mano G prefiere la forma con prolongación, Ana I. Suárez González, *Los códices…*, p. 214. Ambas formas de *z* se observan en el British Library, Add. 20787 citado.

125 Stefano Zamponi, "La scrittura del libro…", p. 327.

126 BNE, MSS/9199: *Fuero de Burgos otorgado a Briviesca*, ff. 51r-150r. El texto se ha transmitido en un volumen facticio y, en su origen, el manuscrito con el *Fuero de Briviesca* pudo haberse preparado para utilizarlo en la administración de justicia, quizás en la propia Briviesca, ya que se inicia con un fragmento del evangelio de San Juan (1, 1–14), véase en este mismo volumen María del Carmen del Camino Martínez y Elena E. Rodríguez Díaz, "Notas sobre textos evangélicos en códices normativos",

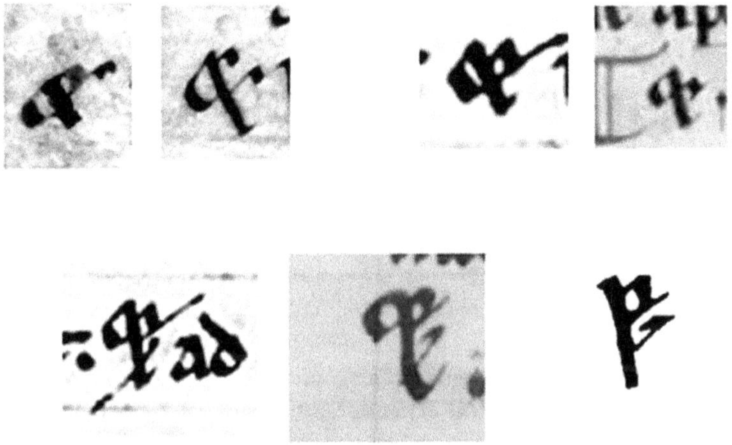

Fig. 2. Variedades de la ligadura & durante los siglos XII y XIII en León y Castilla. Forma 1 (línea superior, de izquierda a derecha, 1 y 2). Forma 2 (línea superior 3 y 4). Forma 3 (línea inferior).

Durante el período analizado, la ligadura ofrece tres morfologías, como muestra la Fig. 2, con las tendencias que señalamos a continuación. En los primeros años aparece siempre bajo la variedad más antigua (Fig. 2, forma 1), que sigue detectándose en 1162 y en la década de 1150–1160 entre los datables. No afirmamos que desaparezca por completo a partir de estas fechas -aunque no se observe en los datados–, sino que su uso disminuye a favor de las restantes variedades.

En la segunda mitad del siglo XII la modalidad que parece más difundida es una forma que se utilizó tanto en la península, como en los restantes reinos europeos, incluidas las islas británicas. La ligadura tiene ahora la apariencia de un nexo *oe*, con o sin prolongación de la lengüeta de la *e* (Fig. 2: forma 2). Esta variante ya está presente en la *Biblia* de San Isidoro de León del año 1162 y penetra en el siglo XIII hasta 1236 entre los datados y hasta la década de 1250 entre los datables.

en este mismo volumen, pp. 149-162. La ligadura & aparece únicamente en el texto evangélico, por lo que nos preguntamos si podría haber estado en el modelo latino de dicho texto.

Desde al menos 1190 se alterna con la tercera modalidad, que será la forma preferida en los manuscritos castellanos y leoneses del siglo XIII (Fig. 2: forma 3)[127] y que también se usó en algunos documentos copiados en la llamada letra de privilegios[128]. La ligadura más esquematizada de todas, semejante a una *e* alargada que aparece cortada por un trazo oblicuo, se utilizó en el *scriptorium* alfonsí en 1280 junto a la variedad más extendida durante el siglo XIII, que se observa también en algún datable de principios del XIV[129], por lo que las costumbres antiguas pudieron perdurar entre alguna mano que viviera a caballo entre ambos siglos. Ahora bien, esta ligadura terminó por desaparecer hasta que en la segunda mitad del siglo XV la reintrodujeron los castellanos que empezaron a imitar la escritura humanística procedente de Italia, aunque para entonces dicha imitación se hiciera sobre la forma carolina más pura y la variante del siglo XII semejante al nexo *oe*.

Este es uno de los motivos que invalida la datación tradicional del *Liber iudicum* procedente de San Juan de los Reyes que hoy se conserva en la Biblioteca de Castilla La Mancha (ms. 175) como un producto del siglo XV. El códice conservado en Toledo utiliza en varias ocasiones la modalidad de la ligadura *et* típica del siglo XIII[130]. Además, el códice se confeccionó con cuaterniones, algo inusual en los manuscritos góticos castellanos del XV, que no se recupera hasta los últimos años cuando la escritura gótica textual tenía ya un trazado mucho más redondeado que el que ofrece el ms. 175. Por tanto, la codicología y la paleografía muestran la absoluta imposibilidad de fechar este manuscrito en el 1400. El volumen debió copiarse en el siglo XIII, con seguridad después de 1253 porque los cuaterniones empiezan por la cara de carne del pergamino, la

127 La variedad que se ve en la primera imagen de la línea inferior de la Fig. 2 se utilizó en el *Fuero Viejo* de Alcalá de Henares, aunque en el estudio solo se mencione la existencia del signo tironiano, Antonio Caballero, "Estudio…", p. 49. En Aragón, esta forma ya se registra en el año 1162 (BNE, MSS/9719). Recoge la asignación aragonesa de este manuscrito Agustín Millares Carlo, *Tratado…*, p. 347.

128 Por ejemplo en AHN. Pergaminos. Carpeta 17, n.7, otorgado por Fernando IV en Valladolid, el 31 de enero de 1297, donde aparece solo tres veces junto al dominante signo tironiano.

129 BNE, MSS/691, ff. 1r-89r: *Fuero real*. La hemos visto también en algún documento de 1304 donde hay un uso residual frente al casi exclusivo signo tironiano, María Josefa Sanz Fuentes y Miguel Calleja Puerta, *Litteris confirmentur. Lo escrito en Asturias en la Edad Media* (Oviedo: CajAstur, 2005), p. 117.

130 Por ejemplo, f. 47r, col. 1, lín. 1; f. 100r, col. 1, lín. 6; f. 101, col. 1, lín. 1, 3. El manuscrito está digitalizado y accesible en la *Biblioteca Virtual del Patrimonio Bibliográfico español* del Ministerio de Cultura, <https://bvpb.mcu.es/es/inicio/inicio.do>.

escritura se dispone por debajo de la primera línea pautada, se emplea la *s* alta minúscula a final de palabra en muchas ocasiones y la forma cursiva de la *s* de doble curva en la misma posición. De otro lado, la escritura es apretada y muy gótica, hay fusión regular de curvas contrapuestas, incluso en el grupo *ho*, no se detectan *d* de alzado recto aunque se utilice alguna *r* de martillo aislada detrás de algunas letras rematadas en curva, por lo que debe situarse la copia de este ejemplar en la segunda mitad avanzada del siglo XIII.

El primer códice que se sirve únicamente del signo tironiano de *et* está fechado en 1208 (núm. 10) y entre 1246 y 1255 empieza a desaparecer la antigua ligadura romana en las manos del XIII. En cuanto a la frecuencia de uso, los niveles más altos se sitúan entre 1105 y 1187. El signo tironiano para la conjunción copulativa latina y romance se utilizó sistemáticamente desde principios del siglo XII, con algún caso en el que no aparece ni el signo ni la ligadura, sino solo la conjunción romance desarrollada (núm. 17). Por tanto, la presencia de este elemento paleográfico no ayuda a la datación, lo que sirve es el uso combinado con la ligadura & y, como mucho, la frecuencia de uno y otro, siendo más abundante la ligadura en el siglo XII y el signo tironiano en el XIII.

La ejecución de la ligadura *ct* sufrió una evolución que puede servir para fechar, sobre todo en los manuscritos del siglo XII. En 1105 el arco de unión entre las letras está completamente cerrado, como asimismo sucede en algunos casos datables de 1150–1160. Entre 1162 y 1190 podemos encontrar manos que siguen cerrando el arco y manos que empiezan a dejarlo abierto o, incluso, el mismo copista puede utilizar ambas soluciones gráficas simultáneamente. Entre 1190 y 1246 la ligadura aparece incompleta o atrofiada, con discontinuidad entre las letras por quedar el arco abierto y a partir de 1253 se empieza a prescindir de la ligadura. Ahora bien, su inexistencia se detecta ya en una de las manos de la *Biblia* leonesa de 1162, en el copista principal del *Libro registro de Corias* que inició su trabajo en el año 1207 y en el caso de 1218. Pese a ello, en la tabla 12 se aprecian bien las tendencias mayoritarias.

En el reino de Aragón pudiera darse una situación similar, porque el manuscrito de *Paterius* copiado en Santa María de Veruela en 1171 resuelve la ligadura cerrando totalmente el arco[131].

131 Real Biblioteca del Monasterio del Escorial (RBME), M-III-18. La Real Biblioteca del Monasterio del Escorial está digitalizando sus fondos y publicándolos en <https://rbmecat.patrimonionacional.es/>.

5. Recapitulación

Los aspectos materiales y gráficos que hemos ido mostrando son los que resultan más útiles para datar, tras haber verificado las características principales reseñadas por la tradición sobre la formación de la escritura y del libro gótico. Así, entre los rasgos codicológicos que no aportaron información significativa se encuentra la disposición del texto a dos columnas o a línea tirada, porque ambos diseños de página se alternan sin que parezca existir ningún patrón temporal, la aparición de pinchazos de guía para el pautado vertical en el margen interior o los pautados complejos que encontramos en ambos siglos.

Entre las características paleográficas hallamos evidencias del uso de la pluma biselada y de un trazado anguloso desde la segunda mitad del siglo XII, condicionados siempre por los pocos casos datados que se han conservado de la primera mitad. En dicha época empieza a percibirse angulosidad en la *o* y en el ojo de la *q* o de la *p* que no se detectan en el códice de 1105 y que son ya manifiestamente angulosos en el año 1165 y 1187, haciéndose fracturada incluso la segunda sección de la *h* en el año 1190, aunque en 1202 solo se observe angulosidad en la *o* y en la *d* minúscula[132]. Tampoco nos hemos referido de forma detallada a las abreviaturas, salvo el uso del signo tironiano[133]. Con esto no queremos decir que los aspectos no tratados aquí no sean relevantes para el estudio de la evolución gráfica de la escritura latina del período, sino solamente para la datación en estos siglos. Imprescindible para estudiar la transformación de la carolina en la gótica es el claroscuro gráfico y los nexos entre las curvas enfrentadas. Sin embargo, como hemos visto, este último aspecto debe relativizarse a partir de 1260 en la datación, ya que existieron manos tardías que no supieron, o no quisieron, respetar el canon gótico.

La organización interna de la cadena gráfica, como resultado de la compresión lateral que terminará por caracterizar a la escritura gótica, fue modificándose de manera desigual a lo largo de los siglos XII y XIII. Lo primero que se observa en el siglo XII es la sobreposición de algunos trazos de ataque con la *t*, la *f* y la *g*, así como una elisión irregular en *ci/u/r/t* desde 1181 y de *ri/t/u* desde

132 María Teresa Carrasco Lazareno, "El Liber…", p. 241.

133 Sobre el uso a partir del siglo XIII de las abrevuaturas del *para* y del *pora*, Inés Fernández-Ordóñez, "Editando la *Estoria de España* a partir de varios copistas: la resolución de la abreviatura correspondiente a para-pora", en *La lengua de los copistas. Variación y modelos de la escritura del texto en el español medieval*, Leyre Martín Auzpuru y Juan Miguel Valero Moreno, dirs., Arturo López Martínez, ed. (Salamanca: IEMYRhd & SEMYR, 2022), pp. 67-86.

1190, aunque la normalización de la mayoría de las elisiones no sucederá hasta la segunda mitad del siglo XIII y no siempre de manera regular.

Otros elementos morfológicos característicos de la escritura gótica también están presentes en los códices leoneses y castellanos desde principios del siglo XII. La *r* redonda similar a un 2 en la desinencia *-orum*, cuando va abreviada, ya se utilizaba en la escritura visigótica y en la carolina, y siguió estando presente en los manuscritos pregóticos o protogóticos del siglo XII. También se usó desde el principio de dicho siglo la *n* agrandada con función de mayúscula, la *s* de doble curva en posición final, el signo tironiano de *et* o la interpretación de la *N* capital parecida a una *H*, si bien esta última es más frecuente en la segunda mitad. De otro lado, no responden a patrones temporales y, en consecuencia, no resultan útiles para datar las morfologías de las siguientes minúsculas en las escrituras librarias de tipo caligráfico pertenecientes a los siglos XII y XIII: *b, c, e, f, g, h, k, l, m, n, o, p, q, t, u, w, x, z,* salvo en todo lo que hemos expuesto relativo a la elisión/sobreposición. Tampoco ofrece cambios significativos la morfología de la *v*. Lo que sucede en el siglo XIII es su menor uso, tanto con valor vocálico, como sobre todo consonántico, que será mucho más frecuente y abundante en el siglo XIV. Hay también una interpretación de la *y*, con el caído en zigzag, que se detecta en el territorio castellano durante la primera mitad y mediados del siglo XIII.

Al comparar los siglos XII y XIII entre sí, se ha visto cómo existen pautas cronológicas en determinadas frecuencias de uso entre aquellos elementos paleográficos que sufren cambios (desaparición/generalización), siendo muy claras en lo que sucede con los dos tipos de *d*, los dos alógrafos de la *s* y en la paulatina desaparición de la ligadura con valor de *et*/*e*. Por eso creemos útil considerar la "frecuencia de uso" como una categoría de análisis en la datación durante el período estudiado.

Aunque pocas veces un único elemento de todos los aquí enumerados es determinante para fechar, son bastante seguros la modificación técnica en la disposición del pergamino al dejar al exterior del cuaderno la *pars munda*, la disposición de la escritura por encima de la primera o de la segunda horizontal en la etapa más antigua de la escritura y del libro gótico, la aparición del quinión y del senión, el uso del reclamo vertical en el período más antiguo o el uso de la tinta en el pautado, entre los aspectos codicológicos. Entre los rasgos paleográficos, el uso o ausencia de la *e* caudada, el cierre de la *c* sobre la *o* y la *a*, la ligadura *ct* con el arco cerrado que no volverá a recuperarse hasta la escritura humanística, el empleo de la *d* uncial a comienzo de palabra, la entrada de la *s* cursivizante en la textual o la variante de la *M* mayúscula que fue una innovación de la época alfonsí. De manera que podemos sintetizar las tendencias generales más estables observadas en los códices en los siguientes cuadros.

Cara de carne al exterior del cuaderno	Desde 1230-1242
Cara de pelo al exterior del cuaderno	Hasta la década de 1250
Quinión	Desde 1220
Senión	En mss. en pergamino desde la década de 1270
Reclamo vertical	Desde *ca.* 1190 (Toledo)
Pautado a tinta	Ya en la década de 1280
Por debajo de la primera horizontal	Desde la década de 1250
Mayúsculas destacadas	- Sistemático hasta la década de 1210 - Residual hasta la década de 1280

a de capelo	Ya asumida en la década de 1160
e caudada	- Con mucha frecuencia hasta la década de 1180 - Desaparece ya en 1188 - Residual en el primer tercio del XIII
d uncial a inicio de palabra	Desde 1188
d recta a inicio de palabra	Hasta la década de 1250
r recta detrás de *o*	- Uso sistemático hasta la década de 1180 (1181) - Intermitente hasta la década de 1230
r redonda detrás de p/b	- Desde la década de 1200 - Muy frecuente desde 1259
s minúscula a final de palabra	- Abundante hasta la década de 1160 - Decrece entre 1180 y 1250 - Residual hasta la década de 1280
s mayúscula (solo) a final de palabra	- Desde la década de 1190
s cursivizante a final de palabra	- Desde la década de 1240 - Algo anterior (s. XIII) si hay influencia documental

Ligadura & (las 3 variedades)	- Muy frecuente hasta la década de 1180 - Empieza a desaparecer en la década de 1240 - Residual hasta la década de 1310
Cierre de la *c* sobre *o*	Desde 1208
Cierre de la *c* sobre la *a*	Desde la década de 1250
Compresión lateral de *pp/bb*	Inexistente o irregular en el siglo XII

Los restantes aspectos o la mayoría de ellos no suelen ser concluyentes por sí mismos, por lo que para obtener un resultado fiable deben reagruparse todas las evidencias posibles y valorarlas en conjunto. Además, los elementos más antiguos pueden prolongarse en el tiempo por tradición o en determinadas circunstancias socioculturales, por lo que los elementos novedosos se convierten en indicios mucho más estables en los momentos de transición.

Algunos de estos atributos también pueden resultar útiles para localizar, como el empleo temprano del reclamo vertical en la región de Toledo durante el último cuarto del siglo XII y primeras décadas del XIII, extendiéndose por el resto de Castilla y de León durante el XIII y por la Corona de Aragón en el XIV. Resulta asimismo muy interesante la variedad de pergamino que se elaboró en la ciudad de Toledo desde finales del siglo XII y, sobre todo, a lo largo del siglo XIII. Entre los manuscritos datables con precisión, donde se encuentran los códices copiados y anotados por Álvaro de Oviedo, el soporte con las características descritas se usó hasta 1270-1282.

No debe olvidarse que en todas las épocas pueden darse situaciones gráficas aparentemente contradictorias. Centrándonos en el período objeto de estudio, ya se ha visto cómo no todas las manos aceptaron el canon gótico o no todas supieron aplicarlo adecuadamente. En algunas ocasiones podremos detectar la presencia de alguien inexperto, o de un amanuense más familiarizado con la escritura documental, o de otro poco ducho en el trabajo de copia de libros. Pero en otras situaciones no parece existir una causa específica, como le sucedió a uno de los copistas de la *Biblia* de Uclés que prefería no formar nexos con las curvas contrapuestas cuando esto era ya una tendencia totalmente asumida en la época. Con los asuntos gráficos sucede lo mismo que con cualquier otra actividad humana: no pueden establecerse categorías absolutas, porque a los atributos técnicos se suman factores de índole sociocultural que pueden condicionar el resultado final. Después de estudios exhaustivos, lo que podemos constatar son tendencias mayoritarias que pocas veces se encuentran libres de excepción. Con suerte, las anomalías pueden tener fácil explicación, como el caso francés de 1284 con la escritura dispuesta por encima de la primera horizontal en una mano claramente no profesional. Pero en otras ocasiones los libros siguen resultando enigmáticos.

Otro rasgo de la época que estudiamos, sobre todo del siglo XIII, es la influencia de las escrituras cursivas de uso documental que, a veces, se detecta en las textuales. Debe tenerse presente que la mayoría de los cambios gráficos mencionados se produjeron antes en las cursivas documentales que en las textuales usadas en los códices, por lo que de darse dicha influencia deben sopesarse los elementos observados en los manuscritos con lo sucedido al respecto en los documentos. El buen copista sabía que cada tipo de escritura tenía sus propias reglas, pero ante la diversidad de actores gráficos en la época, la influencia documental puede suceder en varias circunstancias: por ejemplo, cuando interviene un profesional del documento que sabe reproducir la *littera textualis* con mejor o peor fortuna, o por la presencia de una mano poco atenta, o mal educada, que desconoce las jerarquías gráficas de las escrituras librarias de carácter textual. Aunque en todas las épocas hubo malos copistas, a partir del siglo XIII el panorama gráfico se vuelve más complejo al invadir las cursivas el ámbito librario y al copiarse manuscritos al margen de los talles profesionales. El *Liber iudicum* ya citado, que se conserva en la Biblioteca Nacional de Portugal[134], ofrece una escritura caligráfica con varias evidencias de influencia documental. La marcada prolongación de los astiles de las letras en la primera línea de cada página imita las costumbres documentales, como asimismo sucede con la prolongación del alzado de la *d* uncial y la ejecución cursiva de algunas *g* que incurvan hacia la izquierda sus largos caídos. Este manuscrito usa también *s* cursivizantes, un aspecto que penetró en las textuales más tarde pero que ya se utilizaba en los documentos a finales del siglo XII, por lo que su presencia en este códice no debe conducirnos a pensar en una copia necesariamente tardía[135].

En el siglo XII y, sobre todo, en el XIII hubo convivencia de códices más modernos con otros más arcaizantes que puede deberse a muchas razones, algunas de las cuales hemos ido desgranando a lo largo de este estudio: la inexperiencia de un principiante, el aprendiz que se forma con modelos antiguos, el maestro que enseña lo que él mismo aprendió años y décadas atrás, la

134 BNP, Il. 185.

135 Además, los cuadernos empiezan por la cara de pelo y el trazado es bastante redondeado, con muy poco claroscuro gráfico.

presencia de copistas de edad avanzada, la influencia de los modelos, el conservadurismo de algunas escrituras de aparato, individuos o ambientes alejados de los circuitos comerciales o, incluso, preferencias personales en el caso de manos que no se ganen la vida copiando libros. De ahí la importancia de asumir con prudencia lo que los manuscritos datados proporcionan, entendiendo los elementos que ofrecemos como indicios susceptibles de ser confrontados con los restantes aspectos de los libros. Evidentemente, lo que transmiten los datados son evidencias fiables del uso en tales fechas de esta o de aquella técnica, que deben valorarse dentro de las tendencias mayoritarias que se han observado en este análisis codicológico y paleográfico de conjunto. Pero tampoco debe olvidarse el número tan pequeño de ejemplares datados frente a la importante cantidad de manuscritos no fechados que existen en las bibliotecas. Por esto, la información derivada de los códices datados no siempre sirve para resolver definitivamente los problemas, aunque ayude a avanzar con paso seguro en algunas de las muchas facetas que conlleva la datación y localización de los viejos manuscritos.

El período gótico es también la época en la que existió una mayor diversidad gráfica por el aumento de las necesidades y los usos de la escritura en la sociedad de la época, que provocó muy pronto fenómenos de hibridación y de contaminación entre las escrituras caligráficas y las cursivas. La escritura, además, había salido definitivamente de los claustros para ir extendiéndose entre los laicos, cada vez con mayor movilidad y circulación de libros y de personas a partir del siglo XIII, con extranjeros asentados en los diferentes reinos hispanos o influencias foráneas en los propios castellanos (por ejemplo, entre los clérigos que iban a estudiar al extranjero). No debe extrañar demasiado que sea el manuscrito de 1218 el que pudo estar copiado por un *franco* en aquel Toledo cosmopolita de la pirmera mitad del siglo XIII.

Hemos visto que en la relación de los 29 manuscritos en 34 volúmenes que hemos utilizado como fundamento para este estudio hay un ejemplar que desentona de varias de las tendencias generales de su época: el *Fuero de Alcaraz* copiado en el año 1296, algunos de cuyos elementos codicológicos y paleográficos encajarían mucho mejor en la primera mitad del siglo XIII, cuando Alfonso VIII concedió fuero a la localidad tras la conquista cristiana de 1213. Al analizar el texto, se ha comprobado la inexistencia de las incorporaciones legales de época de Alfonso X por seguir esta traducción el original latino que todavía se conservaba en el lugar en 1461 y, al analizar la lengua utilizada, se ha demostrado la estrecha dependencia de dicho original. De manera que parece muy probable la influencia formal del original latino, confeccionado en la primera mitad del siglo XIII, para el diseño de la página con verticales dobles sin función, la escritura por encima de la primera horizontal y unas características gráficas arcaizantes. Aparte de ello, lo que sucede en este manuscrito con la fusión irregular de curvas contrapuestas y con el uso asimismo anómalo del cierre de las letras *ca* y *co*, cuando el propio copista demuestra conocer perfectamente ambos procedimientos y cuando estas soluciones gráficas estaban ya totalmente difundidas en su época, trasluce la presencia de una persona que no practicaba una estricta disciplina cuando escribía en textual. La causa exacta no la sabemos, quizás el Bartolomé de Uceda, que se identifica en el colofón como traductor y copista, fuera algún clérigo secular de la zona o algún laico con formación latina que conociera la escritura de libros, aunque no se ganara la vida copiándolos, por lo que no habría llegado a alcanzar el rigor que caracterizaba los trabajos de los buenos copistas profesionales en las postrimerías del siglo XIII.

Finalmente y como expresábamos al principio, la información de los códices datados debe ir ajustándose con el aporte de otros manuscritos fechados que puedan localizarse o de aquellos datables que consigan ser fechados con precisión de manera objetiva y contrastada. Asimismo, para completar el mapa de lo que fueron las tendencias generales en los reinos hispánicos y diferenciar, en cada caso, las preferencias locales, sería muy útil efectuar análisis similares en Navarra y en la Corona de Aragón.

TABLA 1: Los cuadernos y la ordenación

	Fecha	Cuad.	Inicio	Signat. cuads.	Recla-mos	Num. bifolios original	Foliac mediev.	Paginac. Medieval
1	1105	4	Pelo					
2	1110	4	Pelo		RH			
3	1162	4	Pelo		RH			
4	1165	4	Pelo		RH			
5	1181	4	Pelo	X				
6	1187	4	Pelo		RH			
7	1188	4	Pelo		RH			
8	1190	4	Pelo		RH			
9	1202	4	Pelo		RH			
10	1208	4	Pelo		RH			
11	1208	4	Pelo		RH			
12	1218	4	Pelo		RH			
13	1220	3, 4, 5[136]	Pelo		RH			
14	1222, 1229	5	Pelo		RH			
15	1236	4	Pelo		RH			
16	1246	4	Carne		RV			
17	1250	4	Carne		RH			
18	1253	4, 5	Carne			X		X
19	1255	5	Carne		RH			
20	1255	5	Pelo		RH			
21	1256	5	Carne		RH	X		
22	1259	4	Carne					
23	1280	4	Carne		RV			
24	1283	4	Carne	X				
25	1288	6	Carne		RV		X	
26	1288	4	Carne					
27	1289	6	Carne		RH			
28	1296	5	Carne		RV		X	
29	1298	4, 5	Carne		RH			

136 Predominan el ternión (8 cuadernos) y son secundarios, el cuaternión (5 cuadernos) y el quinión (5 cuadernos).

TABLA 2: Pautado
PS: punta seca. PbD: punta de plomo dura con impurezas. Pb: punta de plomo.

	Fecha	PS	PbD	Pb	Tinta	Códice diplomático
1	1105	X	X			
2	1110	X				X
3	1162			X		
4	1165	X	X			
5	1181		X			
6	1187		X			
7	1188			X		
8	1190		X			X
9	1202			X		
10	1208		X	X		
11	1208		X			
12	1218			X		
13	1220		X			
14	1222, 1229			X		
15	1236			X		X
16	1246			X		
17	1250		X	X		
18	1253	X	X			X
19	1255		X			
20	1255		X			
21	1256		X			
22	1259			X		
23	1280		X		X	
24	1283	X	X			
25	1288	X	X	X		
26	1288					X
27	1289					
28	1296			X		
29	1298			X		

TABLA 3: Uso del pautado
E: por encima de la primera línea pautada. D: por debajo de la primera línea pautada. Dest.: mayúsculas destacadas fuera de la caja. Encaj.: mayúsculas encajadas.

	FECHA	E	D	DEST.	ENCAJ.
1	1105	X		X	
2	1110	X		X	
3	1162	X		X	
4	1165	X		X	
5	1181	X		X	
6	1187	X		X	
7	1188	X		X	
8	1190	X		X	
9	1202	X		X	
10	1208	X		X	
11	1208	X		X	
12	1218	X		X	
13	1220	X			X
14	1222, 1229	X		X	
15	1236	X			X
16	1246	X			
17	1250	X		X	X
18	1253		X		X
19	1255		X		X
20	1255	X		X	
21	1256	X		X	
22	1259		X		X
23	1280		X		X
24	1283		X		X
25	1288		X	X	X
26	1288		X		X
27	1289		X		X
28	1296	X			X
29	1298		X		X

TABLA 4: Compresión lateral (1)

	Fecha	Fusión de curvas		Compresión *PP/BB*	Cierre *CA*	Cierre *CO*	Influenc. docum.
		Parcial	Total				
1	1105			Irreg.			
3	1162			Irreg.			
4	1165			Irreg.			
5	1181			Irreg.			
6	1187			Irreg.			
7	1188			Irreg.			
8	1190			Irreg.			
9	1202			X			
10	1208			X		X	
11	1208			X			
12	1218	X		X		X	
13	1220	X		X		X	
14	1222, 1229			X		X	
15	1236			Irreg.		X	X
16	1246		X	X		Irreg.	
17	1250		X	X		X	
18	1253		X	X	X	X	
19	1255	X		X	Irreg.	X	
20	1255	X		X		X	
21	1256		X	X	X	X	
22	1259	X		X		X	
23	1280		X	X		X	
24	1283		X	X		X	
25	1288		X	X	X	X	
26	1288		X	X	X	X	No textual
27	1289		X	X	X	X	
28	1296	X		X	Irreg.	Irreg.	
29	1298	X	X	X	X	X	

TABLA 5: Compresión lateral (2)

	Fecha	Elisión *c*	Elisión *e*	Elisión *r*	Elisión *x*	Influencia documental
1	1105					
3	1162					
4	1165					
5	1181	X				
6	1187	Irreg.				
7	1188	X				
8	1190	X	Irreg.	Irreg.		
9	1202	Irreg.	Irreg.	Irreg.		
10	1208	X	Irreg.	Irreg.	X	
11	1208	Irreg.	X	Irreg.	X	
12	1218	X	Irreg.	X		
13	1220	X	X	X	X	
14	1222, 1229		X	Irreg.		
15	1236	X	X	Irreg.		X
16	1246		X	X	X	
17	1250	X	X	Irreg.		
18	1253	X	X	X	X	
19	1255	X	X	X	X	
20	1255	X	X	X	X	
21	1256	X	X	X	X	
22	1259	X	X	X		
23	1280	X	X	X	X	
24	1283	X	X	X		
25	1288	X	X	X		
26	1288	X	X	X	X	No textual
27	1289	X	X	X	X	
28	1296	X	X	X	X	
29	1298	X	X	X	X	

TABLA 6: a, e.

	Fecha	*A* de capelo	*A* cerrada sobre-puesta	*E* caudada	
				Para diptongo *AE*	Para marcar *EE*
1	1105			X	
3	1162	X		X	X
4	1165	X	X	X	
5	1181	X		X	X
6	1187	X		X	
7	1188	X	X		X
8	1190	X	X		X
9	1202	X			
10	1208	X	X		
11	1208	X			
12	1218	X	X	X	
13	1220	X			
14	1222, 1229	X			
15	1236	X	X		
16	1246	X	X		
17	1250	X	X		
18	1253	X	X		
19	1255	X			
20	1255	X	X		
21	1256	X	X		
22	1259	X			
23	1280	X			
24	1283	X			
25	1288	X			
26	1288	X	X		
27	1289	X			
28	1296	X	X		
29	1298	X			

TABLA 7: **d minúscula**
Frecuencia 1: casos esporádicos o escasos en proporción. Frecuencia 2: intermedia. Frecuencia 3: predominante.

	Fecha	Frecuencia	Inicial	Intermedia	Uso	Influenc. document.
1	1105	3	X	X	da, de, di/u/ n/r, do	
3	1162	3	X	X	da, de, di/u/ n/r, do	
4	1165	3	X	X	da, de, di/u/ n/r, do	
5	1181	3	X	X	da, de, di/u/ n/r, do	
6	1187	3	X	X	da, de, di/u/ n/r, do	
7	1188	3	X	X	da, de, di/u/ n/r, do	
8	1190	3	X	X	da, de, di/u/ n/r, do	
9	1202	2	X	X	da, de, di/u/ n/r, do	
10	1208	3	X	X	da, de, di/u/ n/r, do	
11	1208	3	X	X	da, de, di/u/ n/r, do	
12	1218	1		X	da, di/u/n/r	
13	1220	3	X	X	da, de, di/u/ n/r, do	
14	1222, 1229	3	X	X	da, de, di/u/ n/r, do	
15	1236	2	X	X	da, de, di/u/ n/r, do	X
16	1246	1	X	X	de, di/u/n/r, do	
17	1250	3	X	X	da, de, di/u/ n/r, do	
18	1253	1		X	di/u/n/r	
19	1255	1	X	X	di/u/n/r	
20	1255	1	X	X	da, de, di/u/ n/r, do	

	Fecha	Frecuencia	Inicial	Intermedia	Uso	Influenc. document.
21	1256	2	X	X	da, de, di/u/n/r, do	
22	1259					
23	1280					
24	1283	1		X	di/u/n/r	
25	1288					
26	1288					X
27	1289					
28	1296	2	X	X	da, de, di/u/n/r, do	
29	1298					

TABLA 8: d uncial
Frecuencia 1: una o dos ocurrencias. Frecuencia 2: parejo con la *d* vertical. Frecuencia 3: predominante. Frecuencia 4: uso exclusivo de la *d* uncial a principio de palabra.

	FECHA	FREC.	CON *o*, *e*	INICIAL	FRECUENCIA EN LA POSICIÓN INICIAL	INFLUENCIA DOCUMENTAL
1	1105	1				
3	1162	1	e			
4	1165	1				
5	1181	1	o, e			
6	1187	1	e			
7	1188	1	o, e	X	1	
8	1190	1	e			
9	1202	2	o, e	X	1	
10	1208	1	e	X	1	
11	1208	1	o, e			
12	1218	3	e, o	X	3	
13	1220	1	e, o	X	2	
14	1222, 1229	2	o, e	X	2	
15	1236	2	o, e	X	3	X
16	1246	3	o, e	X	3	
17	1250	1	o, e	X	3	
18	1253	3	o, e	X	4	
19	1255	3	o, e	X	4	
20	1255	3	o, e	X	3	
21	1256	3	o, e	X	1	
22	1259	4	o, e	X	4	
23	1280	4	o, e	X	4	
24	1283	3	o, e	X	4	
25	1288	4	o, e	X	4	
26	1288	4	o, e	X	4	X
27	1289	4	o, e	X	4	
28	1296	2	o, e	X	2	
29	1298	4	o, e	X	4	

TABLA 9: i, M

	Fecha	*ii/ij*	M capital	Interpret. M uncial[137]	M uncial "alfonsí"[138]
1	1105	ii	X		
3	1162	ii/ij	X		
4	1165	ii	X		
5	1181	ii/ij			
6	1187	ij			
7	1188	ii/ij	X	X	
8	1190	ij			
9	1202	ij	X		
10	1208	ij		X	
11	1208	ij			
12	1218	ii		X	
13	1220	ij		X	
14	1222, 1229	ij			
15	1236	ij		X	
16	1246	ij		X	
17	1250	ij		X	
18	1253	ij		X	
19	1255	ii			X
20	1255	ij			
21	1256	ij		X	
22	1259	ij			
23	1280	ij			X
24	1283	ij			X
25	1288	ij			
26	1288	ij			X
27	1289	ij			X
28	1296	ij		X	
29	1298	ij			

137 Fig.1, línea superior.
138 Fig. 1, línea inferior.

TABLA 10: N, r

	FECHA	N[139]	*o + r* RECTA	*o + r* REDONDA	*p, b* + *r* RECTA	*p, b, h* + *r* REDONDA	INFLUENCIA DOCUMENTAL
1	1105	X	X		X		
3	1162		X	X	X		
4	1165	X	X	X	X		
5	1181		X	X	X		
6	1187			X	X		
7	1188	X		X	X		
8	1190			X	X		
9	1202			X	X[140]	X	
10	1208		X	X	X		
11	1208			X	X		
12	1218			X	X		
13	1220	X	X	X	X	X	
14	1222, 1229	X		X	X		
15	1236	X		X	X		X
16	1246	X		X	X	X	
17	1250			X	X	X	
18	1253	X		X		X	
19	1255	X		X			
20	1255	X		X	X	X	
21	1256			X	X		
22	1259			X		X	
23	1280			X		X	
24	1283			X		X	
25	1288	X		X		X	
26	1288	X		X		X	X
27	1289	X		X		X	
28	1296			X		X	
29	1298			X		X	

139 De trazado complejo, con el travesaño en horizontal (asemejándose a una *H*) y prolongaciones en los extremos de los palos que pueden cerrar la letra, véase Fig.1, línea inferior.

140 Tras *d* uncial.

TABLA 11: s
Frecuencia 1: casos esporádicos. Frecuencia 2: intermedia. Frecuencia 3: predominante.

	Fecha	s			Influencia documental
		Minúscula final	Frec. minús. final	Cursivizante	
1	1105	X	3		
3	1162	X	3		
4	1165	X	3		
5	1181	X	2		
6	1187	X	1		
7	1188	X	2		
8	1190				
9	1202	X	2		
10	1208	X	2		
11	1208				
12	1218	X	1		
13	1220	X	1		
14	1222, 1229	X	1		
15	1236		1		X
16	1246	X	1	X	
17	1250				
18	1253	X	2	X	
19	1255	X	1		
20	1255	X	2	X	
21	1256	X	2	X	
22	1259	X	2		
23	1280				
24	1283			X	
25	1288			X	
26	1288			X	X
27	1289	X	1	X	
28	1296				
29	1298			X	

TABLA 12: Ligaduras *&* y *ct*
Frecuencia 1: casos esporádicos. Frecuencia 2: intermedia. Frecuencia 3: predominante.

	Fecha	Ligadura *&*				Ligadura *ct*		
		Forma 1	Forma 2	Forma 3	Frecuencia	Arco cerrado	Arco incompleto	No hay
1	1105	X			2	X		
3	1162	X	X		2	X	X	X
4	1165	X			2	X	X	
5	1181	X			2		X	
6	1187		X	X	3		X	
7	1188			X	1	X	X	
8	1190			X	1	X	X	
9	1202			X	2		X	
10	1208						X	
11	1208		X		1		X	
12	1218		X		2			X
13	1220			X	2		X	
14	1222, 1229			X	1		X	
15	1236		X		2		X	
16	1246						X	
17	1250						X	X
18	1253							X
19	1255							X
20	1255							X
21	1256			X	1			X
22	1259							X
23	1280			X	2			X
24	1283							X
25	1288			X	1			X
26	1288							X
27	1289							X
28	1296							X
29	1298			X	1			X

www.ingramcontent.com/pod-product-compliance
Ingram Content Group UK Ltd.
Pitfield, Milton Keynes, MK11 3LW, UK
UKHW021850290926
8980IPUK00005B/755

9 783631 915332